武田信玄・勝頼の甲冑と刀剣

三浦一郎 著

宮帯出版社

小桜黄返大鎧（菅田天神社蔵）〈伝源義光所用〉

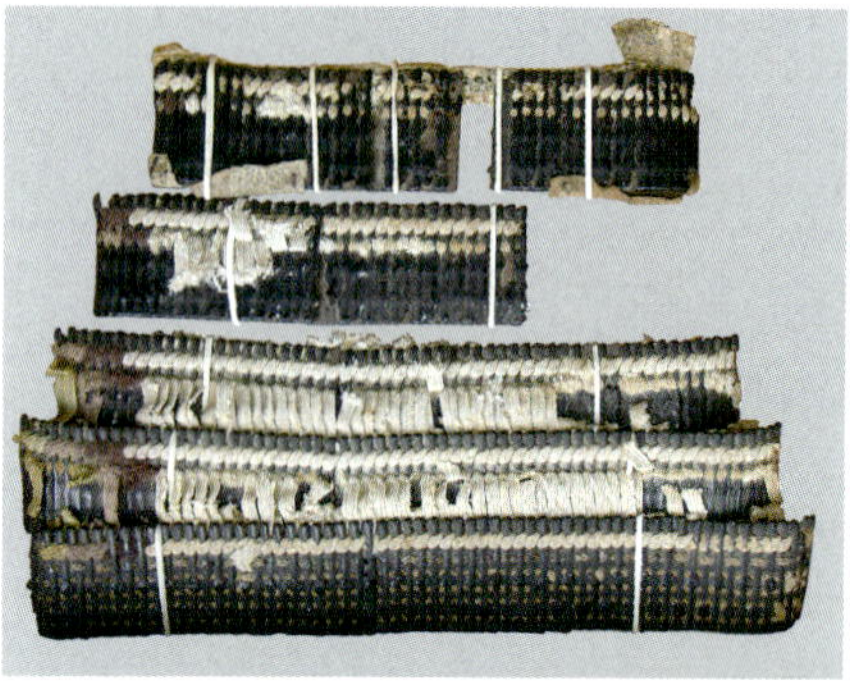

射向の草摺

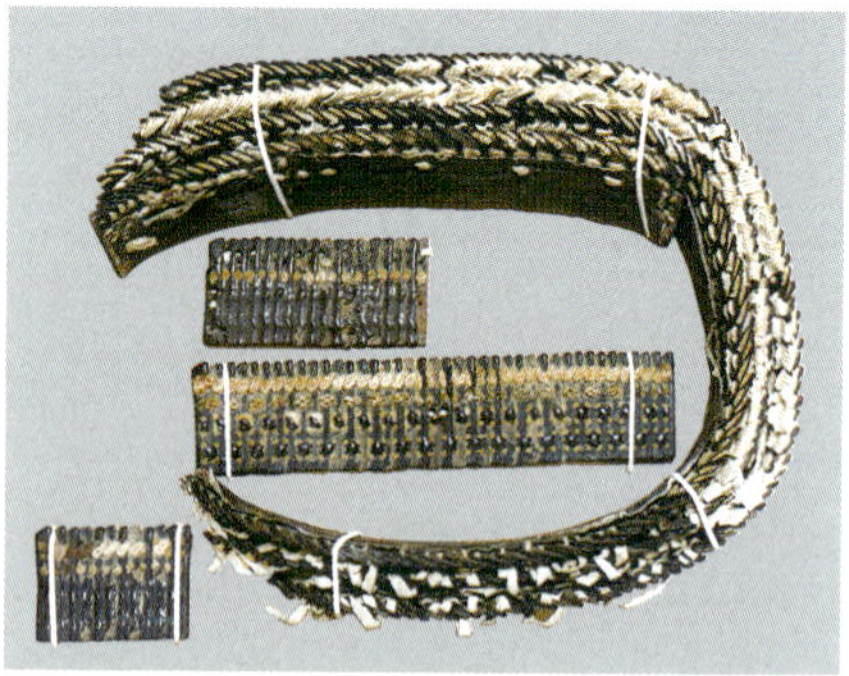

胴

射向の草摺（部分）

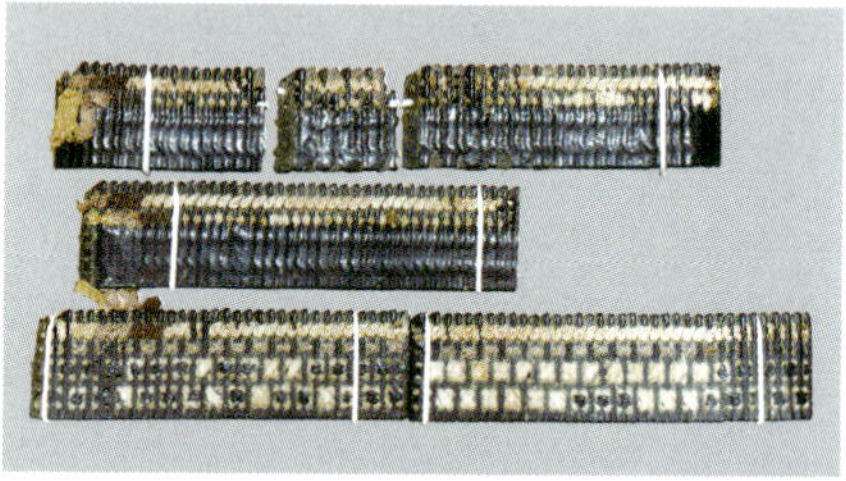

前の草摺

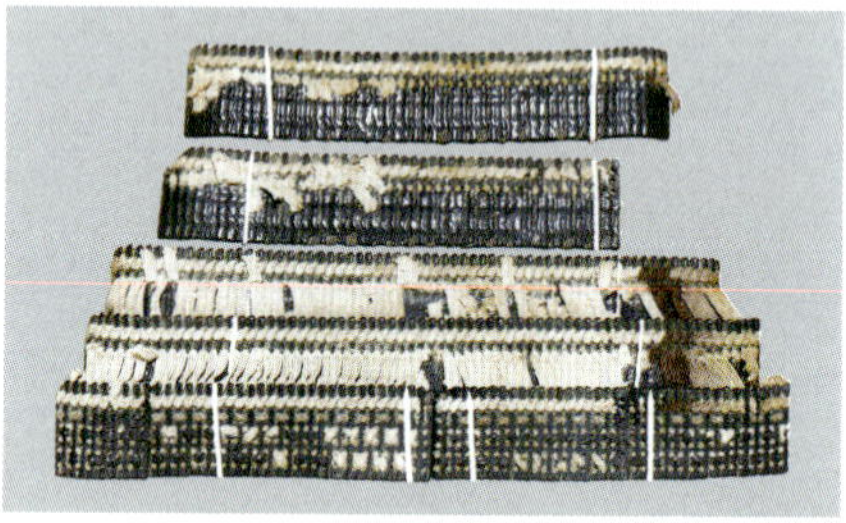

引敷の草摺

絵韋

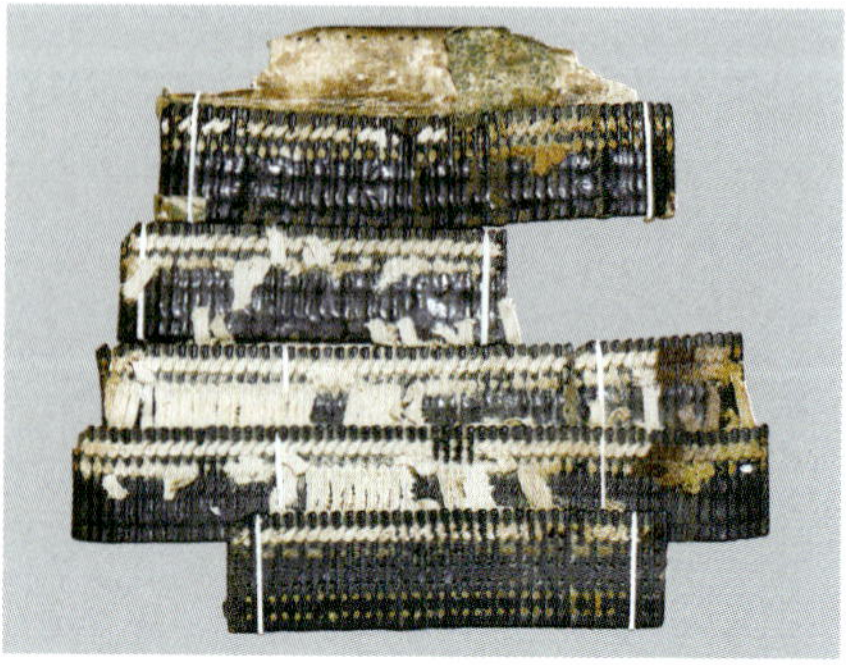

馬手の草摺

白糸妻取大鎧 残欠（美和神社蔵）

八幡座

六十二間筋兜〈寒川神社蔵〉〈信玄奉納〉

胸板と脇板の一部

花菱紋の鞆付鋲

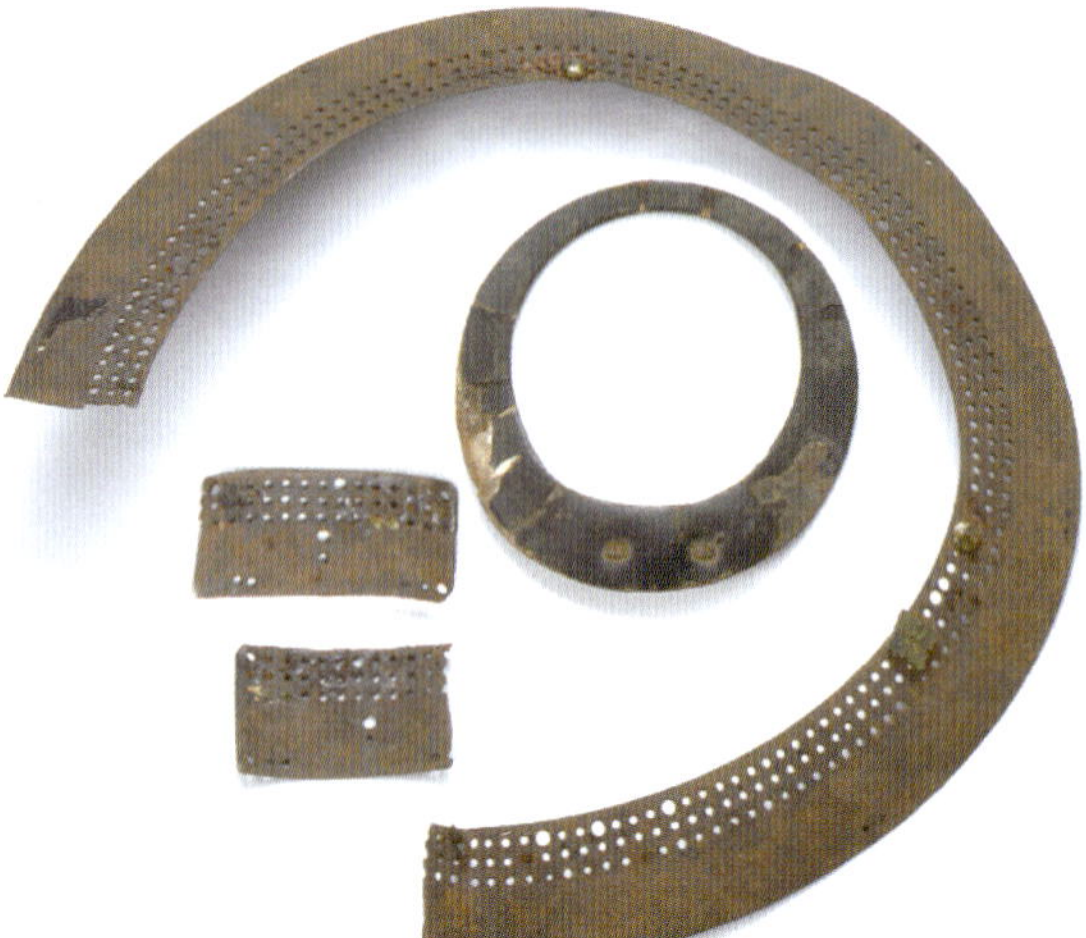

部品の数々

鉢裏銘

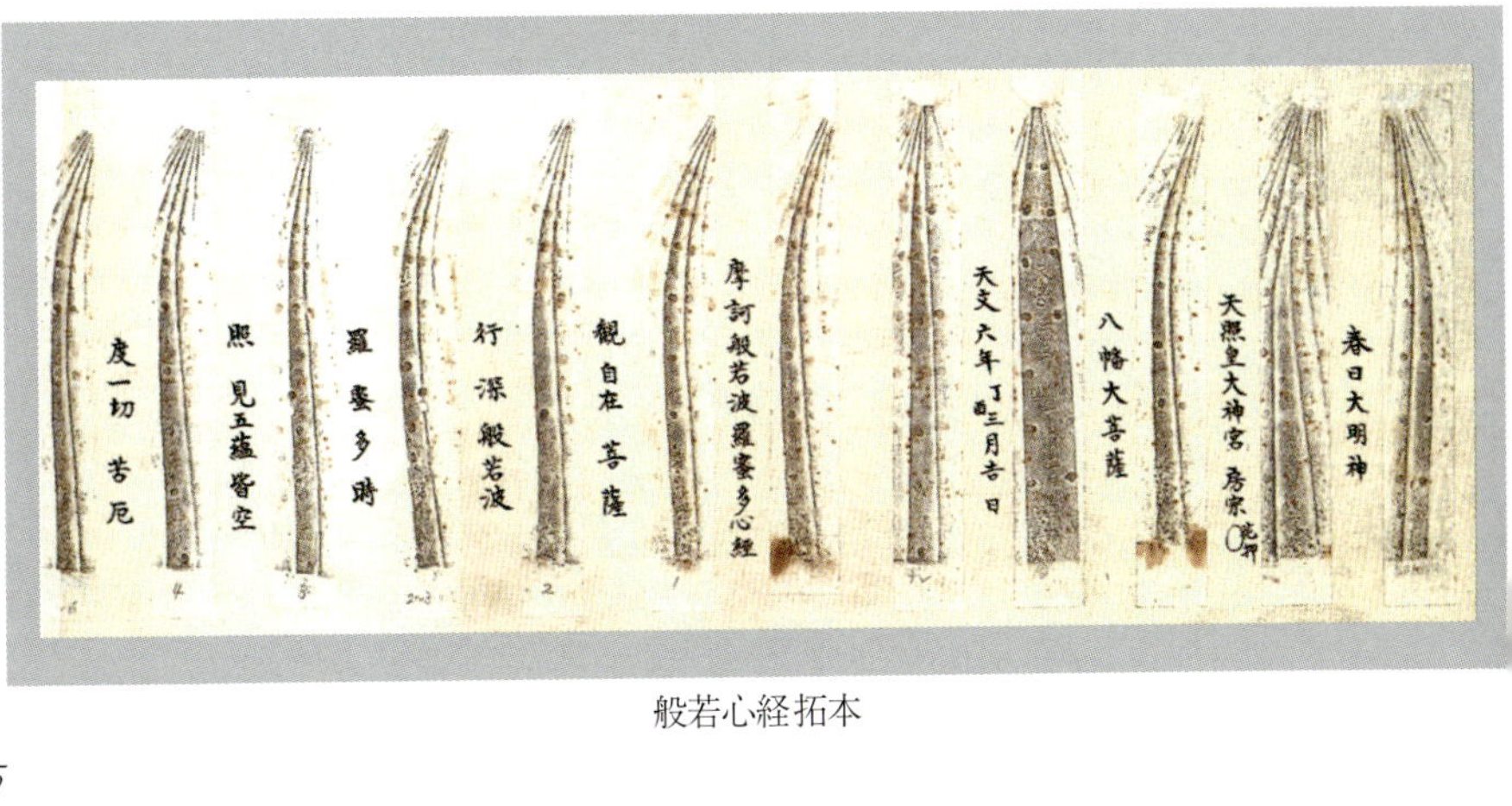
春日大明神
天照皇大神宮 房宗
八幡大菩薩
天文六年丁酉三月吉日
摩訶般若波羅蜜多心經
観自在 菩薩
行深般若波
羅蜜多時
照 見五蘊皆空
度一切 苦厄

般若心経拓本

蔓草蒔絵

八幡座

紫糸威六十二間小星兜（新庄藩主戸沢家伝来）
〈伝諏方法性の兜〉

盗難後改造された兜

八幡座

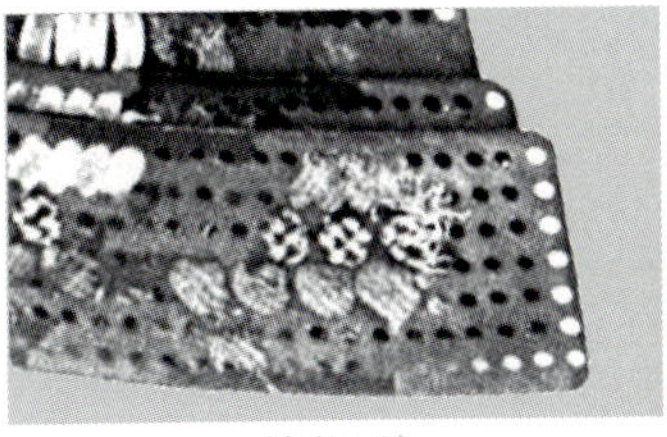

𩊱(部分)

紅糸威六十二間小星兜〈勝頼奉納〉
(富士山本宮浅間大社旧蔵)

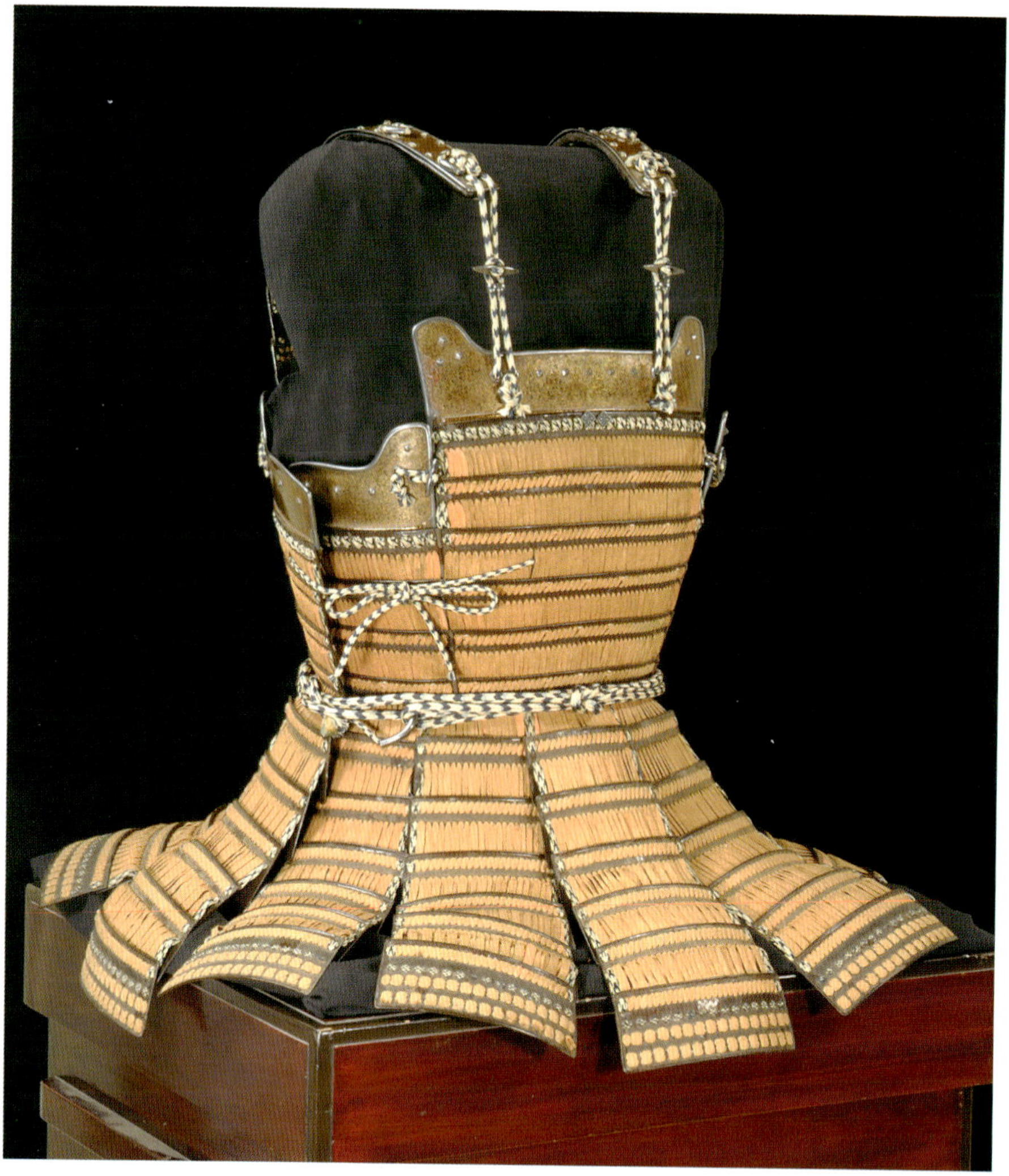

胸板

花菱紋の八双鋲

紅糸威最上胴丸（富士山本宮浅間大社蔵）〈勝頼奉納〉

左側面

右側面

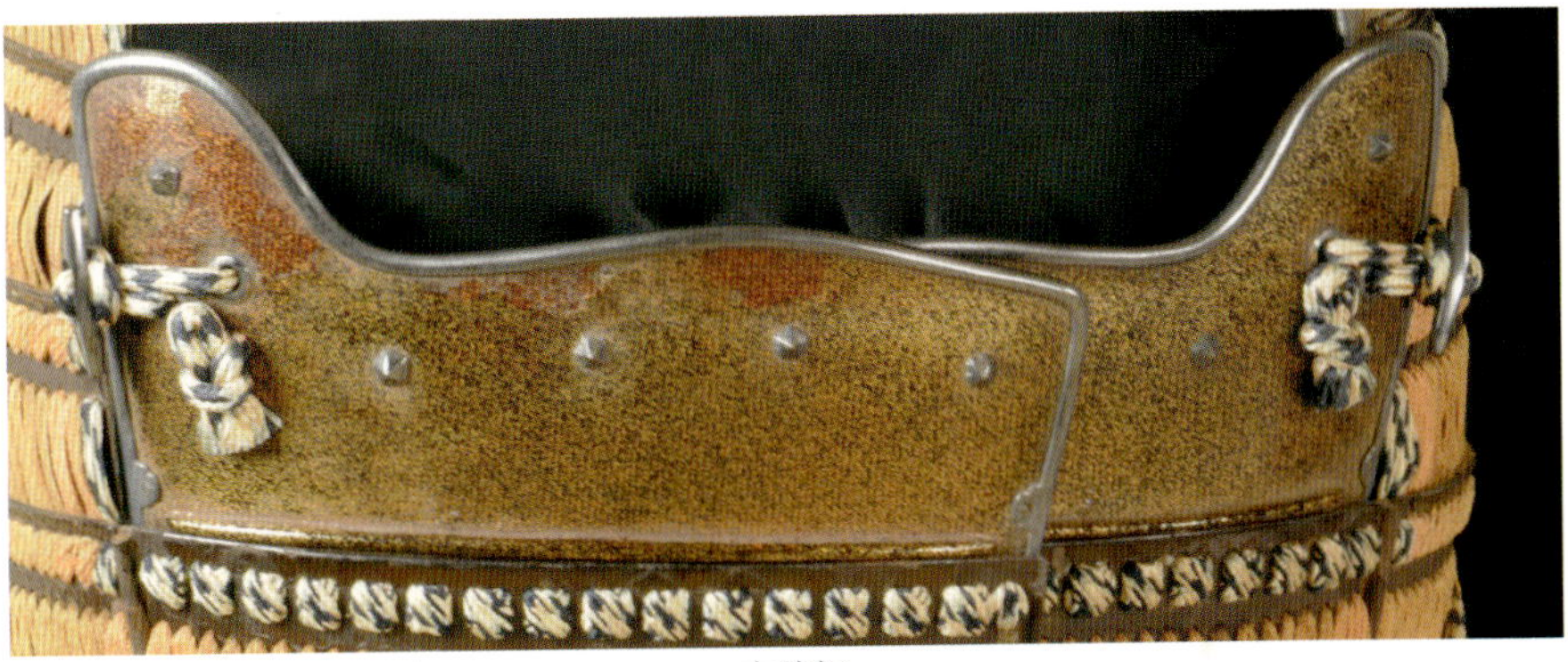

右脇板

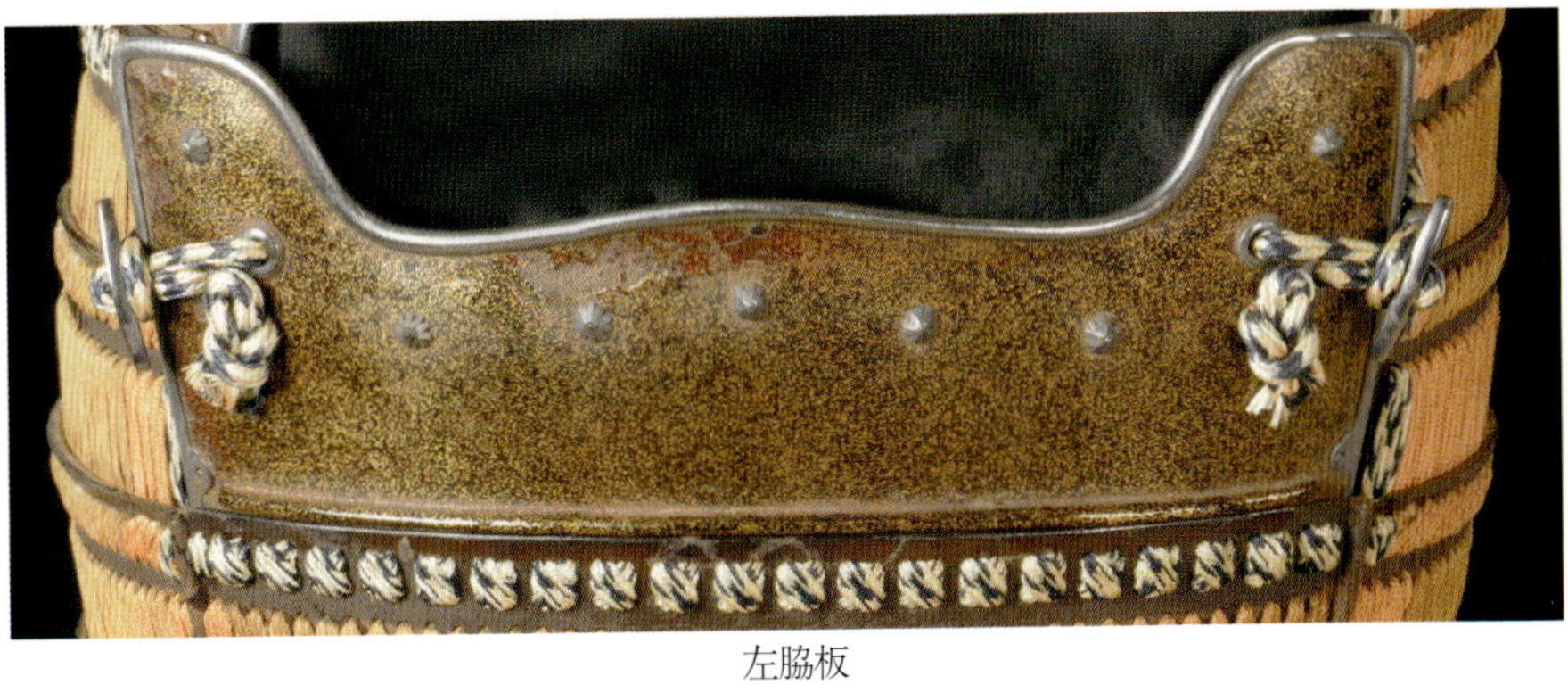

左脇板

肩上の蝶番

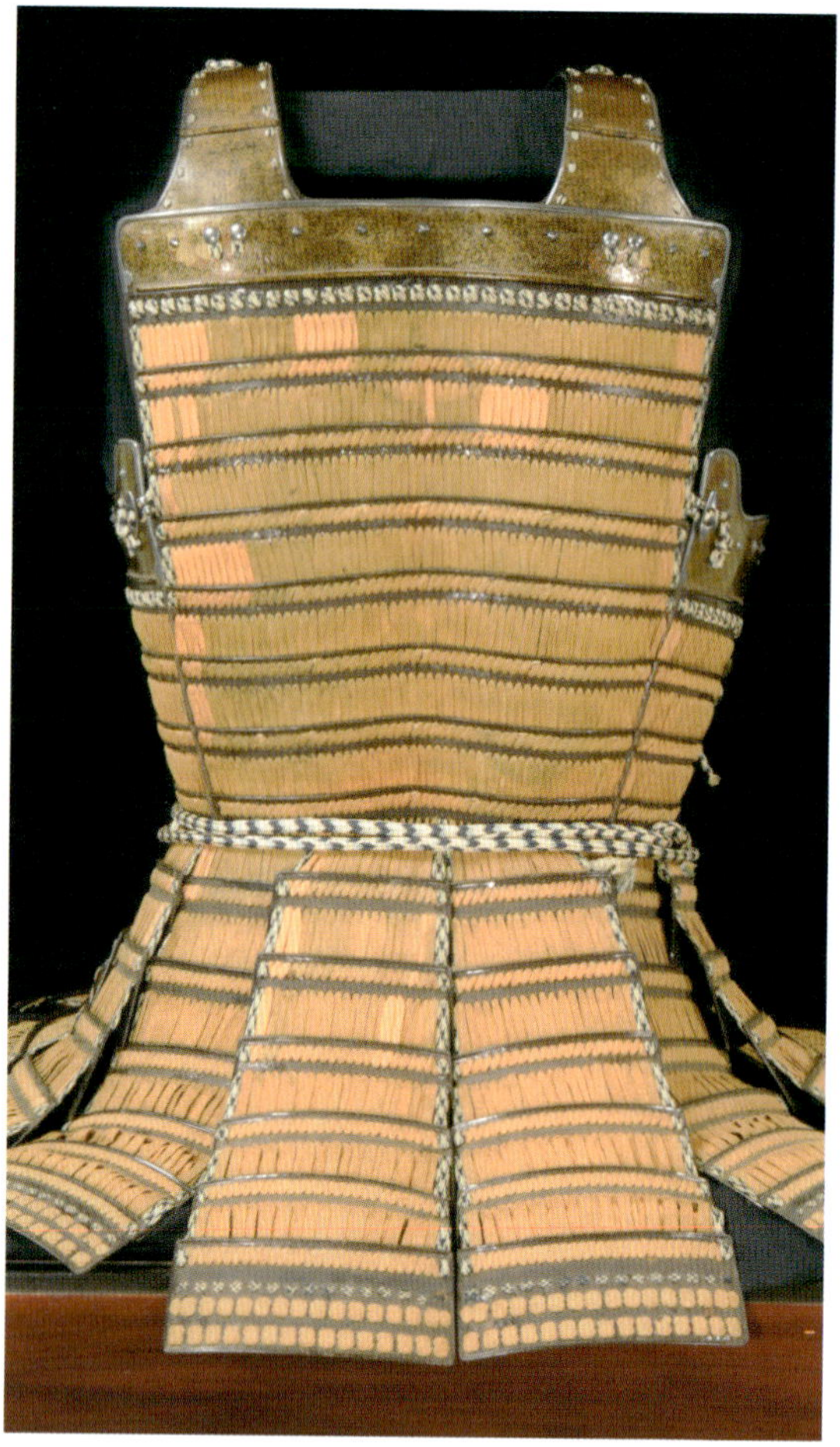

背面

押付板(左側)の桐紋の蒔絵

押付板(右側)の桐紋の蒔絵

押付板

肩上

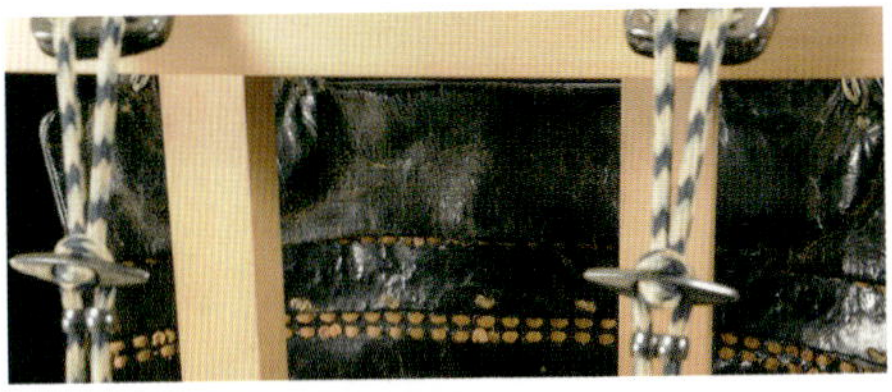

押付裏側

草摺と裾板(菱縫板)裏側

長側裏側

正面

茶糸威二十二間総覆輪筋兜（富士山本宮浅間大社蔵）〈勝頼奉納〉

背面

八幡座

篠垂

𩋡(部分)

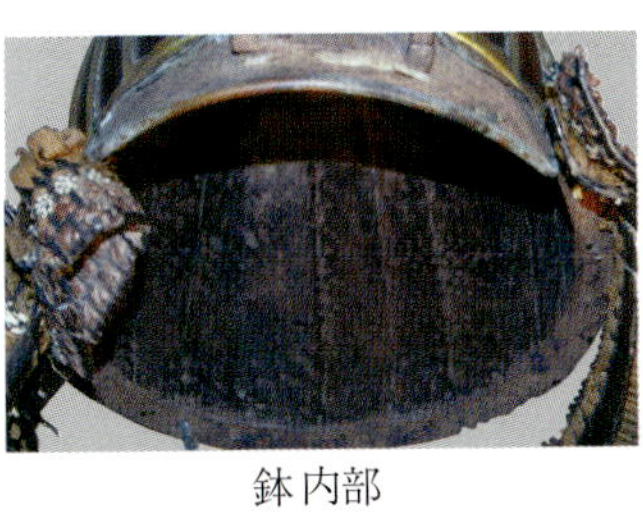
鉢内部

腰巻

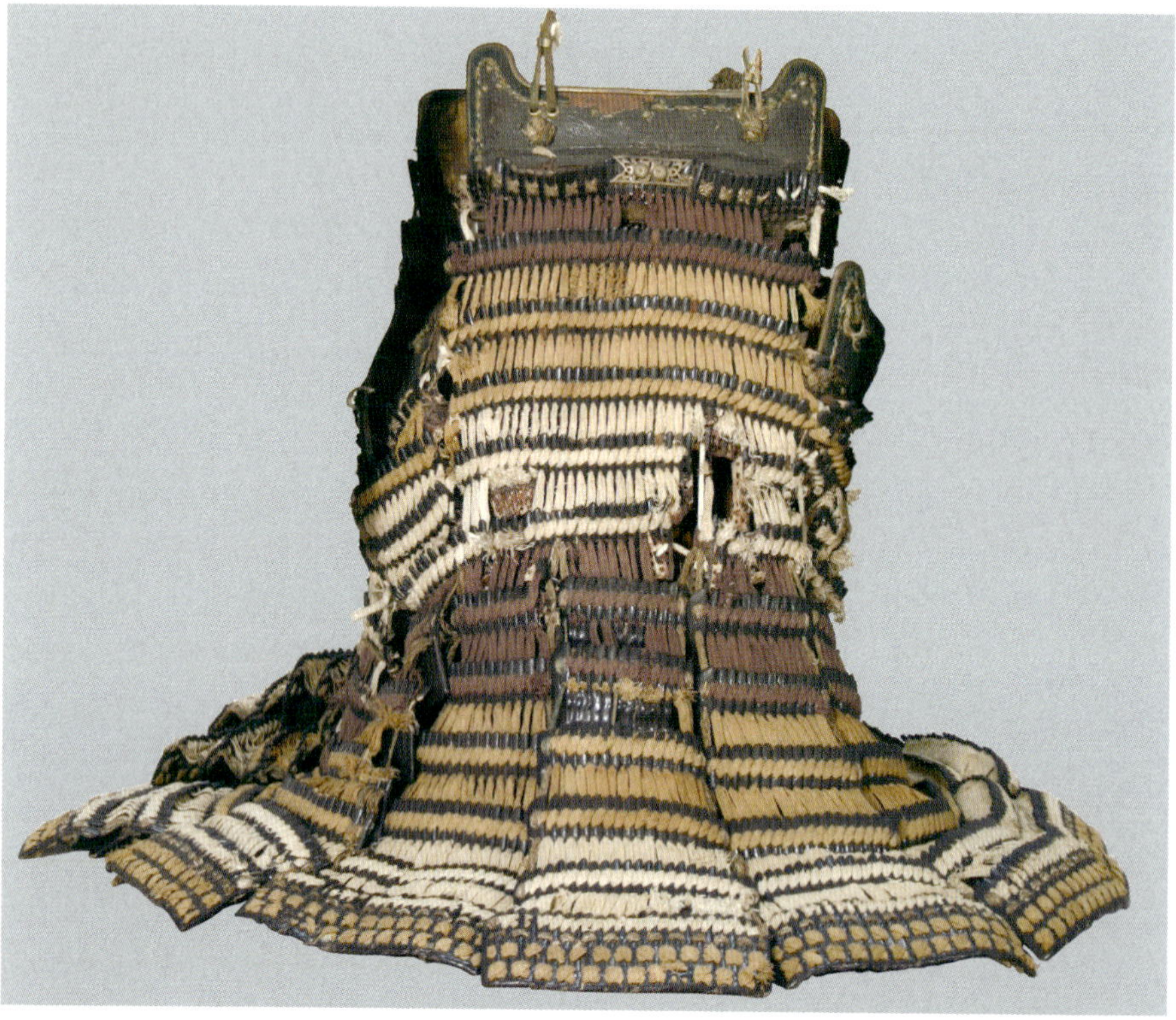

胸板

色々威胴丸(富士山本宮浅間大社蔵)〈信玄奉納〉

脇鞐

総角鐶の座金

押付板

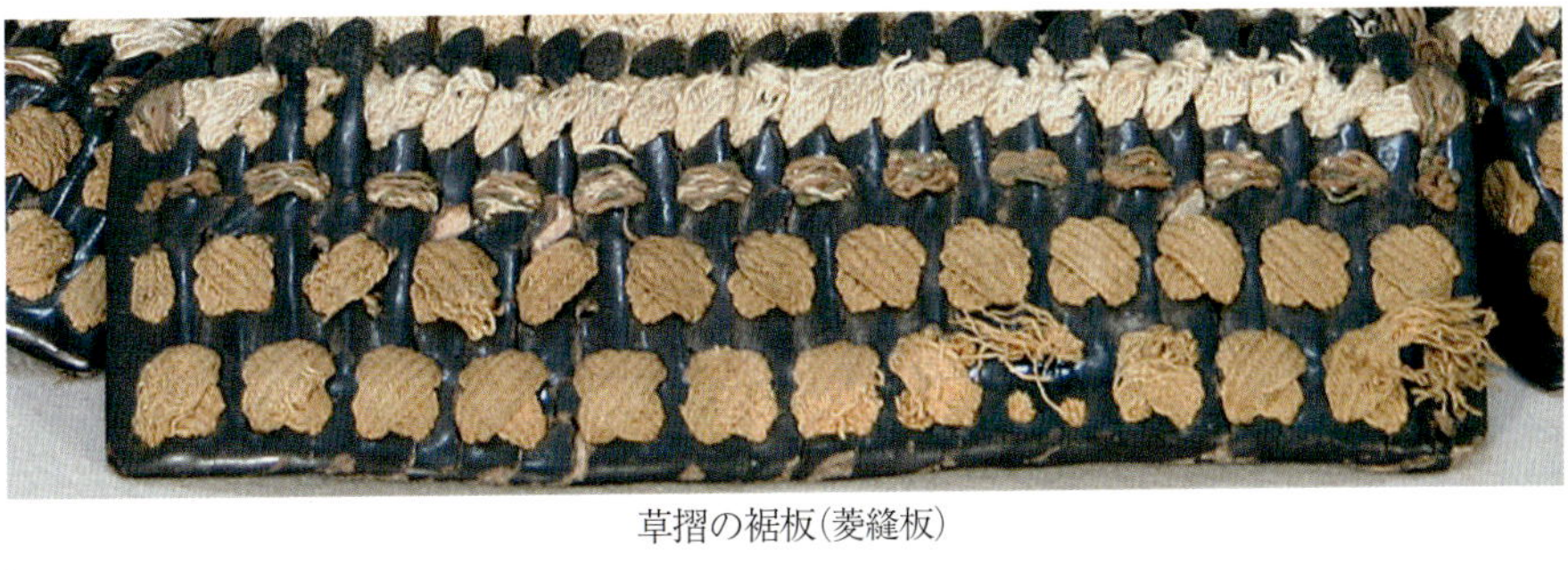
草摺の裾板（菱縫板）

笄金物

水呑鐶

八双金物

袖 裏側

色々威大袖 一双（富士山本宮浅間大社蔵）〈勝頼奉納〉

裏側

裾板の描菱

色々威壺袖 一双(富士山本宮浅間大社旧蔵・個人蔵)〈武田氏関係奉納〉

冠板

冠板の朱漆絵

布目頭の水呑鐶

菊丸の八双鋲

袖 裏側（部分）

胸板

八双金物

朱札茶糸威胴丸 広袖付（富士山本宮浅間大社蔵）〈**武田氏関係奉納**〉

脇板

啄木打の耳糸

脇板 裏側

草摺の裾板(菱縫板)

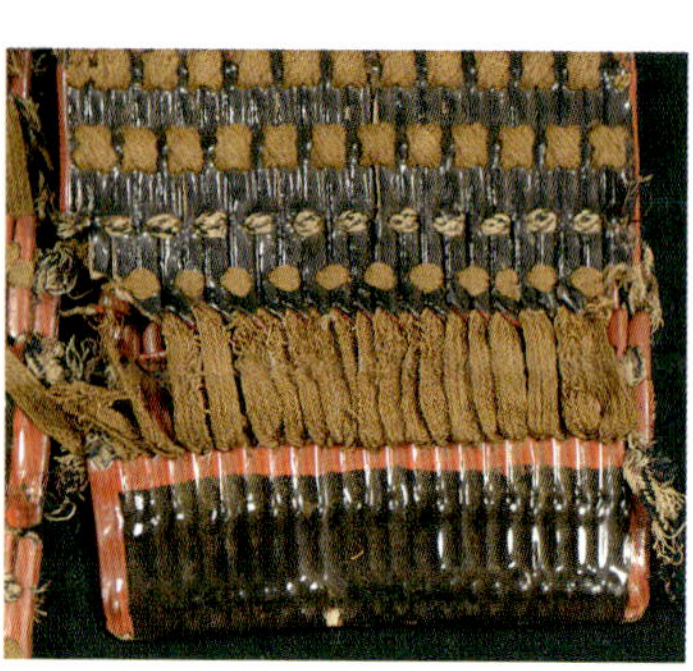

草摺裏側

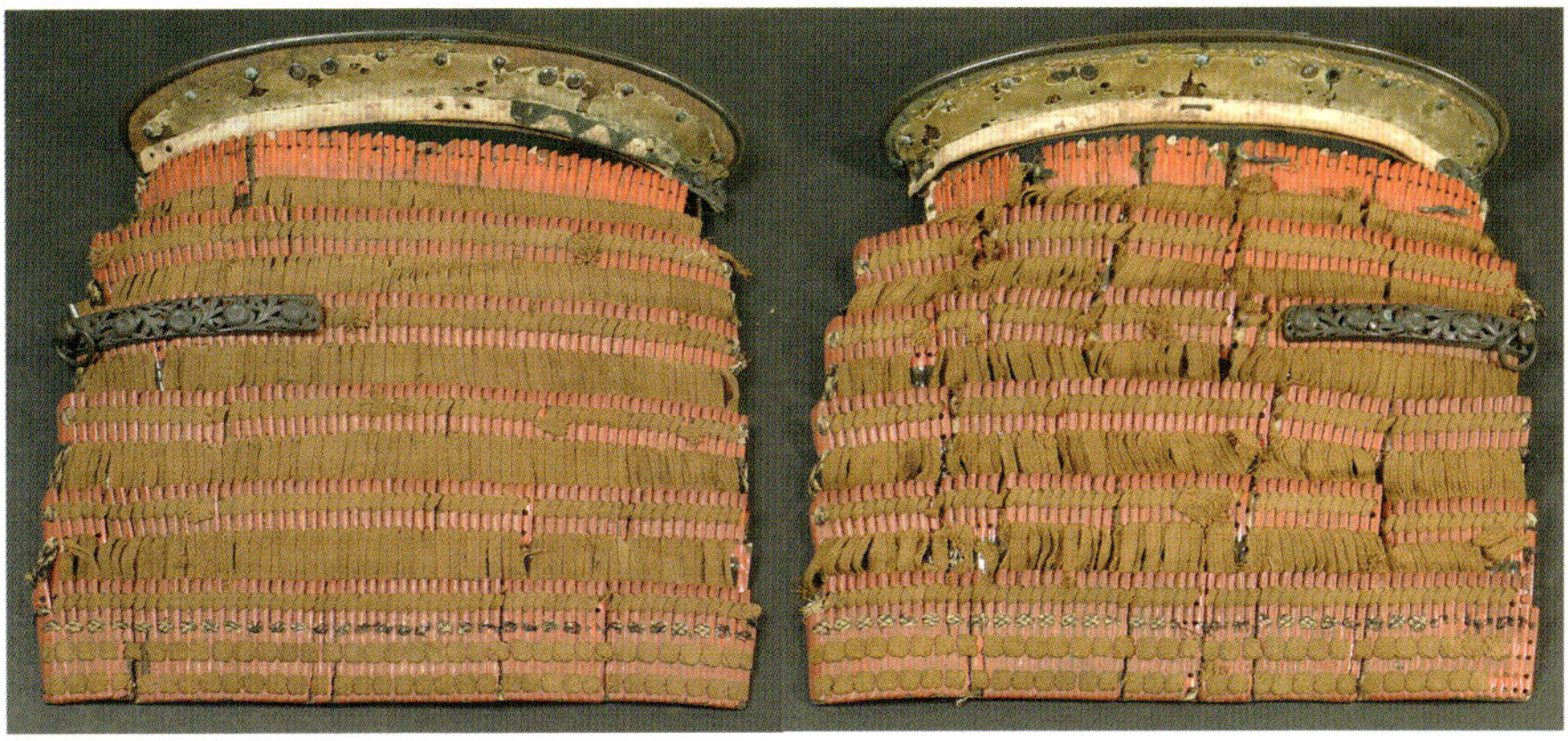

広袖一双

左冠板

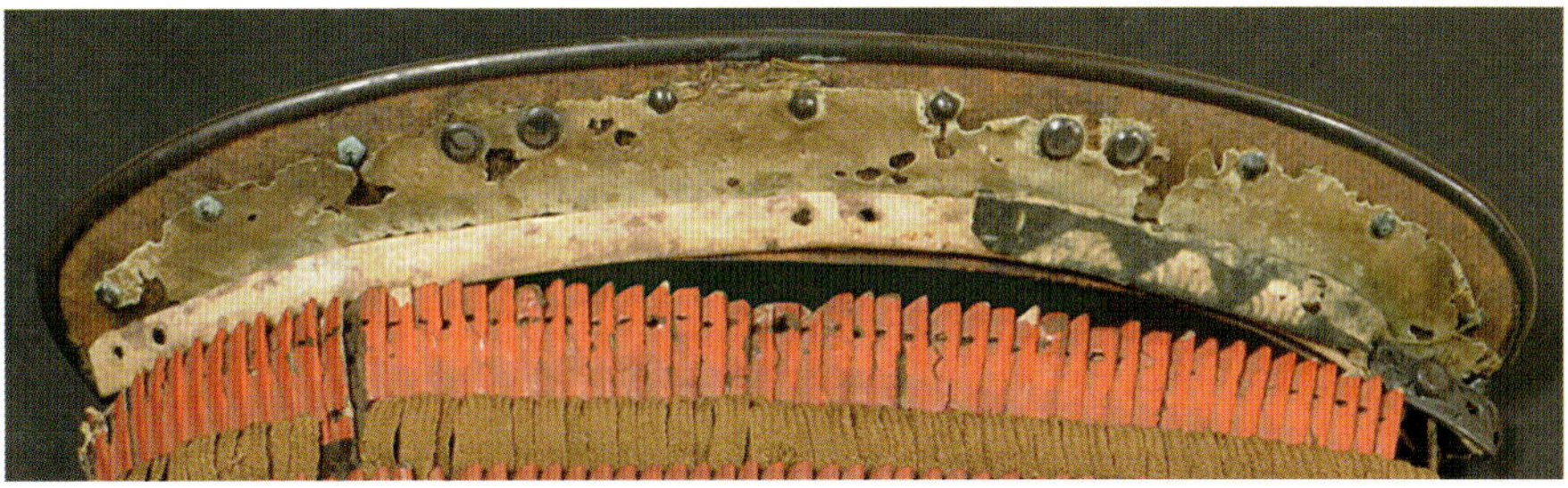

右冠板

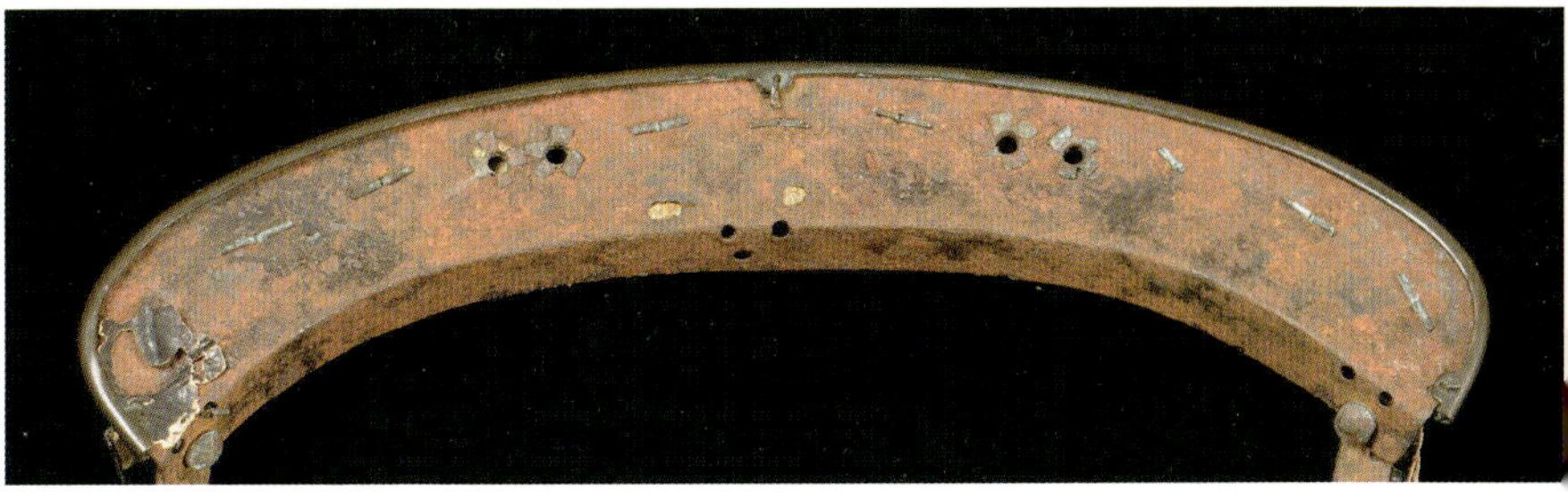

冠板 裏側

化粧板

八双金物

左 笄金物

右 笄金物

袖 裾板(菱縫板)裏側

裾板の耳札

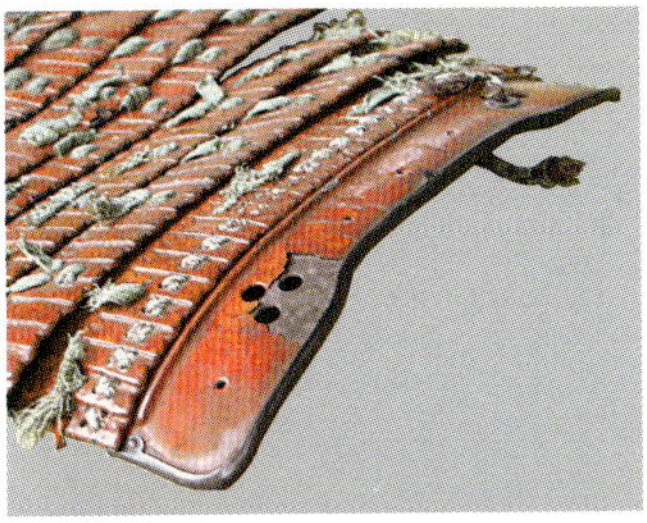

矢筈頭の伊予札

前胴

朱札紅糸威丸胴 佩楯付（美和神社蔵）〈伝信玄奉納〉

肩上と押付板の側面

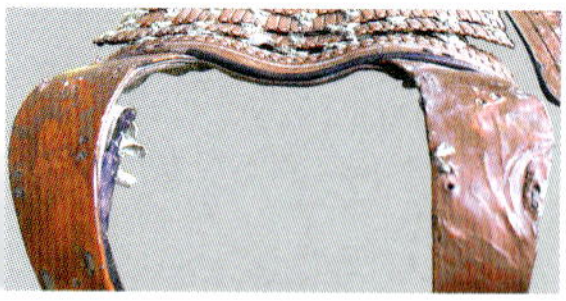
押付

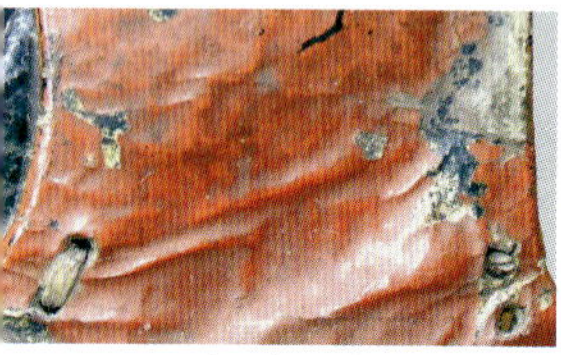
肩上(部分)

後胴

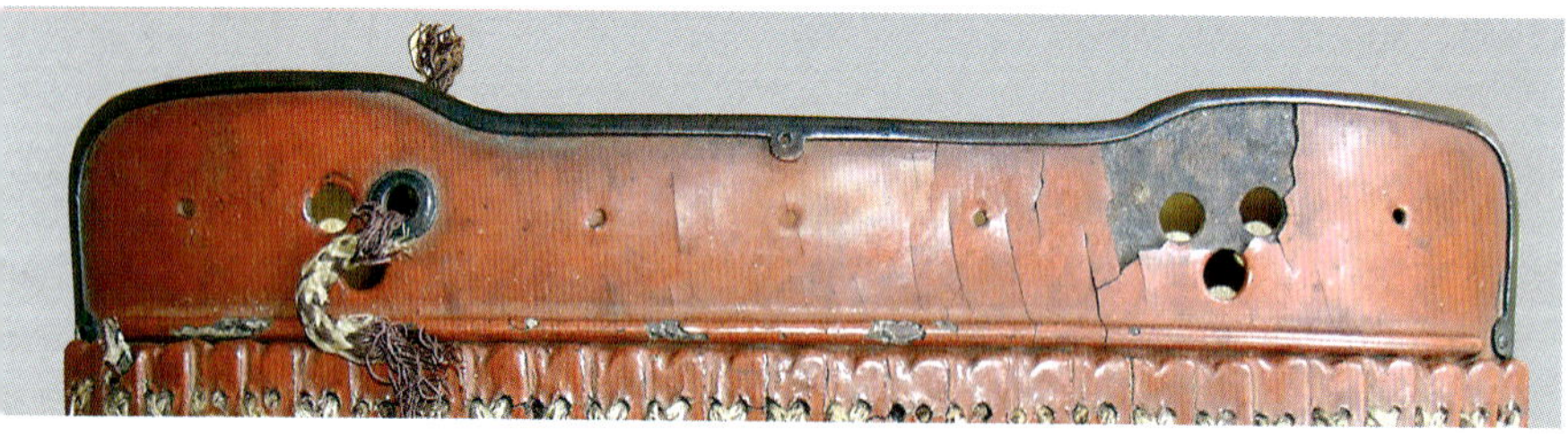
胸板

高紐の一部

草摺 裾板(菱縫板)裏側

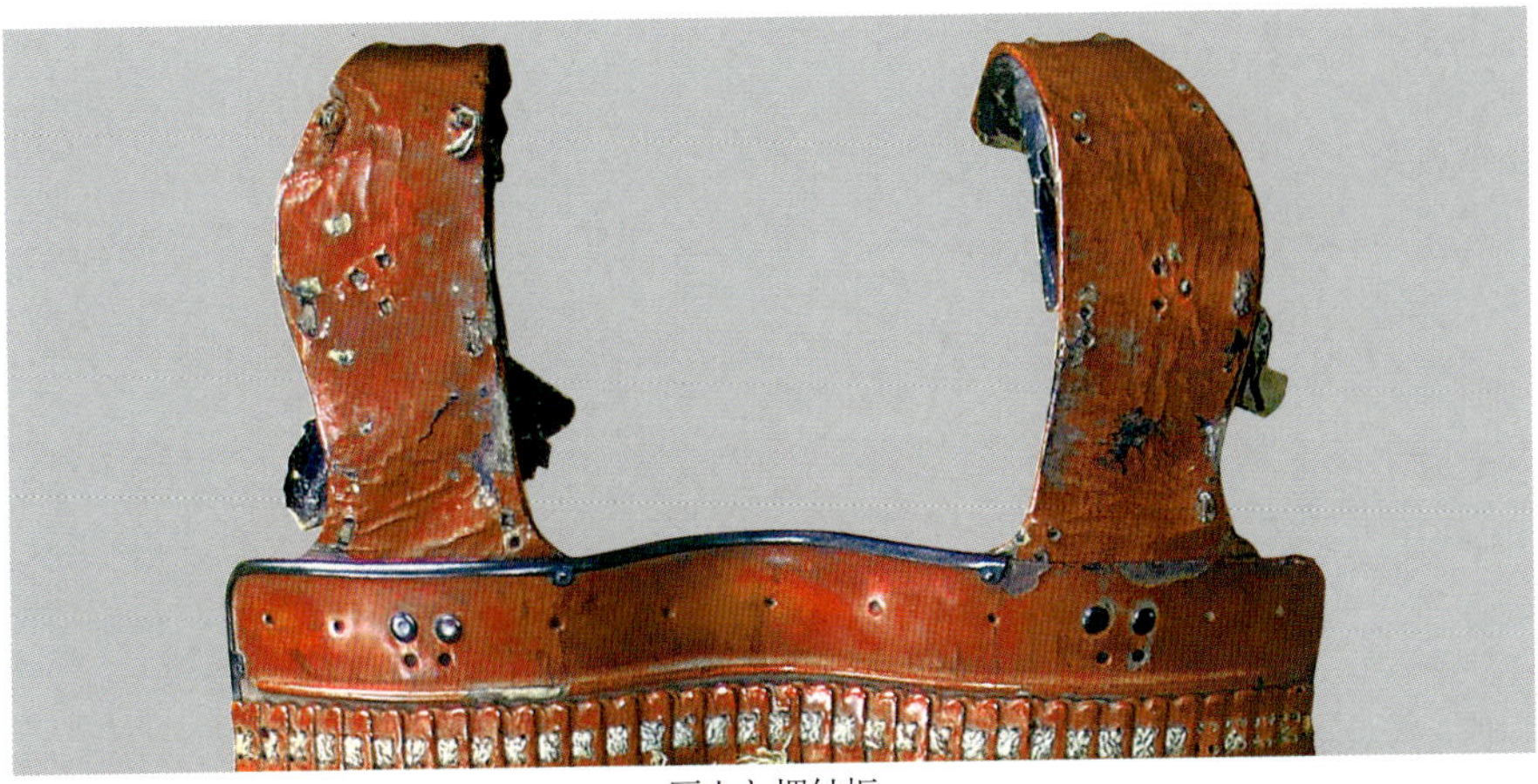

肩上と押付板

伊予佩楯

伊予札の側面

背面

桃形兜(望月家蔵)

壺袖残欠

脇引残欠

喉輪

伊予佩楯残欠

背面

色々威腹巻(望月家蔵)〈武田家中所用〉

胸板

紅糸威胴丸 広袖付（諏訪市博物館蔵）〈諏方頼忠所用〉

左側面

右側面

右脇板

左脇板

総角鐶の座金

背面

一枚梶の葉紋の蒔絵

草摺裏側

押付

押付板

肩上

懸通の高紐

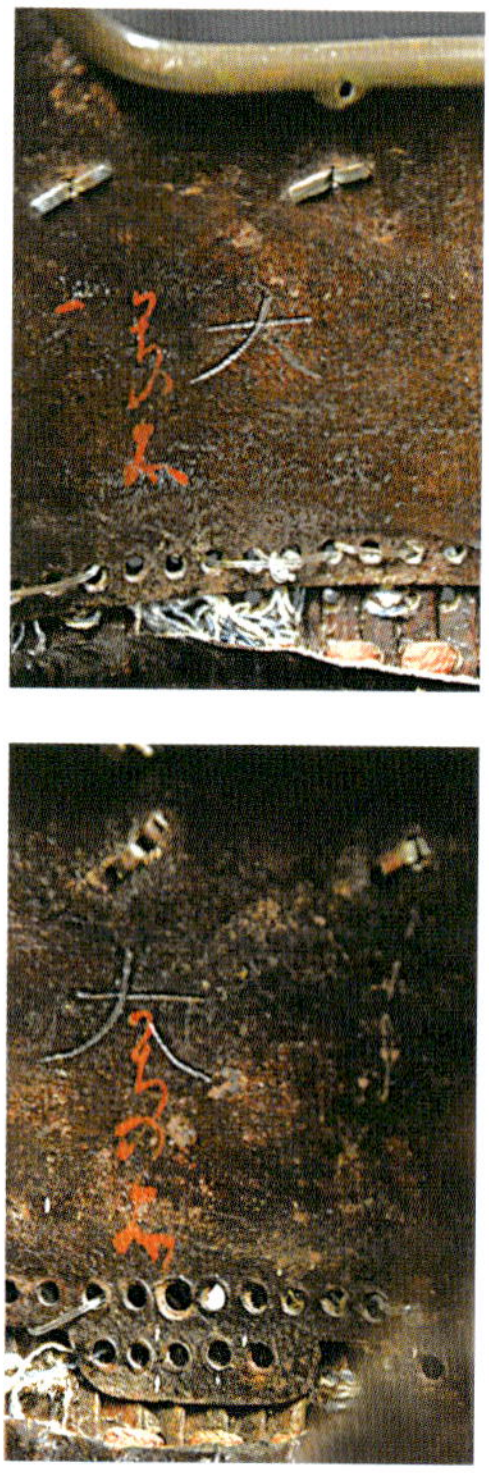

「大」字彫と「かちのは」書

広袖一双

冠板と化粧板

笄金物

袖 裏側

冠板裏側

鍬形台

十六間阿古陀形筋兜（正行寺蔵）

裏側

側面

大日の丸前立（長岳寺蔵）〈伝 武田家中所用〉

兜に納められた
阿弥陀仏

裏面

三鍬形台（長岳寺蔵）〈伝 信玄所用〉

諏方明神旗
（雲峰寺蔵）

梵字諏方明神旗
（雲峰寺蔵）

諏方明神像の立物（雲峰寺蔵）
〈伝 信玄所用〉

金箔押軍配団扇（常源寺蔵）
〈相木市兵衛所用〉

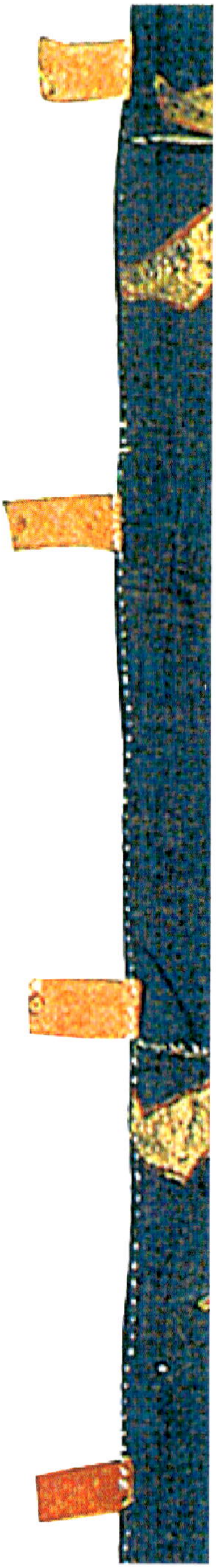
乳

部分

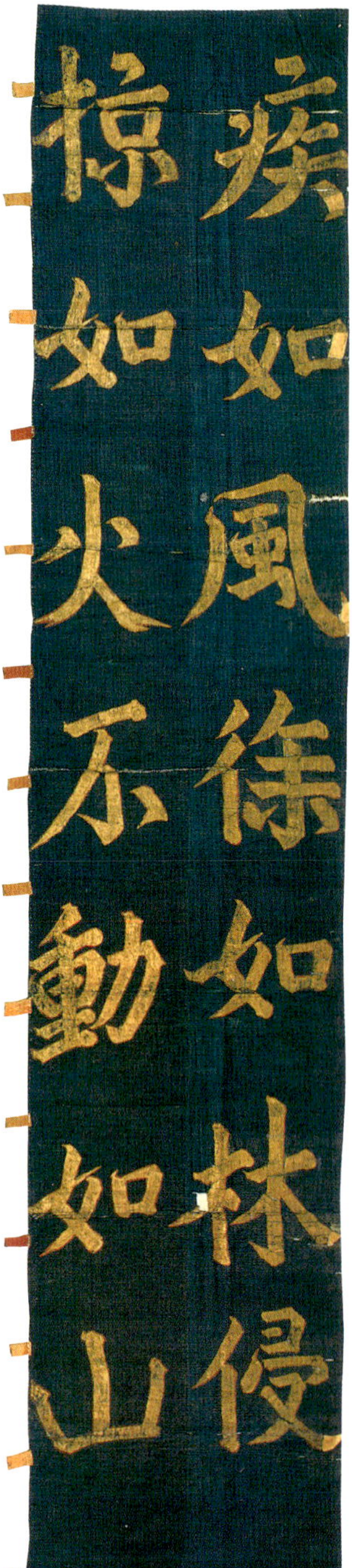

孫子の旗（雲峰寺蔵）

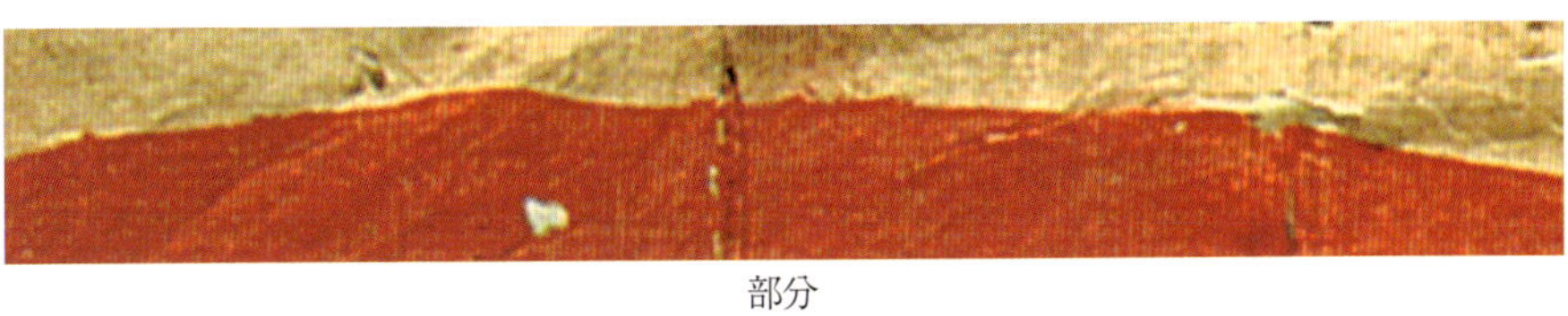

部分

日の丸の旗（雲峰寺蔵）

花菱紋の旗（雲峰寺蔵）〈伝 信玄の馬印〉

武田信玄甲冑像（浄真寺蔵）

三鍬形を立てた阿古陀形筋兜

筒臑当

篠籠手

腰刀(部分)

穴山梅雪斎像(霊泉寺蔵)

太刀　長船景光(富士山本宮浅間大社蔵)〈信玄奉納〉

太刀　無銘(富士山本宮浅間大社蔵)〈勝頼奉納〉

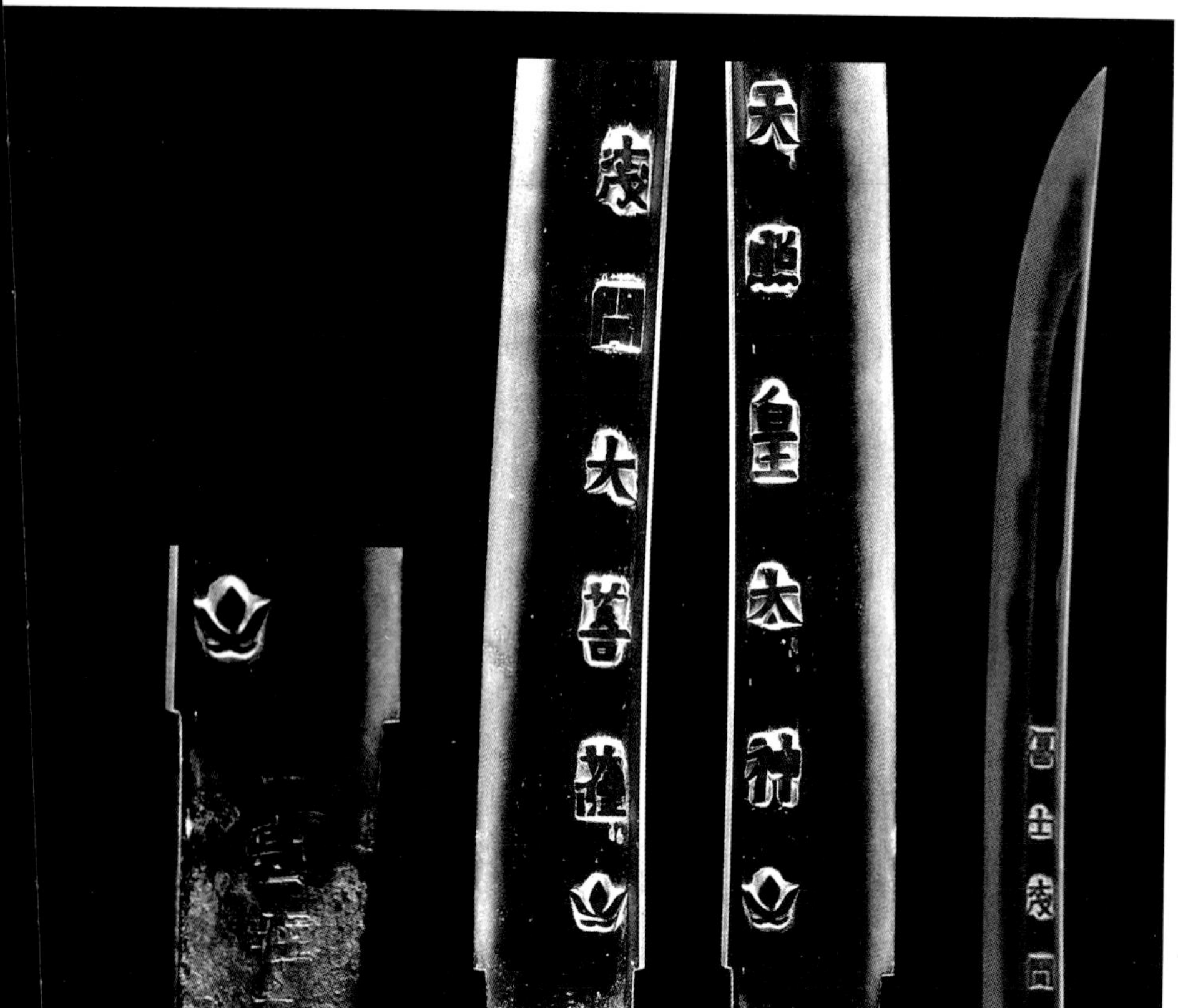

脇指　式部丞信国（「一期一腰」・富士山本宮浅間大社蔵）〈穴山信友奉納〉

休鞘

刀箱

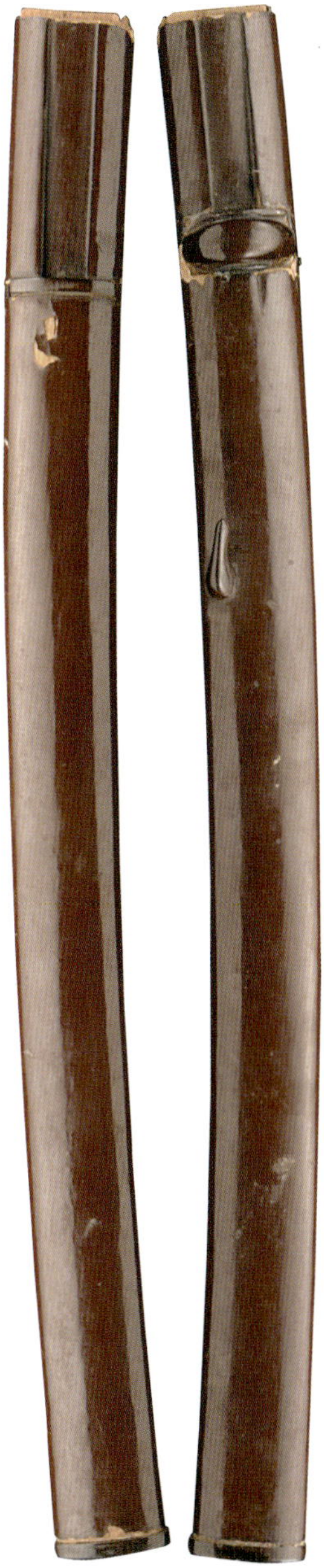

側面の金具

黒塗鞘

拵

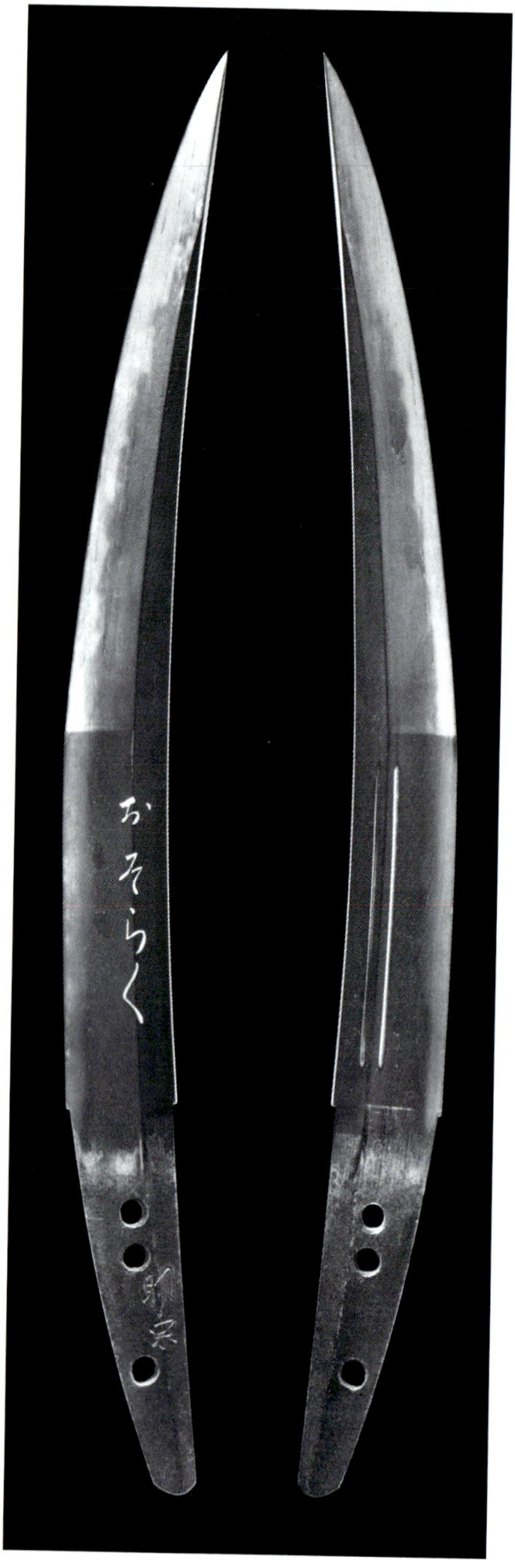

短刀　助宗（個人蔵）〈伝 信玄所用〉

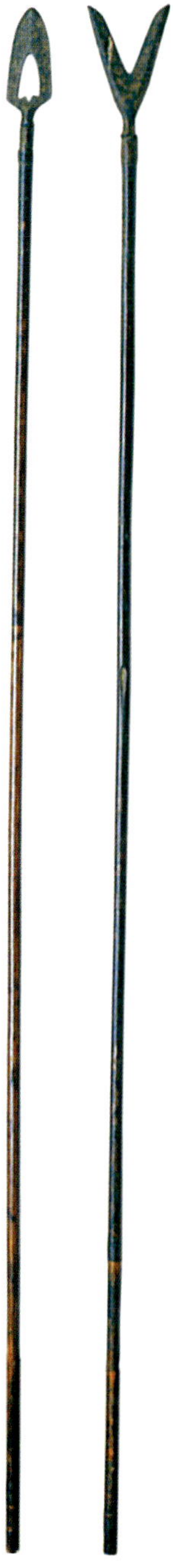

晴信公備矢（雲峰寺蔵）
〈伝 信玄所用〉

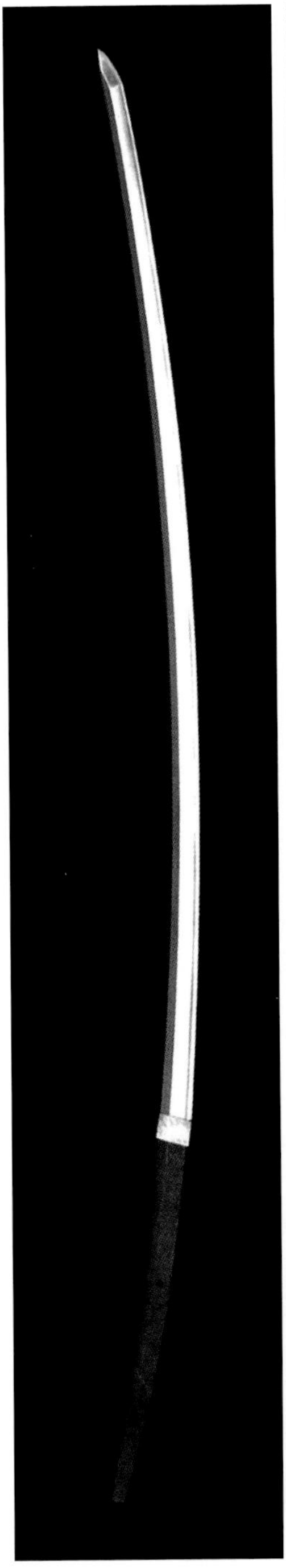

大太刀　国次（浅間神社蔵）
〈伝信玄奉納〉

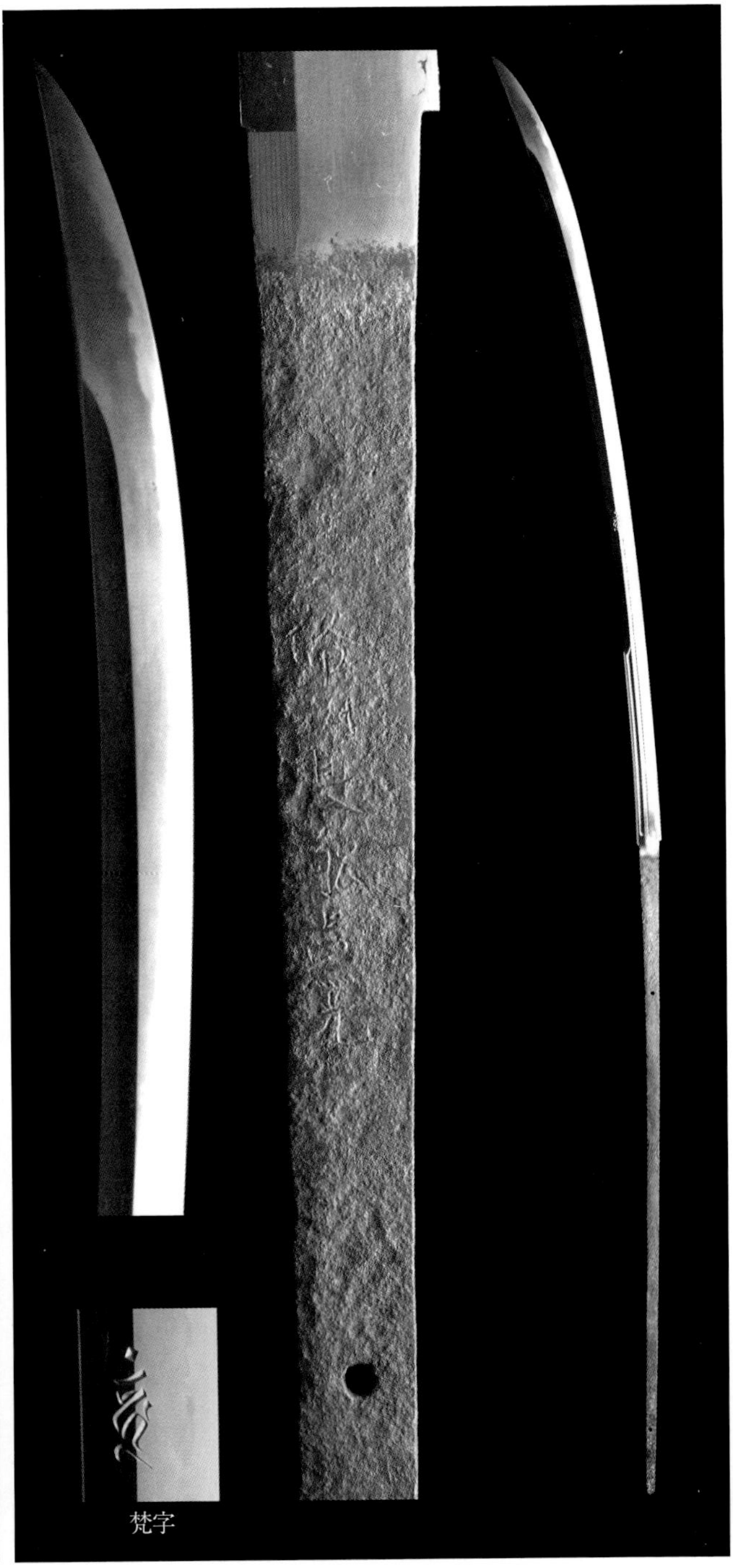

大薙刀　長船兼光（法善寺蔵）〈伝信玄奉納〉

梵字(表)

梵字(裏)

刀　元近(御嶽神社蔵)

刀　元近（個人蔵）

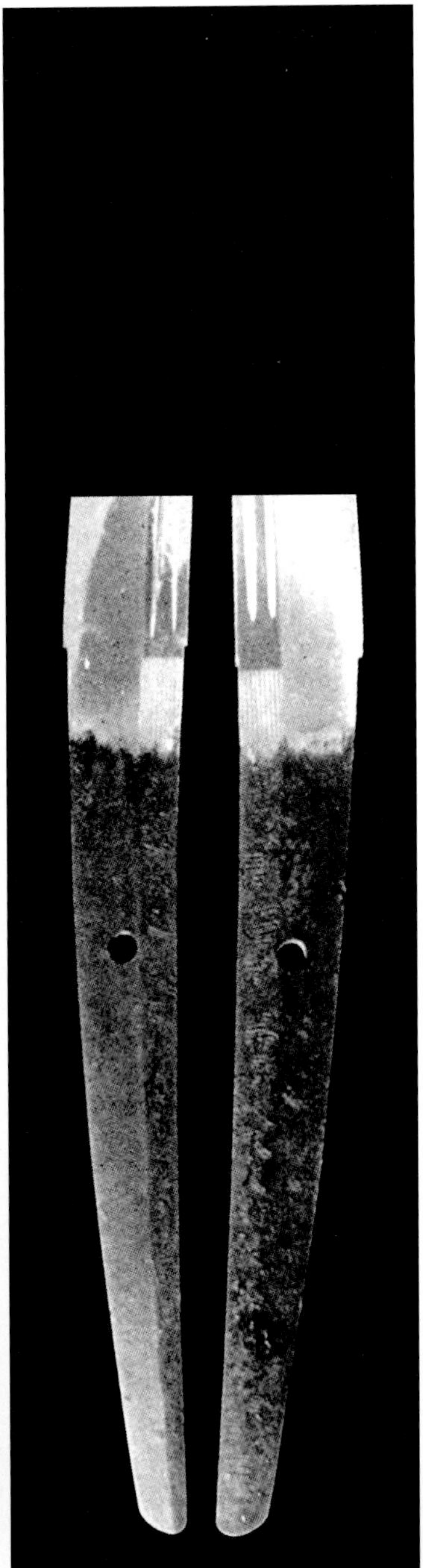

刀　元近（福地八幡神社蔵）

朝比奈信置所用写 薙刀　石堂是一（一乗寺蔵）

『甦る武田軍団』の増補改訂版にあたり

静岡大学名誉教授　小和田 哲男

このたび、私もしばしば参照させていただいている『甦る武田軍団』が増補改訂され、書名も『武田信玄・勝頼の甲冑と刀剣』として再版されることになったとうかがい、私ごとのようによろこんでいる。武田氏研究は、古文書・古記録などによる研究は進んでいたが、武具・甲冑などからのアプローチが遅れているのではないかと考えていたからである。

前著『甦る武田軍団』は、そうした状況に風穴をあける研究で、同書によって、武田氏のこれまであまり知られてこなかった軍装さらには軍制の実態がかなり浮き彫りになったわけであるが、今回、三浦一郎氏本人により、その後の研究の進展により、書き加えられ、また、書き改められたわけで、今日の武田軍団の武具・甲冑に関する研究の到達点を示したものといって過言ではない。

三浦一郎氏の研究の強味は、一人よがりの解釈ではなく、多くの人と接し、教えを受けたことを真摯に自分の中に取りこみ、しかも、実物を実見していることである。この研究姿勢は私も学ばなければならないと考えている。

多くの人が本書を手にして、武田氏の軍装・軍制の研究をさらに深めてもらえればありがたい。推薦の辞に代える次第である。

序

著者三浦一郎君は、本会の評議員で熱心な甲冑武具の研究者であり、特に武田家と将士武装の調査研究を称賛する。

天正十年三月、武田家は滅亡するも、各地の武田遺臣は武田軍団としての経歴をかわれて、井伊家・成瀬家・水戸徳川家・尾張徳川家・徳川家（将軍家）・上杉家等に仕官した。井伊家には七十五名も仕官し、有名な井伊の赤備《あかぞなえ》は山縣三郎兵衛尉昌景隊を継承したものである。

武田家の兜で自信をもって発表できるのは三点である。一、六十二間筋兜鉢（寒川神社蔵）。永禄十二年十月、武田信玄公が小田原攻めの際に相模国一宮寒川神社に奉納した兜で、神奈川県の重要文化財として平成十一年に指定されている。二、「諏訪法性」六十二間小星兜（戸沢家蔵）。天正十年武田家滅亡後、鳥居元忠が郡内領主となり、武田の遺臣を召し抱えた時に献上され、後に元忠の孫・定盛が戸沢家の養子となり、兜を持参した。三、六十二間小星兜（東京某寺蔵）。富士山本宮浅間大社（静岡県）の旧蔵である。右三点の詳細は、武田家旧温会会誌『風林火山』十八号にある。

『武田信玄・勝頼の甲冑と刀剣』を推薦する。

日本甲冑武具研究保存会 最高顧問
武田家旧温会 会長
鞍斎 藤本 巌

目次

推薦の言葉
写真図版一覧

第一章 甲斐武田氏関係武具の調査と研究
はじめに
一 菅田天神社所蔵の大鎧 …… 2
1 小桜黄返大鎧
二 美和神社所蔵の大鎧と丸胴 …… 7
1 白糸妻取大鎧（残欠）
2 朱札紅糸威丸胴（佩楯付）
三 浅間大社所蔵の甲冑と刀剣 …… 19
1 紅糸威最上胴丸（兜付）
2 色々威胴丸
3 朱札茶糸威胴丸（広袖付）
4 茶糸威二十二間総覆輪筋兜

5 色々威大袖 一双
6 色々威壷袖 一双
7 太刀 銘 備前国長船住景光 南無薬師瑠璃光如來
8 太刀 無銘
9 脇指 銘 奉富士山本宮源式部丞信国 一期一腰 応永三十二(四)年二月
四 寒川神社所蔵の兜 …… 46
1 六十二間筋兜
五 戸沢家所蔵の兜 …… 50
1 紫糸威六十二間小星兜
六 雲峰寺所蔵の旌旗群 …… 52
1 日の丸の旗
2 孫子の旗
3 諏方明神旗
4 花菱紋の旗
七 某家所蔵の短刀 …… 63
1 短刀 銘 助宗(腰刀拵付)
八 法善寺所蔵の薙刀 …… 66
1 大薙刀 銘 備州長船兼光
九 浅間神社所蔵の太刀 …… 70
1 大太刀 銘 国次

十 長岳寺所蔵の鍬形台と前立……73
1 三鍬形台
2 大日の丸前立
十一 常源寺所蔵の軍配団扇……77
1 金箔押軍配団扇
十二 某家所蔵の鞍……79
1 黒塗花菱紋彫刻鞍
十三 駒橋元近刀……81
1 刀一口 銘 元近作之 天文十七年九月吉日 甲州都留郡小西郷大木大明神為御剣 於駒橋
2 刀一口 銘 於駒橋元近打之 天文十七年六月吉日 甲斐国都留郡葛野郷御岳大明神御剣
3 刀一口 銘 於駒橋元近作之 天文十七年十一月吉日 甲州都留郡宮谷郷百蔵大明神為御剣
4 刀一口 銘 甲州都留郡駒橋元近作之 天文十七年九月吉日
5 刀一口 銘 甲州都留郡道四 天文十七年九月吉日 元近作之
6 刀一口 銘 於駒橋元近作之 天文十七年九月吉日 甲州都留郡小西郷三巖権現為御剣
7 刀一口 銘 元近作之 於駒橋 天文十七年九月吉日 甲州都留郡小沼浅間為御剣
8 刀一口 銘 於駒橋元近作之 駒橋八幡宮為御剣天文十七年十月吉日
十四 正行寺所蔵の兜……89
1 十六間阿古陀形筋兜
十五 大垣城所蔵の大袖……92
1 朱塗蝶番札浅葱糸威大袖 右半双

十六　一乗寺所蔵の薙刀……94
1　薙刀　銘　堤中納言兼輔卿後苗朝比奈駿河守藤原信置所持永禄六年於遠州引間口自斬小山六郎兵衛尉
祖彦深津大膳助藤原正房写　文所持　延宝三年　舛十一月吉辰武蔵大掾藤原是一写之
十七　長福寺の宝物……98
十八　望月家所蔵の兜と腹巻……102
1　桃形兜
2　色々威腹巻
十九　諏方大祝家伝来の胴丸……107
1　紅糸威胴丸（広袖付）
むすびに

第二章　武田軍団の軍装

はじめに
一　兜の立物……116
二　躑躅ケ崎館跡出土の馬骨……122
三　武田騎馬軍団の様相……125
四　赤備え……132
五　土豪・地侍層の武装……135
1　残存する遺物の検証

2『武州文書』の軍役定書の検証
3『市河文書』の軍役定書の検証
4　山梨市『飯島家所蔵文書』の軍役定書の検証
六　武田軍の戦闘法……152
七　攻城戦……155
八　鉄炮……158
九　穴山信君甲冑注文状の検証……162
1　甲府市『石川家文書』の条書の検証
2　和歌山県有田川町『恩地家文書』の朱印状の検証
十　浄真寺所蔵の武将画にみる甲冑……179
むすびに

第三章　合戦検証

はじめに
一　川中島合戦……191
1　第一戦――騎馬隊の活躍
2　第二戦――総力をかけた対峙
3　第三戦――犀川以北への侵攻
4　謙信所用の武具

5 第四戦――最大の激戦
6 第五戦――北信濃における抗争の終結
二 長篠合戦……221
1 決戦への序章
2 東軍の動向 勝頼の思惑
3 東軍を駆り立てたもの
4 西軍の軍装
5 最後の死闘
6 甲冑の変化と「味方討」
むすびに

付録

一 甲冑の歴史とその変遷……253
二 刀剣の歴史とその変遷……258
三 手長旗と幟旗……260
四 両雄一騎打ちにみる軍配団扇……262
五 馬具の歴史とその名称……265

参考文献
あとがき
武田氏三代略年譜
甲斐武田氏略系図
甲冑武具用語索引
著書一覧

写真図版一覧

武田勝頼奉納 紅糸威六十二間小星兜 富士山前立付（東京某寺蔵・富士宮市 富士山本宮浅間大社旧蔵・日進市 岩崎城歴史記念館提供）◎……カバー
武田勝頼奉納 県文 紅糸威最上胴丸（富士宮市 富士山本宮浅間大社蔵）◎兜と胴を合成……カバー
穴山信友奉納 重文「浅間丸」脇指 式部丞信国（一期一腰） 彫物「富士浅間大菩薩」（富士宮市 富士山本宮浅間大社蔵）……カバー
「孫子の旗」県文 紺地大幟旗（甲州市 雲峰寺蔵・長野県立歴史館提供）……カバー
県文 赤地諏方明神旗（甲州市 雲峰寺蔵・長野県立歴史館提供）……カバー
県文 赤地梵字諏方明神旗（梵字部分・甲州市 雲峰寺蔵）……カバー
伝武田信玄所用「諏方明神像」立物（甲州市 雲峰寺蔵・長野県立歴史館提供）……カバー
「武田の赤武者の袖」武田氏関係奉納 朱札茶糸威広袖（部分・富士宮市 富士山本宮浅間大社蔵）……カバー（袖）
武田勝頼奉納 色々威大袖（部分・富士宮市 富士山本宮浅間大社蔵）……カバー（袖）
武田逍遥軒筆 武田信玄（伝吉良頼康）甲冑像（東京都 浄真寺蔵）※……扉
伝源義光所用「楯無の鎧」国宝 小桜黄返大鎧（甲州市 菅田天神社蔵）……口絵1頁
県文 白糸妻取大鎧 残欠（笛吹市 美和神社蔵）……口絵2頁
武田信玄奉納 県文 六十二間筋兜（寒川町 寒川神社蔵）……口絵3－5頁
伝「諏方法性の兜」伝武田信玄所用 新庄藩戸沢家伝来 紫糸威六十二間小星兜（戸沢家蔵・山岸素夫氏提供）……口絵6頁
武田勝頼奉納 紅糸威六十二間小星兜（東京某寺蔵・富士山本宮浅間大社旧蔵・日進市 岩崎城歴史記念館提供）……口絵7頁
武田勝頼奉納 県文 紅糸威最上胴丸（富士宮市 富士山本宮浅間大社蔵）＊……口絵8－11頁
武田勝頼奉納 茶糸威二十二間総覆輪筋兜（富士宮市 富士山本宮浅間大社蔵）……口絵12・13頁
武田信玄奉納 色々威胴丸（富士宮市 富士山本宮浅間大社蔵）……口絵14・15頁
武田勝頼奉納 色々威大袖 一双（富士宮市 富士山本宮浅間大社蔵）……口絵16頁
武田氏関係奉納 色々威壷袖 一双（笛吹市 某家蔵・富士宮市 富士山本宮浅間大社旧蔵）＊……口絵17・18頁
武田氏関係奉納 朱札茶糸威胴丸 広袖付 残欠（富士宮市 富士山本宮浅間大社蔵）＊……口絵19－22頁
伝武田信玄奉納 県文 朱札紅糸威丸胴 佩楯付 残欠（笛吹市 美和神社蔵）……口絵23－25頁
武田家中所用 色々威腹巻 桃形兜付（早川町 望月家蔵・竹村雅夫氏提供）……口絵26頁

諏方頼忠所用 諏方大祝家伝来 紅糸威胴丸 広袖付（諏訪市博物館蔵）＊……口絵27－31頁
十六間阿古陀形筋兜（松本市 正行寺蔵）……口絵31頁
伝武田家中所用 大日の丸前立（阿智村 長岳寺蔵）＊……口絵32頁
伝武田信玄所用 三鍬形台（阿智村 長岳寺蔵）＊……口絵32頁
伝武田信玄所用「諏方明神像」立物（甲州市 雲峰寺蔵・長野県立歴史館提供）……口絵33頁
相木市兵衛所用 金箔押軍配団扇（南相木村 常源寺蔵・芳賀実成氏提供）……口絵33頁
県文 赤地梵字諏方明神旗（甲州市 雲峰寺蔵）……口絵33頁
県文 赤地諏方明神旗（甲州市 雲峰寺蔵・長野県立歴史館提供）……口絵34頁
「孫子の旗」県文 紺地大幟旗（甲州市 雲峰寺蔵・長野県立歴史館提供）……口絵35頁
伝「御旗」県文 白地日の丸の旗（甲州市 雲峰寺蔵）……口絵36頁
県文 赤地花菱紋の旗（甲州市 雲峰寺蔵）……口絵37・38頁
武田逍遥軒筆 武田信玄（伝吉良頼康）甲冑像（東京都 浄真寺蔵）※……口絵39頁
県文 穴山梅雪斎像（静岡市 霊泉寺蔵）＊……口絵40頁
武田信玄奉納 重文 太刀 長船景光（富士宮市 富士山本宮浅間大社蔵）＊……口絵41頁
武田勝頼奉納 太刀 無銘（富士宮市 富士山本宮浅間大社蔵）＊……口絵42・43頁
穴山信友奉納 重文「浅間丸」脇差 式部丞信国（一期一腰） 彫物「富士浅間大菩薩」（富士宮市 富士山本宮浅間大社蔵）……口絵44頁
伝武田信玄所用「晴信公備矢」矢（二本）（甲州市 雲峰寺蔵）……口絵44頁
伝武田信玄所用 短刀 助宗 彫物「おそらく」（某家蔵）……口絵45頁
伝武田信玄奉納 県文 大薙刀 長船兼光（南アルプス市 法善寺蔵）＊……口絵45頁
武田信玄奉納 県文 大太刀 国次（笛吹市一宮町 浅間神社蔵）……口絵46頁
県文 刀 元近（大月市 御嶽神社蔵）＊……口絵47頁
県文 刀 元近（大月市 福地八幡神社蔵・『刀剣美術』三四八号転載）……口絵47頁
刀 元近（笛吹市 某家蔵）……口絵48頁
朝比奈信置所用写 薙刀 石堂是一（清水市 一乗寺蔵）＊……口絵48頁

伝源義光所用「楯無の鎧」国宝 小桜黄返威大鎧（甲州市 菅田天神社蔵）…… 3
小桜黄返大鎧の胸板図（『集古十種』甲冑九）…… 4
県文 白糸妻取大鎧 残欠（笛吹市 美和神社蔵）…… 8
南部氏奉納 国宝 白糸妻取大鎧（八戸市 櫛引八幡宮蔵）…… 10
伝武田信玄奉納 県文 朱札紅糸威丸胴 佩楯付（笛吹市 美和神社蔵）…… 13
伝武田信玄奉納 県文 朱札紅糸威伊予佩楯（笛吹市 美和神社蔵）…… 14
前田利家・蜂須賀正勝の丸胴図（井河原優 画）…… 16
武田勝頼奉納 県文 紅糸威最上胴丸（富士宮市 富士山本宮浅間大社蔵）＊…… 20
武田勝頼奉納 紅糸威六十二間小星兜（東京某寺蔵・富士宮市 富士山本宮浅間大社旧蔵・日進市 岩崎城歴史記念館提供）…… 21
武田信玄奉納 色々威胴丸 兜・大袖付（富士宮市 富士山本宮浅間大社蔵）…… 25
色々威胴丸の唐草透の座金・枝菊透の八双金物（富士宮市 富士山本宮浅間大社蔵）…… 26
武田氏関係奉納 朱札茶糸威胴丸 広袖付 残欠（富士宮市 富士山本宮浅間大社蔵）＊…… 28
武田氏関係奉納 朱札茶糸威広袖 一双 残欠（富士宮市 富士山本宮浅間大社蔵）＊…… 29
朱札茶糸威胴丸の八双金物・広袖の笄金物（富士宮市 富士山本宮浅間大社蔵）…… 30
武田勝頼奉納 茶糸威二十二間総覆輪筋兜（富士宮市 富士山本宮浅間大社蔵）…… 32
武田勝頼奉納 色々威大袖 一双・笄金物（富士宮市 富士山本宮浅間大社蔵）…… 34
武田氏関係奉納 色々威壷袖 一双（笛吹市 某家蔵・富士宮市 富士山本宮浅間大社旧蔵）＊…… 37
武田信玄奉納 重文 太刀 長船景光（富士宮市 富士山本宮浅間大社蔵）＊…… 39
武田信玄太刀図（『集古十種』刀剣二）…… 39
武田勝頼奉納 太刀 無銘（富士宮市 富士山本宮浅間大社蔵）＊…… 41
穴山信友奉納 重文「浅間丸」脇指 式部丞信国（一期一腰） 彫物「富士浅間大菩薩」（富士宮市 富士山本宮浅間大社蔵）…… 43
穴山信友奉納 重文「浅間丸」脇指 黒漆塗鞘（富士宮市 富士山本宮浅間大社蔵）＊…… 43
「浅間丸」脇指 刀箱（穴山信友箱書・富士宮市 富士山本宮浅間大社蔵）＊…… 44
武田信玄奉納 県文 六十二間筋兜（寒川町 寒川神社蔵・甲府市 武田神社提供）…… 47
寒川神社蔵 六十二間筋兜図（『新編相模風土記』）…… 47
六十二間筋兜の鉢裏銘（寒川町 寒川神社蔵・甲府市 武田神社提供）…… 48
六十二間筋兜の繰半月の前立（寒川町 寒川神社蔵・竹村雅夫氏提供）…… 48

六十二間筋兜の花菱紋の鞠付鋲（寒川町 寒川神社蔵・竹村雅夫氏提供）……48
伝「諏方法性の兜」伝武田信玄所用 新庄藩戸沢家伝来 紫糸威六十二間小星兜（戸沢家蔵・山岸素夫氏提供）……51
武田氏旌旗図（『集古十種』旌旗三）……54
伝「御旗」県文 白地日の丸の旗（甲州市 雲峰寺蔵）……55
「孫子の旗」県文 紺地大幟旗（甲州市 雲峰寺蔵・長野県立歴史館提供）……57
県文 赤地諏方明神旗（甲州市 雲峰寺蔵・長野県立歴史館提供）……59
県文 赤地梵字諏方明神旗（甲州市 雲峰寺蔵）……59
県文 赤地花菱紋の旗（甲州市 雲峰寺蔵）……61
伝武田信玄所用「晴信公備矢」矢（二本）（甲州市 雲峰寺蔵）……62
伝武田信玄所用「諏方明神像」立物（甲州市 雲峰寺蔵・長野県立歴史館提供）……62
伝武田信玄所用 短刀 助宗 彫物「おそらく」（某家蔵）……64
短刀 助宗 黒漆塗拵（某家蔵）……64
伝武田信玄奉納 県文 大薙刀 長船兼光（南アルプス市 法善寺蔵）＊……69
伝武田信玄奉納 県文 大薙刀 長船兼光（再刃前・南アルプス市 法善寺蔵）……69
武田信玄奉納 県文 大太刀 国次（笛吹市一宮町 浅間神社蔵）……71
伝武田信玄所用 三鍬形台（阿智村 長岳寺蔵）＊……74
伝武田家中所用 大日の丸前立（阿智村 長岳寺蔵）＊……75
相木市兵衛所用 金箔押軍配団扇（南相木村 常源寺蔵・芳賀実成氏提供）……78
「海無」黒塗花菱紋彫刻鞍（山梨県 某家蔵）……80
県文 刀 元近（大月市 福地八幡神社蔵・『刀剣美術』三四八号転載）……82
県文 刀 元近（大月市 御嶽神社蔵）＊……83
刀 元近（笛吹市 某家蔵）……86
十六間阿古陀形筋兜（松本市 正行寺蔵）……90
伝川中島合戦使用 大垣藩家老戸田家伝来 朱塗蝶番札浅葱威大袖 右半双（大垣市 大垣城蔵）……93
朝比奈信置所用写 薙刀 石堂是一（静岡市 一乗寺蔵）＊……95
長福寺古写真（木曽福島町 長福寺蔵）……98
桃形兜（早川町 望月家蔵・竹村雅夫氏提供）……103

色々威腹巻（早川町 望月家蔵・竹村雅夫氏提供）……105
諏方頼忠所用 諏方大祝家伝来 紅糸威胴丸 広袖付（諏訪市博物館蔵）＊……108
紅糸威胴丸の広袖（諏訪市博物館蔵）＊……109
武田信玄前立図（『集古十種』甲冑一）……117
伝真田昌幸所用 天衝前立兜（長野市 真田宝物館蔵）……118
井伊直孝所用 天衝脇立朱塗兜（彦根市 彦根城博物館蔵）……119
躑躅ケ崎館跡出土の馬骨レプリカ（甲府市 藤村記念館蔵）・馬骨の出土状況図……123
『武州文書』にもとづく大井氏の軍装図（永都康之 画・三浦一郎監修）……138
色々威腹巻の喉輪（早川町 望月家蔵・竹村雅夫氏提供）……150
県文 穴山梅雪斎（信君）像 部分（静岡市 霊泉寺蔵）＊……162
穴山梅雪斎像 腰刀柄（静岡市 霊泉寺蔵）＊……162
穴山信君「具足注文」判物（甲府市 石川家蔵・山梨県史編さん室提供）……164
穴山信君具足注文想像図（永都康之 画・三浦一郎監修）……171
武田勝頼甲冑像（永都康之 画・三浦一郎監修・富士山本宮浅間大社蔵）……181
武田逍遥軒筆 武田信玄（伝吉良頼康）甲冑像（東京都 浄真寺蔵）※……182
武田信玄信濃侵略図……190
葛尾城遠望（坂城町）……193
大堀館跡の碑（長野市）……196
川中島第二戦（弘治元年）図（三浦一郎作図）……197
葛山城跡（高山村）……200
伝上杉謙信所用 伊予札紺糸縅胴丸（某家蔵）……205
日の丸軍配団扇（上越市 愛宕神社蔵）……208
金箔押扇面馬印（佐久市教育委員会蔵・上野松坂屋本館『日本のよろい展』転載）……208
紺地日の丸扇面馬印（佐久市教育委員会蔵・上野松坂屋本館『日本のよろい展』転載）……208
海津城跡の碑（松代町）……211
川中島第四戦（永禄四年）図（『甲陽軍鑑』をもとに三浦一郎作図）……213
典厩寺・典厩塚（長野市）……215

川中島第四戦（永禄四年）図（三浦一郎作図）……217
野尻城遠望（信濃町）……220
長篠城跡（新城市・新城市商工会議所提供）……223
長篠城縄張図……224
山県昌景の碑・竹広激戦の碑（新城市・新城市商工会議所提供）……228
長篠設楽原合戦図（三浦一郎監修）……229
長篠城から望む鳶ヶ巣山（新城市）……232
土屋昌次（昌続）の碑・甘利信康の碑（新城市）……233
伝徳川家康所用　紅糸威腹巻（静岡市　浅間神社蔵）……235
六枚張突盔形兜（清須市　総見院蔵）……237
稲葉一鉄所用　県文　茶糸威胴丸　兜付（揖斐川町　清水神社蔵）……238
内藤昌豊（昌秀）の碑・柳田激戦地の碑（新城市・新城市商工会議所提供）……243
馬場信房（信春）の碑・丸山（新城市・新城市商工会議所提供）……244
大宮激戦地の碑（新城市・新城市商工会議所提供）……249
大鎧の名所図（永都康之画）……254
胴丸（背面）・兜の名所図（永都康之画）……255
腹巻（背面）の名所図（永都康之画）……256
太刀の名所図（三浦一郎編『武田信玄―その武具と武装―』転載）……258
手長旗・乳付旗（幟旗）図（三浦一郎編『武田信玄―その武具と武装―』転載）……261
戦国期・江戸期の軍配図（三浦一郎編『武田信玄―その武具と武装―』転載）……263
馬具の名所図（三浦一郎編『武田信玄―その武具と武装―』転載）……265

※これまで吉良頼康の画像といわれてきたが、鈴木敬三・藤本正行等の研究により、武田信玄の甲冑像であることが有力となった。

○口絵構成　宮下玄覇　＊撮影　越智信喜

第一章　甲斐武田氏関係武具の調査と研究

はじめに

甲斐武田氏は、天正十年（一五八二）三月に滅亡という悲劇を辿《たど》る。戦国大名として、同じ道を歩んだ斎藤・浅井《あざい》・朝倉・北条等の各氏をはじめ織田・豊臣の両氏ですら、その遺物は消滅し、ほとんど目にすることはできない。その点、武田氏とそれに関わる軍団の遺物は、不思議に思えるほど多くを残している。これらは各地に点在しているものの、甲冑・刀剣・旌旗《せいき》・指揮具・馬具等、当時の武装に必要とするものの全般に及んでいる。

特に、武田三代（信虎・信玄・勝頼）と呼ぶ最盛期のものは豊富であり、中世から近世に移る武装形式の変遷の様子を知る上でも貴重な資料といえる。これらを調査し、研究することにより、文献や古文書の研究ではつかみきれなかった、具体的な軍装を知ることが期待できる。

本章では、著者が、甲斐武田氏あるいはその軍団に関わる遺物として確認したすべてを紹介し、その各々について検証を試みるものである。

しかし、これを進めるにあたり、従前にいわれてきた定説・通説を見直す必要性が生じるのである。すなわち各々の遺物を厳密にみると、いかなる伝承があろうと、明らかに武田氏滅亡以後のものは、棄却せざるを得ないからである。一般に目にするものの多くが、この類いのものであり、著者としても心が痛むところである。

前述のように、遺物の多くは各地に点在している。これらは、山梨県下はもとより、周辺の一都四県にも及ぶ。その中には遺物を複数所蔵するところもある。本章を進めるにあたり、遺物を所在別に分けて紹介し、その形姿や特徴を、できる限り具体的に述べることにしたい。

一　菅田天神社所蔵の大鎧

塩山《えんざん》上《かみ》於曽《おぞ》の菅田天神社（山梨県甲州市）は、承和年間（八三四〜四八）の創建とされ、文字どおり菅原道真を祭神とする社である。ふつう菅田と書いて「かんだ」と読んでいるが、「すがた」と読むのが正しい。この社には一領の大鎧《おおよろい》（1）が所蔵されている。江戸時代の後期に蘭学者の青木昆陽《こんよう》によって発見され、武田家に相伝された重宝「楯無《たてなし》の鎧《よろい》」という鑑定がなされた。

1　小桜黄返大鎧《こざくらきがえしおおよろい》

本大鎧は、甲斐源氏の祖である新羅三郎義光が、後冷泉天皇より拝領したものといわれ、楯《たて》がいらないほど頑強という意味から「楯無《たてなし》」と呼ばれている。その後、守護を務める武田家が重宝として相伝し、信玄の時代に鬼門鎮護のため、当社に奉納したといわれている。明治三十八年（一九〇五）に平安時代を代表する優品として国宝に指定され、さらに終戦後の昭和二十七年（一九五二）には新国宝に指定された。韋《かわ》(2)に無数の小さな桜の模様を染め、その上から顔料の黄を重ねたものを威毛《おどしげ》(3)に用い、これを古戦記では「小桜黄返」と呼んでいる(4)。

しかし、近年の研究によると、この通説を覆《くつがえ》す新説(5)が重視されるようになった。すなわち本大鎧を厳密にみると、新羅三郎義光云々の「楯無」とは異なる遺物といわざるを得ないからである。

確かに兜鉢《かぶとばち》(6)は、十枚張りの実に簡素なものであり、平安時代を思わせる遺風が所々にみられる。また金具廻《かなぐまわり》(7)の一部にも、これに準じた年代のものがみられる。小札《こざね》(8)は、𩊱《しころ》(9)・大袖《おおそで》(10)共に荒くて大きく、大袖が六段下がりであることは、まさに古様を示している。しかし、胴《どう》(11)と草摺《くさずり》(12)に用いた小札は、同じ平札《ひらざね》(13)ではあるものの札丈《さねたけ》(14)を二寸とし、一寸あたり二枚半を用いる、やや小振りのものである。さらに弦走下《つるばしりした》(15)の鉄札《てつざね》(16)は、すべて伊予札《いよざね》(17)であり、これらはすべて鎌倉時代の後期以降にみられる手法である。故に平安時代から鎌倉時代の前期にかけての古物を利用して、鎌倉時代の後期ごろに大鎧として仕立てたと推測するのである。このため、本大鎧における青木昆陽以来の鑑定、これにまつわる伝承についても再検証が叫ばれるようになった。

国宝 小桜黄返大鎧

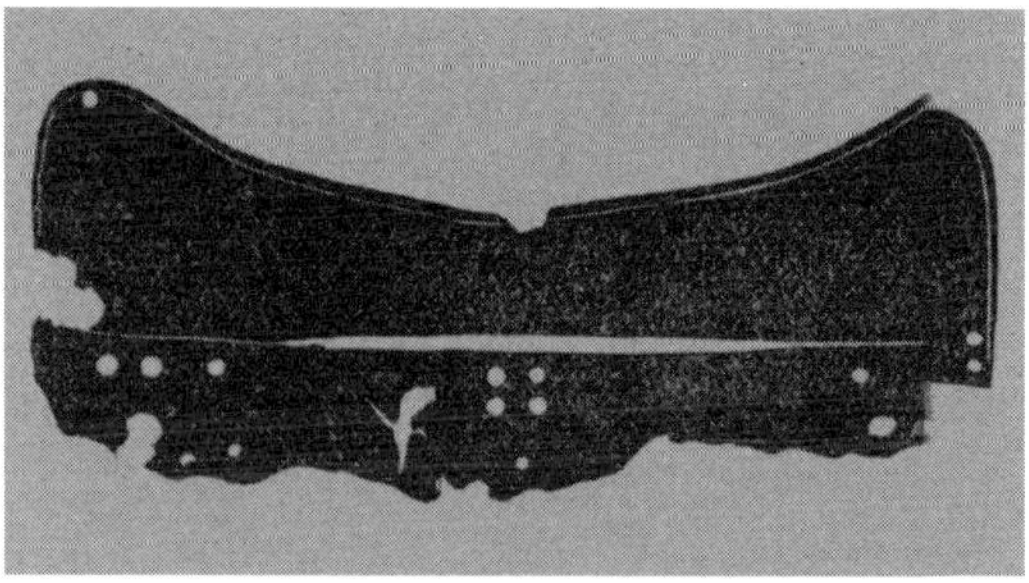

楯無の鎧 胸板（間金物・地板 銀滅金）図（『集古十種』）

本大鎧が、現在の形姿になったのは、寛政四年（一七九二）から翌五年（一七九三）にかけて、江戸で甲冑師の明珍宗政・同宗妙が行った修理以後のことである。これ以前の様子を克明に示した『集古十種《しゅうこじゅっしゅ》』[18]『甲斐国志《かいこくし》』[19]等をみると、思いのほか修理の規模が大きかったことが判る。紛失した部分に新作した部品を足し、また破損しながらも残っていた部品に対しても、新作した部品と取り替えている。このため、一部品ですら貴重な資料を失ったことは、誠に残念なことである。

その一例として挙げられるのが、古式を示す胸板《むないた》[20]である。『集古十種』『甲斐国志』をみると、確かに御岳《みたけ》神社（東京都青梅市）蔵「赤糸威大鎧」（国宝）や厳島神社（広島県廿日市市）蔵「小桜威大鎧」（国宝）にみられるような小さな胸板が残っていた。そのゆるやかな曲線は、まさに古式を示す特徴である。これと現在のものと見比べると、大きさやシルエットが明らかに異なることが判る。寛政の大修理の折に何等《なんら》かの理由で、取り替えられてしまったのであろう。他にもこうしたことが多分に行われているのである。

しかしながら、兜鉢や小札、他の金具廻・威毛等は、平安・鎌倉時代のものとして貴重である。そこで、本大鎧の新たなる評価として、所在地である菅田天神社の周辺に注目した。

菅田天神社がある甲州市塩山地区は、古くは山梨郡於曽郷と呼んでいた。古代にこの地を開発したのが三枝守国といわれ、子の守継が於曽氏の祖といわれている。[21]また『甲斐国志』によると、源頼朝の奥州討伐の折に活躍した加賀美遠光の子の光経・光俊がこの地を治め、光経は於曽四郎、光俊は於曽五郎と名乗ったとある。さらに市内塩山下於曽には、於曽屋敷と呼ぶ遺構が残され、光経の屋敷の跡と伝えられている。[22] 以降も、この地はその子孫が治めていたと考えられ、『勝山記《かつやまき》』[23]の永正十二年（一五一五）の記述に「尾曽殿」とみられ、また『高白斎記《こうはくさいき》』[24]の天文二十二年（一五五三）の記述には「於曽源八郎」の名がみられる。これらのことから、本大鎧が、地元の於曽氏に関わる品であるという説[25]には十分に頷ける。

このように考えると、兜鉢をはじめとする古様を示す部分は、加賀美遠光あたりの年代がふさわしいように思う。これらを用いて、国難を迎えた元寇のころに、小桜黄返の大鎧として仕立てられたのではなかろうか。

【註】
(1) 大鎧＝中世甲冑の形式の一種。付録「甲冑の歴史とその変遷」を参照。
(2) 韋＝鹿のなめし革。上皮を取って揉み解して柔らかくした革。
(3) 威毛＝小札板を糸・韋・布帛《ふはく》等の紐で威し立てた様。紐が居並ぶ様が、鳥の羽毛に似ているところからいわれるようになった。
(4) 『平家物語』巻一『源平盛衰記』巻二十七 他
(5) 山上八郎『日本甲冑一〇〇選』（秋田書店 一九七四年）
(6) 兜鉢＝兜の主要部分。頭部が入る鉢の部分。
(7) 金具廻＝甲冑の主要金具部分の総称。
(8) 小札＝甲冑を形成する根本的な材料。ふつう二列（六個・七個）の穴をあけ、鉄・革等で作られた細長い短冊状の板。

（9）鞠＝兜の側面から後部にかけて威し下げた小札板。
（10）大袖＝袖の一種。平面的で方形の袖。後に生まれた広袖《ひろそで》・壷袖《つぼそで》・当世袖《とうせいそで》等に比べて大きいことから名付けられた。袖＝肩先から上腕部にかけて保護する小札板を威し下げた部分。
（11）胴＝甲冑の最も主要な部分。胴身を覆い、基本的には胸・腹・背を保護する部分。
（12）草摺＝胴の下部に下がる垂。
（13）平札＝盛り上げのない平らな小札。
（14）札丈＝小札の上端から下端までの高さ。
（15）弦走下＝弦走韋《つるばしりがわ》の内側。弦走韋＝大鎧や胴丸鎧の胴の前面を包む韋。
（16）鉄札＝鉄で作った小札。
（17）伊予札＝小札の一種。ふつう二列（七個・七個）の穴をあけた小札。佩楯《はいだて》には二列（四個・四個あるいは五個・五個）の穴をあけた伊予札を使う。
（18）寛政十二年（一八〇〇）に松平定信が編纂した古物を模写し収録した図録。
（19）文化十一年（一八一四）に松平定信が幕命のもとで編纂した甲斐国の地誌。
（20）胸板＝金具廻の一種。前胴の最上部の金具。
（21）磯貝正義他編『角川日本姓氏歴史人物大辞典』十九　山梨県（角川書店　一九八九年）
（22）湯本軍一他編『日本城郭大系』第八巻（新人物往来社　一九八〇年）
（23）甲斐国都留《つる》郡に住む日蓮宗の僧侶の記録。現在、常在寺（山梨県南都留郡富士河口湖町）の住僧が書き綴った記録をまとめた最古の写本。異本として『妙法寺記』がある。
（24）信玄の近臣の駒井高白斎（政武）の日記といわれ、『甲陽日記』とも呼ぶ。
（25）註（5）に同じ。

二　美和神社所蔵の大鎧と丸胴

山梨県笛吹市（旧東八代郡）御坂町《みさかちょう》に、奈良の三輪神社の末社である美和《みわ》神社がある。古くは甲斐国二之宮として栄え、その長い参道は当時の繁栄ぶりを偲《しの》ばせる。この社には、貴重な二領の古甲冑が伝えられている。一方は大鎧の形式を示し、もう一方は丸胴の形式を示すものである。いずれも、かなり破損しているが、保存の状態はまずまずであり、ほぼ様相を知ることができる。共に年代観をよく示し、大いに注目すべき遺物といえよう。そこで、これらの細部を確認しながら、年代の位置づけや所用者等の検証を試みることにしたい。

1　白糸妻取大鎧《しろいとつまどりおおよろい》（残欠《ざんけつ》）

本大鎧は、総体に白糸で威《おど》し、その妻（端）を色糸でとる白糸妻取と呼ぶ威毛である。同毛《どうげ》(1)の大鎧は、明治末年に米国へ流出したもの（現ニューヨーク市メトロポリタン美術館の所蔵品）を含めて、現在のところ七領が確認されている。国内に残る本大鎧以外は、すべて国宝・重文に指定されている。これらは、鎌倉時代の後期から室町時代の前期ごろのものであり、本大鎧もこれに相当する年代のものである。

本大鎧には、兜と袖がみられない。大鎧は、兜・胴・袖の三物で一具をなすため、当初は奉納されたが、途中で紛失したとするのが妥当であろう。現在残る胴も、肩上《わだかみ》(2)・金具廻のすべてと金物《かなもの》(3)の多

胴

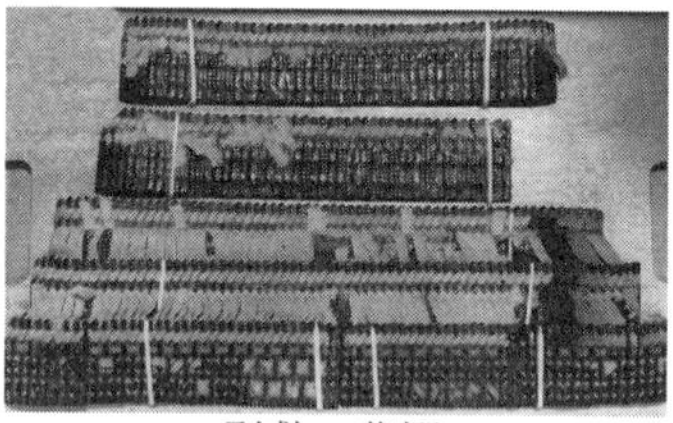

引敷の草摺

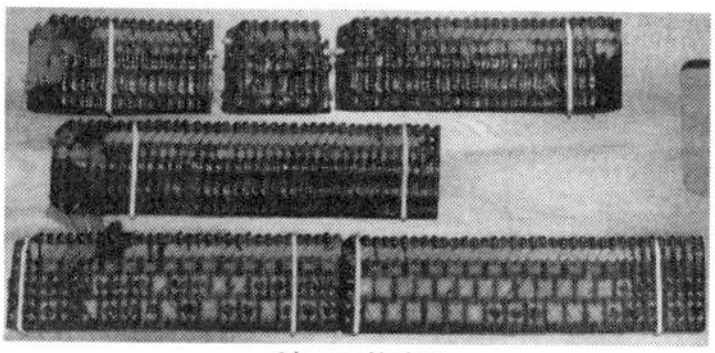

前の草摺

馬手の草摺

射向の草摺

県文 白糸妻取大鎧 残欠

くを欠損している。

胴の小札は、長側《ながかわ》(4)四段と逆板《さかいた》(5)、後立挙《うしろたてあげ》(6)と栴檀板《せんだんのいた》(7)の一部を残している。草摺《くさずり》の小札は、前を五割が欠損しているが、射向《いむけ》(8)と馬手《めて》(9)は八、九割を残し、引敷《ひきしき》(10)に至っては、ほぼ完全なかたちを残している。

小札は、胴の札丈《さねたけ》を二寸、草摺の札丈を二寸二分とし、一寸あたり四枚を用いて小札板を形成している。そこには、錆下地《さびしたじ》(11)の手法が認められる。胴裏は、一段ごとに栗色馬革《くりいろばかわ》(12)で包んで薫韋《ふすべがわ》(13)で綴じている。

威毛は、白地に紫・薄紫・黄(あるいは薄紅)・紅を配し、紫系と赤系の繧繝《うんげん》(14)が交ざり合う華麗な妻取威であったと思われる。耳糸《みみいと》(15)は、ほとんど欠損しているが、耳札《みみざね》(16)に詰まった糸片から亀甲打《きっこううち》(17)であったと推定される。畦目《うなめ》(18)は、比較的よく残し、白・紫・薄紫・萌黄・紺の五色の色糸を組み交ぜた小石打《こいしうち》(19)であることが判る。菱縫《ひしぬい》(20)は、前と引敷の草摺に紅糸《くれないいと》(21)を残している。

革所《かわどころ》(22)は、馬手草摺の蝙蝠付韋《こうもりづけがわ》(23)をよく残し、他には射向草摺の蝙蝠付韋の一部と、胴の射向側に弦走韋《つるばしりがわ》の一部を、丸鋲《まるびょう》(24)で留めた状態で残している。これらを詳しくみると、五星赤韋《ごせいあかがわ》(25)で小縁《こべり》(26)をとり、白・紫・紺の三色の色糸で、細かく伏組《ふせぐみ》(27)を施した藻獅子文韋《もじしもんがわ》(28)であることが判る。現状では大破しているが、藻の中に三頭の唐獅子と牡丹をあしらう弦走韋であったと想像される。

以上が本大鎧の概要である。そこに用いられた製作技術は、極めて高度なものであり、本大鎧が当時の一級品であることを示すと共に、中央の優秀な甲冑師《かっちゅうし》(29)によって製作されたことが推測されよう。

そこで、本大鎧の原型に近い遺物を求めると、櫛引《くしびき》八幡宮(青森県八戸市)蔵「白糸妻取大鎧《しろいとつまどりおおよろい》」(国宝)が挙げられよう。甲斐源氏の一党である南部《なんぶ》氏の奉納と伝えられ、後村上天皇より南部信光が拝領したといわれている。本大鎧にも、これと同じような四方白《しほうじろ》(30)の星兜《ほしかぶと》と七段下がりの大袖が付いていたで

国宝 白糸妻取大鎧

あろう。

美和神社から西へ約二キロメートルの地点に、武田信守と同信重の館跡と呼ぶ遺構がある。[31] このあたり一円は、古くから武田氏の根拠として栄えたところである。かつて著者は、これらの理由から本大鎧と武田氏との関連を重視し、その所用者として武田信武を挙げた。[32] 信武は、新羅三郎義光から数えて十代目にあたる。武田家中興の祖とうたわれ、南北朝時代の争乱に対して、足利尊氏等と共に北朝方に従軍して活躍した。

米国に流出した同毛《どうげ》の大鎧は、もともと篠村八幡宮（京都府亀岡市）の所蔵品であり、足利尊氏の奉納という社伝がある。そこで両者を見比べると、小札の製法や胴裏の包革の有無等から、本大鎧の方が若干ながら年代が下ると思われる。こうした結果を踏まえると、信武の子信成あるいは孫信春あたりが、その年代にふさわしいという見解に達したのである。また櫛引八幡宮や米国の大鎧は、いずれも各所に桐紋の金物を散らしている。このことから、本大鎧には、花菱紋の金物を散らしていたという説[33]にも納得ができよう。

さらに本大鎧と菅田天神社の「小桜黄返大鎧」との年代差についてであるが、先の件を考えると百年以上の差があるように思える。これに関しては、甲冑師の加藤一冑氏に貴重なご助言を賜り、この場にてお礼を申し上げる次第である。

【註】
(1)同毛＝同じ威毛。
(2)肩上＝左右の肩に乗せる部分。
(3)金物＝金・銀のメッキを施した金属あるいは特殊な金属を用いる装飾金物の総称。
(4)長側＝前胴から後胴にかけて一続きになった小札板の部分。
(5)逆板＝大鎧や一部の古式胴丸の後立挙の二段目にある重なりが逆さになった小札板。
(6)後立挙＝後胴の立挙。立挙＝胴の胸にあたる前後に分割した小札板の部分。前後に分けて前立挙・後立挙と呼ぶ。
(7)梅檀板＝大鎧・胴丸鎧の右胸の隙間を埋めるための板。冠板から三段の小札板を威し下げた小型の袖のように作られている。
(8)射向＝武家用語の一種。左を指す語。
(9)馬手＝武家用語の一種。右を指す語。
(10)引敷＝武家用語の一種。後を指す語。
(11)錆下地＝漆の下地塗の一種。鎌倉時代の後期以降にみられ、上塗をより美しくみせるためにはじめられた。
(12)栗色馬革＝溜塗を施した馬革。
(13)薫韋＝煙で燻《いぶ》してくすべて茶色く色付けした韋。
(14)繧繝＝色の移りゆく様。グラデーション。
(15)耳糸＝小札板の両端に使う糸や韋。
(16)耳札＝小札板の両端に使う一列穴の小札。
(17)亀甲打＝組紐の一種。二色以上の色糸を組み交ぜて亀甲模様を連続して編み出した紐。

（18）畦目＝裾板《すそいた》や逆板《さかいた》にみられる紐や韋で横一線上に刺縫《さしぬい》した部分。
（19）小石打＝組紐の一種。二色以上の色糸を組み交ぜて小石を散りばめたように編み出した紐。
（20）菱縫＝裾板や逆板にみられる横一線上に二段あるいは一段の紐や韋で「×」に綴じた部分。
（21）紅糸＝紅花から取れる染料で染めた鮮やかな赤い糸で組まれた紐。
（22）革所＝甲冑の皮革を用いて作られた部分の総称。
（23）蝙蝠付韋＝大鎧の左右の草摺や喉輪・曲輪の垂を吊る韋。
（24）丸鋲＝頭《かしら》に丸く膨らみを持たせて作られた鋲。
（25）五星赤韋＝染韋の一種。五曜紋を連続して白く染め抜いた赤韋《あかがわ》。赤韋＝染韋の一種。赤く染めた韋。
（26）小縁＝地韋《じがわ》の外郭に沿った縁の韋。
（27）伏組＝地韋と小縁を各種の色糸を交互に用いて縫い合わせた装飾。
（28）藻獅子文韋＝絵韋の一種。水草の藻の中に唐獅子と牡丹を染めた韋。絵韋＝染韋の一種。様々な絵模様を染めた韋。
（29）甲冑師＝甲冑を作る職人。鎧師とも呼ぶ。
（30）四方白＝兜鉢の装飾の一種。前後左右を篠垂《しのだれ》や地板《じいた》で飾る装飾。
（31）湯本軍一他編『日本城郭大系』第八巻（新人物往来社　一九八〇年）
（32）三浦一郎編『武田信玄―その武具と武装―』（私家版　一九八七年）
（33）山岸素夫『日本甲冑の実証的研究』（つくばね舎　一九九四年）

2　朱札紅糸威丸胴《しゅざねくれないいとおどしまるどう》（佩楯付《はいだてつき》）

丸胴とは、室町時代以前に用いた純然たる胴丸《どうまる》（1）に対して、当世具足《とうせいぐそく》（2）への移行段階で生じた中間的形

朱札紅糸威丸胴 佩楯付

式を示す胴のことである。

本丸胴は、伊予札《いよざね》を馬革で包んで朱漆を塗り、紅糸（あるいは茶糸）で素懸《すがけ》(3)に威して形成されている。前立挙《まえたてあげ》三段・後立挙《うしろたてあげ》四段・長側《ながかわ》五段・草摺《くさずり》九間五段下がりという仕立である。胸板《むないた》は、上辺を一文字とし、首に沿ってややくびれた感がある。脇板《わきいた》(4)は、一部を残し、本雁木《ほんがんぎ》(5)による三山形《みつやまがた》(6)であったと想像される。これらの金具廻は、前代のように韋《かわ》で包まず、小札と同じく漆を塗って仕上げ、その周縁に山銅《やまがね》(7)の覆輪《ふくりん》(8)を廻《めぐ》らしている。肩上《わだかみ》は、革製であるが、蔓肩上《つるわだかみ》(9)のような柔軟性はなく、金具廻と同じく漆を塗って仕上げ、中央部の幅が広く作られている。

佩楯《はいだて》(10)は、大腿部を保護する小具足として南北朝時代ごろに生じた。本丸胴に付く佩楯は、胴と同じく朱塗の伊予札を用いる伊予佩楯《いよはいだて》である。紅糸で菱《ひし》と畦目《うなめ》に綴じ付け、五段下がりとするのは古式を示す特徴である。家地《いえじ》(11)は、家表《いえおもて》(12)の破損が著しく、わずかに残る布片から紅の緞子《どんす》あるいは綸子《りんず》であると思われる。中込《なかごめ》(13)と家裏《いえうら》(14)には、共に目の荒い渋染めの麻布を用いている。現状では、縁韋《へりかわ》(15)や力韋《ちからがわ》(16)に藍染めの麻布がみられるが、刺縫の手法から後補と思われる。腰緒《こしお》(17)は、渋染めの麻を芯にする紅《べに》の平絎《ひらぐけ》(18)である。

伊予佩楯

以上が本丸胴の概要である。本丸胴には、「信玄の元服鎧」という社伝がある。しかし、これら一連の形式をみる限り、信玄が元服した天文五年（一五三六）ごろのものとは思えない。また山梨県北杜市『八代家文書』には、二之宮（美和神社）の神主に宛てた武田家朱印状[19]があり、「自 御前様御祈禱、御具足壱両御社納候、可被請執之旨被仰出者也、仍如件」と記されている。これによると永禄九年（一五六六）十一月二十五日に、跡部又八郎（勝資か）がその代行にあたっており、これと本丸胴とを結び付ける意見がある。

さらに、ここにみられる「御前様」が、信玄の正室三条氏であることから、新たにその長子義信を所用者とする説[20]もある。

しかし、本丸胴は、胴丸の形式を保ちながらも、前後の立挙や長側の段数の加増、あるいは草摺の形状の変化が明らかであり、大凡《おおよそ》の形式は当世具足（近世甲冑）の胴に移行している。故にその製作年代は、天正年間（一五七三～九二）といわざるを得ないのである。著者は、これらの理由から、本丸胴は『八代家文書』にみられる「具足」とは別物と考えたい（この時期、甲冑を具足と呼んでいる）。

さて、昭和六十二年（一九八七）に著者が刊行した小書[21]の中で、本丸胴が朱塗であることから、武田氏に関わる武将のものとして発表した。しかし、後々検証を重ねた結果、それが誤りであると判明したのである。その根拠の第一は、本丸胴がかつて朱塗ではなく、金箔押《きんぱくおし》[22]であったと思われるからである。それは、平成十年（一九九八）の再調査の折に、ルーペで詳しく観察したところ、少なくても押付板と佩楯の朱塗の剥落《はくらく》部分に、はっきりと金箔を確認したからである。これを、朱漆の発色をよくするために、はじめに金箔を押したとする説がある。しかし、管見する限りこの種の初期的遺物(23)にこうした塗装は認められず、故に著者は当初は金箔押であったものを、途中で朱に塗り替えたとするのが妥当に思うのである。

次に注目すべきは、上辺を一文字にした特有の形状の胸板である。室町時代の末期になると、個々の戦闘も激しさを増し、甲冑にも大きな変化がもたらされた。槍《やり》・鉄炮《てっぽう》の攻撃に対して、甲冑にできる隙間を少なくすることが要求されたのである。このため元亀年間（一五七〇～七三）以降には、前後の立挙や長側の段数の加増が盛んに行われるようになった。その結果、胸板の左右の突起部分が、肩口への違和感を招いたのである。故にこれを取り除くという発想から生じたのが、上辺を一文字にした胸板と想像される。

この形状の胸板を有する丸胴は、全国に十数例が確認されている。その中で最も著名なのが、加賀藩前田家に伝わる利家所用の「金箔押白糸威丸胴《きんぱくおししろいとおどしまるどう》」（重文）である。総体に金箔を押し、まさに本丸胴の原型をみるようである。続いて蜂須賀正勝・中村一氏他の所用品が挙げられる。これらは、すべて織豊政権下で活躍した武将である。つまり、上辺を一文字にした胸板は、織豊政権下で合理性と機能性のみを追求した結果、生じたと推測するのである。故に武田氏のような、旧態《きゅうたい》依然たる勢力の人々からみれば、異様にみえたかも知れない。

次に注目すべきは、その製法である。前田利家・蜂須賀正勝・中村一氏他の所用品のすべてが、本

前田利家の丸胴図

蜂須賀正勝の丸胴図

丸胴の製法と同じく、伊予札を馬革で包んで小札板を形成している。この製法は革着《かわぎせ》(24)と呼ばれ、小札を漆で塗り固めて小札板を作る従前の製法に比べて、要する手間や時間を大幅に短縮できるのである。これは、織豊政権下において甲冑の大量生産を行うために、特に取り入れられた製法と考えられる。以降、この製法は本縫延《ほんぬいのべ》(25)と呼ばれ、当世具足(近世甲冑)にも大いに取り入れられた。さらにこれを模した縫延(26)は、本小札《はんこざね》(27)を模した当世小札《とうせいこざね》(28)と共に、当世具足の製法として新たなる流れを作ることになるのである。

以上の結果から、本丸胴は武田氏に関わるものではなく、むしろ形状や形態・製法等から織豊政権下で作られ、用いられたものと思われる。そこから考え出される本丸胴の所用者であるが、いち早く甲斐国に攻め込み、一時的とはいえ、このあたり一円を治めた河尻秀隆か、それに従属した人物を想像するのである。

その左肩上には、半月状に鋭く削ぎ落とされた痕《あと》がある。右から左にかけて、刀で削がれたものと思われ、このときに所用者は肩口にかなりの傷を負ったと想像される。もしかすると、この疵痕が、河尻秀隆絶命のときの刀疵かも知れない。

【註】
（1）胴丸＝中世甲冑の形式の一種。小札板で胴身を丸く包み右脇を引合《ひきあわせ》にした胴。
（2）当世具足＝近世甲冑を意味し、現代風の甲冑という意味から生じた語。
（3）素懸＝威の手法の一種。疎《まば》らに緘《からみ》の穴を菱に綴じながら各段を一貫して縦に威す手法。緘の穴＝小札の上から一段目と二段目の穴。
（4）脇板＝金具廻の一種。大鎧の左脇、胴丸・腹巻・腹当・当世具足の両脇の最上部にある金具。
（5）本雁木＝細長い板を横に刳ぎ合わせて作られた金具廻。
（6）三山形＝「山」の字のように中央を高く作った金具。
（7）山銅＝山から採掘した精錬半《なか》ばの不純物が多い深い緑味がある銅。
（8）覆輪＝兜の筋や金具廻の周縁の保護と装飾を兼ねて覆う金物。
（9）蔓肩上＝革を何重も重ね合わせて作った柔軟性がある肩上。
（10）佩楯＝小具足の一種。大腿部を保護する小具足。
（11）家地＝甲冑の布帛を使って作った部分。
（12）家表＝家地の表地に使う布帛。
（13）中込＝家地の芯に使う布帛。
（14）家裏＝家地の裏地に使う布帛。
（15）縁韋＝家地の補強のために周縁に廻らす韋。
（16）力韋＝佩楯の家地の補強のために正面に縦に細長く縫い付けた革。
（17）腰緒＝佩楯を装着するために腰に巻く紐。
（18）平絎＝絎紐の一種。布帛や韋を折り畳んで断面を平らに作った絎紐。絎紐＝布帛や韋を絎《く》けて（縫って）作った紐。

（19）柴辻俊六他編『戦国遺文』（東京堂出版 二〇〇二年）武田氏編 第二巻 一〇三九
（20）開館記念特別展『よみがえる武田信玄の世界』（山梨県立博物館 二〇〇六年）
（21）三浦一郎編『武田信玄―その武具と武装―』（私家版 一九八七年）
（22）金箔押＝漆の塗り色の一種。漆を薄く塗った上に金箔を押して、金色にした塗り色。
（23）静岡県浅間大社・大阪府建水分神社・奈良県法隆寺等の所蔵品。
（24）革着＝漆の下地の一種。生地を革で包んで作る下地。
（25）本縫延＝小札板の一種。伊予札を革紐で綴じて繋いで作った小札板。縫って延ばすという伊予札の製法に由来する。
（26）縫延＝小札板の一種。本縫延に見えるように延板に漆を盛り上げて作った小札板。
（27）本小札＝小札板の一種。小札を革紐で綴じて繋いで作った小札板。
（28）当世小札＝小札板の一種。本小札に見えるように延板に漆を盛り上げて作った小札板。切付小札とも呼ぶ。

以上、美和神社所蔵の大鎧と丸胴について述べてきた。昭和六十一年（一九八六）に両者は県文に指定され、高い評価がなされた。今後、大鎧については、さらに高い評価がなされることを期待している。また丸胴については、武田氏に関わる遺物ではないという残念な結果を得た。しかし、全国的にみても稀《まれ》なる天正期の遺物であり、この時期における甲冑の変遷を知る上でも貴重な資料である。故に県文としての評価は正しいものと理解する。

尚、本文の作成にあたり、山岸素夫『日本甲冑の実証的研究』（つくばね舎 一九九四年）を参考にさせて頂いた。また美和神社宮司の桃井一祝氏には、調査の都度お世話を頂き、そのご意見を参考にさせて頂いた。両氏には、この場にてお礼を申し上げる次第である。

三　浅間大社所蔵の甲冑と刀剣

富士山本宮浅間大社《ふじさんほんぐうせんげんたいしゃ》（静岡県富士宮市）は、古くから駿河国一之宮として栄え、その繁栄は現在に至っている。霊峰富士山を御神体とし、木花之佐久夜毘売命《このはなさくやひめのみこと》を祭神とする。この社は、甲斐武田氏の駿河侵攻以降、その崇敬を大いに集めた。信玄自筆といわれる願状をはじめ、その奉納との伝承を持つ古甲冑の一群と三口の刀剣がある。これらは甲斐武田氏関係の武具として大いに注目される。そこで、その細部を確認しながら、年代の位置づけや所用者等の検証をしていきたい。

1　紅糸威最上胴丸《くれないいとおどしもがみどうまる》（兜付《かぶとつき》）

本胴丸（便宜上、胴丸①とする）のように着脱に際して四隅の蝶番《ちょうつがい》で開閉し、五枚胴《ごまいどう》(1)からなる形式の胴丸を最上胴丸《もがみどうまる》と呼ぶ。また同形式の腹巻《はらまき》(2)を最上腹巻《もがみはらまき》と呼ぶ。その名のとおり、東北の最上地方で発生したといわれ、もともとは下級士卒が用いるために開発された。しかし、槍《やり》や鉄炮《てっぽう》のように一点集中型の攻撃兵器を、多く用いるようになった室町時代の末期には、上級武士でも小札物《こざねもの》(3)より有利な板物《いたもの》(4)を盛んに用いるようになる。胴丸①は、その好例として挙げられるものである。

胴丸①は、胴の札丈《さねたけ》を一寸八分、草摺《くさずり》の札丈を二寸二分とし、一寸あたり六行とする非常に細かい紅糸の毛引威《けびきおどし》(5)である。前立挙《まえたてあげ》二段・後立挙《うしろたてあげ》四段・長側《ながかわ》四段・草摺十一間六段下がりとする仕立である。

耳糸《みみいと》と畦目《うなめ》には、白・浅葱・紺の三色の色糸を組み交ぜた啄木打《たくぼくうち》[6]、菱縫《ひしぬい》には紅糸《くれないいと》をそれぞれ用いている。

金具廻《かなぐまわり》は、すべて金梨子地《きんなしじ》[7]に塗られ、押付板《おしつけいた》[8]にわずかに残る桐紋《きりもん》の蒔絵《まきえ》[9]から、総体に同紋の蒔絵を散らしていたことが想像される。その周縁には銀の覆輪《ふくりん》を廻らし、所定の位置に銀の小桜鋲《こざくらびょう》[10]を打っている。脇板《わきいた》は、前後が角張り、中央を高くした三山形《みつやまがた》の形状を示している。肩上《わだかみ》は、金具廻と同じく金梨子地に塗り、着脱の便から後部に蝶番を用いる鉄肩上《てつわだかみ》[11]である。金物《かなもの》は、多くを欠損しているが、胸板の八双鋲《はっそうびょう》[12]に花菱紋の銀の紋鋲《もんびょう》[13]がみられる。

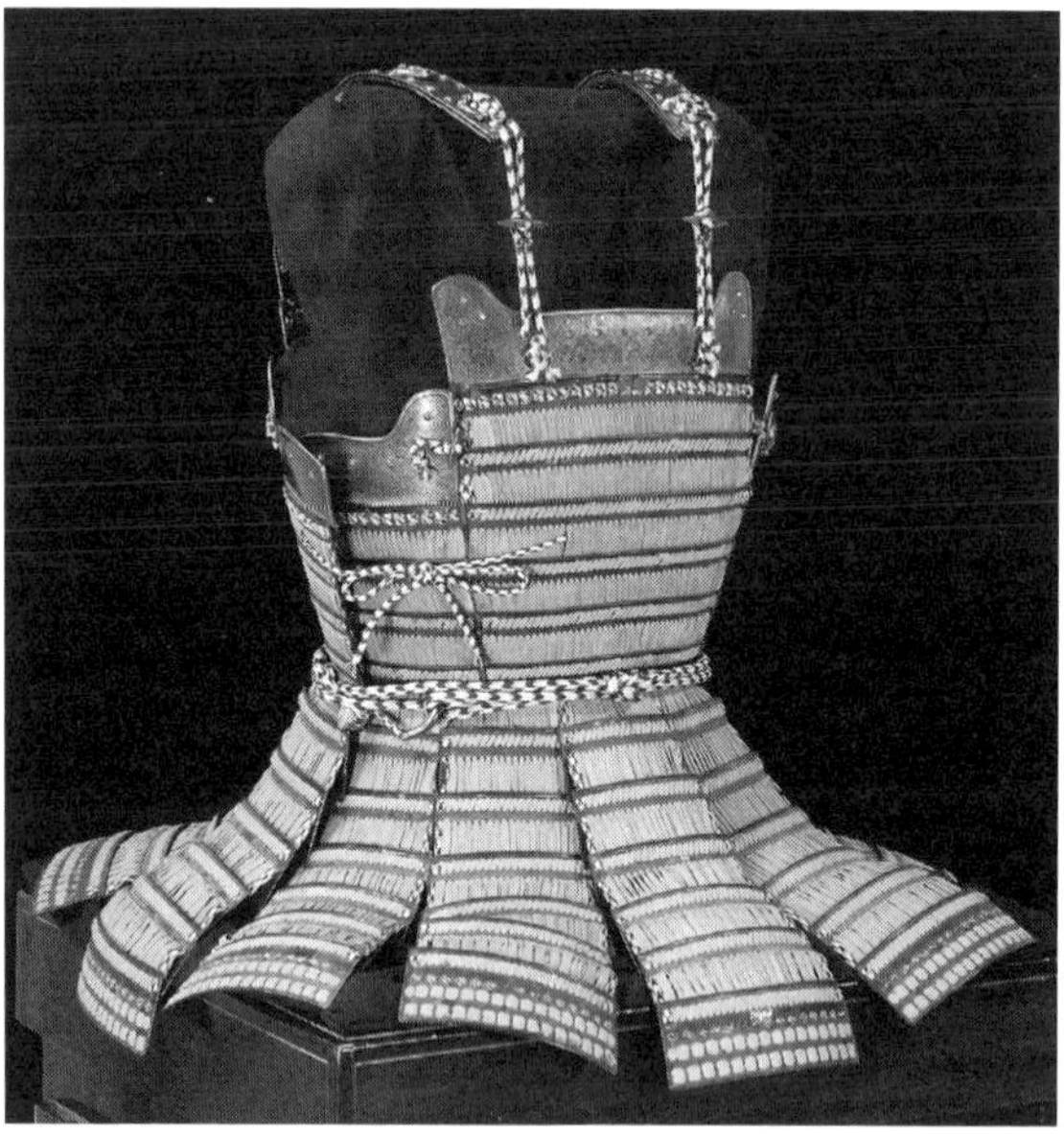

県文 紅糸威最上胴丸

胴丸①には、勝頼奉納という社伝がある。[14]その形式が示す年代観や花菱紋の紋鋲等から、この社伝にも十分に信憑性があると思われる。昭和五十二年(一九七七)に県文に指定され、同五十四年(一九七九)には、東京国立博物館(東京都台東区)の監督のもとで、金具廻・肩上・綴韋《とじかわ》[15]・威毛の一部等に修理が行われ、ありし日の姿を取り戻すに至った。

胴丸①の兜(便宜上、兜①とする)は、故あって東京都某寺にある。錆地《さびじ》[16]の六十二間小星兜鉢《こぼしかぶとばち》[17]に、五段下がりの最上𩊱《もがみじころ》[18]を付け、威毛・耳糸・畦目・菱縫は、すべて胴と同じである。吹返《ふきかえし》は、鉢付板《はちづけいた》

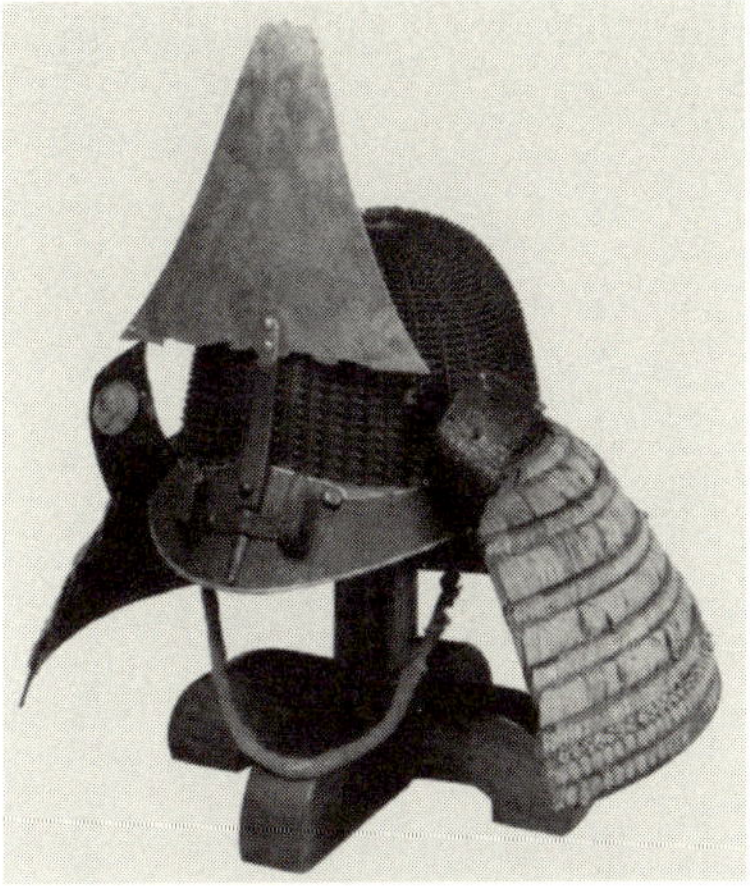

紅糸威六十二間小星兜（浅間大社旧蔵）

(19)のみを左右に折り返した一枚吹返《いちまいふきかえし》(20)とし、右に文殊《もんじゅ》菩薩を表すマンの梵字の据文《すえもん》(21)がみられるが、左の据文は欠損している。鞆付鋲《しころづけびょう》(22)には、胴の八双鋲と同じく花菱紋の銀の紋鋲がみられる。眉庇《まびさし》(23)は、上下に銀の覆輪を廻らし、現状では錆地であるが、元来は金梨子地塗であったことが修理の折に判った。これらのことから、胴と兜には作意に一貫性が認められる。また鉢付板の左右後の三ケ所に、紅糸の綰《わな》(24)がみられ、腰蓑《こしみの》(25)を結んでいたと想像される。

兜①の注目すべき点は、祓立《はらいだて》(26)を跨《また》ぐかたちで並角元《ならびつのもと》(27)を設けている点である。祓立も角元《つのもと》も前立《まえたて》(28)を立てるための装置であり、共に設けた遺例は少ない。その立物《たてもの》(29)として、祓立に立てる縦に細長く誇張した富士山状の前立が残され、武田氏による富士浅間信仰を示す資料として注目される。しかし、当社より流出した際に紛失したため、現在みられるものは、厳密に計測して作られた復元品である。

その鉢裏《はちうら》(30)には「元亀三年壬申二月日」の年紀と「上州住康重」の作銘が認められる。この年紀と作銘から、胴丸①が元亀三年（一五七二）に、上野国《こうずけ》（群馬県）の康重によって作られたということが判る。またふつう筋兜《すじかぶと》(31)にのみ打つ四天鋲《してんのびょう》(32)を、こうした小星兜《こぼしかぶと》(33)に打つのも、この一派の大きな特徴である。

以上が胴丸①の概要である。ここで注目すべきは、胴の後立挙にみられる変化である。胴丸は、中世を通じて後立挙は三段であった。これが、元亀三年（一五七二）の段階で四段になったのである。この変化こそが、胴丸が当世具足（近世甲冑）へと変化していく上での第一歩と考えられる。胴丸①は、甲冑の変遷を知る上で、元亀年間（一五七〇～七二）の基準資料になるものといえよう。

胴丸①は、総鉄製であるためかなり重量がある。大柄の胴に燃え立つような紅糸（現状では変色してやや黄色っぽい）の威毛――これに対して兜に用いる腰蓑は、もしかすると白熊《はぐま》[34]であったかも知れない。真っ赤な威毛に真っ白の腰蓑――この武装を誰がどのようにして後世に伝えたのであろうか。まさに江戸時代の錦絵《にしきえ》に描かれた武田信玄像そのものである。

この年（元亀三年）の十月、信玄は、遠江・三河の制圧のために、大規模な軍事行動を起こす。これに先駆けて、後継者である勝頼も胴丸①を新調したのであろうか。戦国最強とうたわれた武田軍団――その先陣をきる勝頼の高まる鼓動を今に伝える一品である。

本文の作成にあたり、一頭の兜を追い求めてこられた故芳賀実成氏の執念ともいえる論文「武田勝頼の兜 余滴」[35]より、そのご意見を参考にさせて頂いた。氏には、謹んでご冥福を祈る次第である。

【註】（1）五枚胴＝前後・左・右前後あるいは前・後左右・左・右の計五枚の延板を蝶番で連動した胴。
（2）腹巻＝中世甲冑の形式の一種。小札板で胴身を腹から丸く包み背を引合にした胴。
（3）小札物＝小札を用いて作られた甲冑。
（4）板物＝延板を用いて作られた甲冑。
（5）毛引威＝小札一枚に対して一行ずつ満遍《まんべん》なく威す手法。隙間なく威すこと。
（6）啄木打＝組紐の一種。二色以上の色糸を組み交ぜた常組の紐。常組＝ふつう威に使う三間飛の二十五手の組紐を指す。

（7）金梨子地＝漆の塗り色の一種。漆を薄く塗って、金粉を蒔いて梨の実の肌のようにみせた塗り色。
（8）押付板＝金具廻の一種。後胴の最上部の金具。押付＝胴の背面の最上部の肩上をとる部分。
（9）蒔絵＝漆芸の一種。生乾きの漆の上から金・銀の粉を蒔いて様々な情景や文様等を描く漆芸。
（10）小桜鋲＝金具廻に打つ五角錐《ごかくすい》の小さな鋲。
（11）鉄肩上＝表面に鉄板を入れて作られた肩上。
（12）八双鋲＝金具付の札頭や化粧板に打つ鋲。金具付＝金具廻と小札の接続部分。あるいは接続の手法。
（13）紋鋲＝頭に各種の紋の彫金を施した鋲。
（14）官幣大社浅間大社社務所『浅間大社の歴史』（名著出版 一九二八年）
（15）綴韋＝立胴《たちどう》にするために小札板の各段を綴じ付ける韋。
（16）錆地＝地鉄の良さをみせるためにわずかに錆を浮かせた地肌。
（17）六十二間小星兜鉢＝兜鉢の一種。小さな星（鋲頭）が表面に突出した六十二間の筋がある兜鉢。
（18）最上𩊱＝𩊱の一種。裾が水平で直線的に開いた板物の𩊱。
（19）鉢付板＝𩊱の一の板。兜鉢に直接取り付ける小札板。
（20）一枚吹返＝吹返の一種。鉢付板だけを左右に返した吹返。
（21）据文＝飾金物の一種。金具廻・小札・小具足等に打つ菊重や各種の紋・図案をあしらう飾金物。
（22）𩊱付鋲＝兜鉢に𩊱を取り付けるための鋲。
（23）眉庇＝金具廻の一種。兜の庇《ひさし》部分の金具。
（24）綰＝紐を結ぶために組紐・韋・布帛等で作られた輪。
（25）腰蓑＝鳥の羽根・獣毛等で作られ、𩊱の保護と装飾を兼ねて取り付ける蓑。𩊱の一の板から取る綰《わな》あるいは鞐《こはぜ》に取り付ける。鞐＝紐を繋ぎ止めるための金具。ふつう笠鞐と責鞐と呼ぶ二つの金具を一対として使う。
（26）祓立＝眉庇あるいは鍬形台の中央に設けた小旗や立物を立てるための角筒形の立物装置。

(27) 並角元＝大型の立物を立てるためや安定を保つために、二本以上並べて付く角元。角元＝立物を立てるために兜鉢に設けた突起。
(28) 前立＝立物の形態の一種。兜の正面に掲げる立物。
(29) 立物＝兜に掲げる装飾の一種。
(30) 鉢裏＝兜鉢の内側。
(31) 筋兜＝兜の一種。縦に筋が入った鉢の兜。
(32) 四天鋲＝主に筋兜の鉢の四方に打つ鋲。
(33) 小星兜＝兜の一種。小さな星を打った鉢の兜。
(34) 白熊＝ヤク（チベット地方に生息する山羊科の動物）の尾の白い毛。
(35) 『甲冑武具研究』九六・九七合併号（一九九二年）

2　色々威胴丸《いろいろおどしどうまる》

本胴丸（便宜上、胴丸②とする）には、現在、兜と大袖が付いている。しかし、著者は、これらをすべて別物として考えたい。その理由については、各々の解説の折に述べることにする。故にここでは、胴丸②についてのみ述べることにした。

胴丸②は、紫・紅・白の色糸を二段ずつ順に威した色々威《いろいろおどし》(1)の胴丸である。小札《こざね》は、胴の札丈《さねたけ》を一寸八分、草摺《くさずり》の札丈を二寸二分とし、一寸あたり五枚を用いる。前立挙《まえたてあげ》二段・後立挙《うしろたてあげ》三段・長側《ながかわ》四段・草摺十三間六段下がりとする仕立である。耳糸《みみいと》と畦目《うなめ》には、白・浅葱・紺の三色の色糸を組み交ぜた啄木打《たくぼくうち》、菱縫《ひしぬい》には紅糸《くれないいと》をそれぞれ用いている。

色々威胴丸

唐草透の座金

枝菊透の八双金物

金具廻《かなぐまわり》は、前代のように絵韋《えがわ》こそ用いないものの、黒皺革《くろしぼかわ》(2)で包んで菖蒲韋《しょうぶかわ》(3)の小縁を取り、色糸（配色不分明）で細かく伏組を施している。

金物《かなもの》は、多くを失っているが、金具廻の周縁に廻らす鍍金《ときん》(4)の覆輪《ふくりん》・胸板《むないた》の中央の八双金物《はっそうかなもの》(5)・総角鐶《あげまきかん》(6)のみを残している。ふつう各所に用いる金物の彫金の図案は同じである。しかし、胴丸②の場合は、八双金物に枝菊透《えだぎくずかし》(7)の図案の金物を用いているのに対して、総角鐶の座金《ざがね》には異なる唐草透《からくさずかし》(8)の図案の金物を用いている。このように、図案の異なる金物を用いる理由については、検討する余地があるように思う。

以上が胴丸②の概要である。これには、新羅三郎義光の所用という伝承があるが、言うまでもなく誤りである。また元亀二年（一五七二）に、信玄が当社参詣の折に奉納したという社伝がある。(9)胴丸②は、純然たる室町時代の胴丸の形式を保ちながらも、金具廻の包韋《つつみがわ》・威毛の配色・細分化された草摺等をみる限り、その製作年代は室町時代の末期と考えられる。胴丸①を元亀年間（一五七〇〜七二）の基準資料とした場合、金具廻の形状や立挙の段数が異なることから、両者の製作年代に差があることは明らかである。故に若干ながら古様を残す胴丸②の方が、古いとみるのが妥当であろう。

よって胴丸②の所用者は、それを奉納したとされる信玄と推測するのである。これまで勝頼を所用者とする説が有力であった。しかし、冒頭で述べたように、胴丸②に付くとされる兜と大袖を、元来は別物とすることにより、信玄を所用者とするのが妥当に思える。

【註】(1)色々威＝三色以上の色目を不特定に使う威毛。
(2)黒皺革＝皺立てた馬革に黒漆を塗った革。
(3)菖蒲韋＝染韋の一種。白く菖蒲の模様を染め抜いた藍韋。藍韋＝染韋の一種。藍で紺色に染めた韋。
(4)鍍金＝金メッキ。
(5)八双金物＝座金の一種。八双鋲の下に敷く座金。座金＝金物の一種。主となる金物の下に敷く金物。
(6)総角鐶＝胴の背に結ぶ総角を下げるための鐶。総角＝中央を石畳にしてトンボ十文字に結んだ紐。
(7)枝菊透＝枝菊模様の透彫。透彫＝彫金技法の一種。模様を彫り透す彫金技法。
(8)唐草透＝唐草模様の透彫。
(9)官幣大社浅間大社社務所『浅間大社の歴史』(名著出版 一九二八年)

3　朱札茶糸威胴丸《しゅざねちゃいとおどしどうまる》(広袖付《ひろそでつき》)

本胴丸(便宜上、胴丸③とする)は、朱札《しゅざね》(1)で形成され、同作の広袖《ひろそで》一双が付くものである。破損が著しくバラバラになっているが、小札《こざね》を九割がた残し、金具廻《かなぐまわり》は胸板と右後の脇板を残しているので、ほぼ様相を捉えることができる。

小札は、胴の札丈《さねたけ》を一寸八分、草摺《くさずり》と袖の札丈を二寸二分とし、一寸あたり六枚を用いる非常に細かい小札であり、これを産地から奈良小札《ならこざね》、あるいは鱛《えそ》(2)の歯のように細かいという意味から鱛歯小札《えそのはこざね》

朱札茶糸威胴丸 広袖付 残欠

と呼ぶ。胴の仕立は、前立挙《まえたてあげ》三段・後立挙《うしろたてあげ》四段・長側《ながかわ》四段であり、草摺は、十二間六段下がりである。

その威毛《おどしげ》は、従来まで朱札に対して赤あるいは紅の赤系統とされてきた。[3] しかし、実見して分析した結果、赤系統の染色による痕跡はいっさい認められず、現状のとおり黄土色っぽい茶色であることが判った。また朱札あるいは朱塗の当世具足(近世甲冑)の中に、薫韋《ふすべがわ》あるいは茶糸の威毛がみられ、これと同様の美意識から生まれたものであろうが、この場合の威毛をどのように呼べばよいのか悩むところである。一部の文献[4]に朽葉《くちば》という威毛がみられるが、これに該当する色目もよく判らない。そこで無難なところから茶糸威と仮称することにした。その耳糸《みみいと》は、白・紫・萌黄・紺の四色を組み交ぜた啄木打《たくぼくうち》であり、畦目《うなめ》は、白・紫・薄紫・萌黄・紺の五色の色糸を組み交ぜた小石打《こいしうち》であることが判る。また菱縫《ひしぬい》も赤系統ではなく、威毛と同じ茶糸であり、すなわち共糸《ともいと》ということになる。

金具廻《かなぐまわり》の紐の取り方は、すべて三孔式《さんこうしき》[5]であり、これは当世具足にみられない中世甲冑の特徴の一つである。金物《かなもの》は、多

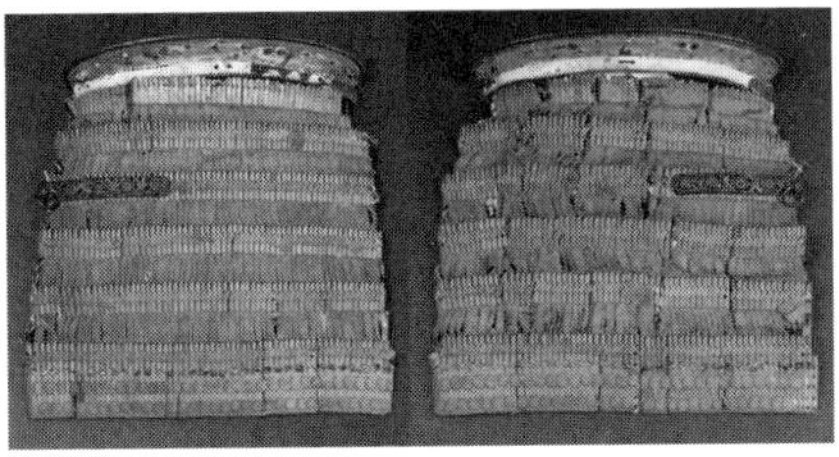

朱札茶糸威広袖 一双 残欠

くを欠損しているが、山銅に枝菊を透した出八双《ではっそう》[6]に八重菊《やえぎく》[7]の八双鋲を残している。

胴丸③に付く袖のように、裾が広くて湾曲した形状の袖を広袖と呼ぶ。その原形はすでに南北朝時代にみられ、腕になじむことから室町時代には大いに用いられた。折冠《おりかんむり》[8]と呼ぶ形状の冠板《かんむりいた》[9]に、胴丸と同じ仕立の六段下がりである。冠板は、山銅の覆輪《ふくりん》を廻らし、藻獅子文韋《もじしもん》（あるいは茶染韋《ちゃぞめがわ》[10]か）で包まれていたと思われ、小縁《こべり》は不詳であるが、白・紺・紫・萌黄・紅の五色の色糸で細かく伏組《ふせぐみ》が施されている。袖裏の鐶[11]はなく、袖の緒[12]は前後の二孔一組の穴から取っていたことが判る。化粧板《けしょういた》[13]は、菖蒲韋《しょうぶかわ》で包まれ、八双金物と笄金物《こうがいかなもの》[14]は、胴に用いる金物と同作である。

以上が胴丸③の概要である。それは、朱札を茶糸で威すという特有の美意識から生まれたものといえよう。その製作年代は、作為や外装から室町時代の末期ごろと推定され、朱札が生まれた極初期のものといえる。そこに「武田の赤備え」を彷彿させる。著者は、かつて所用者として、赤備えの武将を当社の近隣に求め、山県三郎右兵衛尉（昌景）を候補として挙げた[15]。

その後、検証を重ねた結果、胴丸③の所用は一譜代家老の山県昌景には無理であるように思えてきた。胴丸③は、小札物であり、作技優秀な金物を用いていることからみても、同所蔵の胴丸①以上の高級品といわざるを得ない。胴丸①は、武田家の後継者である勝頼の所用と推測される。すなわち胴丸③の所用者は、これに匹敵する身分の人物でなくてはならないのである。

山県昌景は、武田軍の駿河侵攻以後、江尻城[16]に城代として赴任する。そして長篠合戦で昌景の戦死

胴丸の八双金物

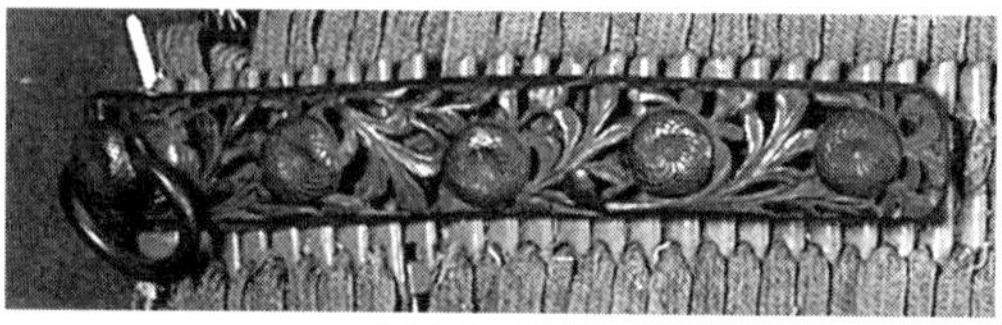

広袖の笄金物

した後、江尻城主になったのは穴山玄蕃頭（信君・後の梅雪）である。穴山氏は、甲斐国河内《かわうち》の領主であり、信君は、信玄の娘婿として武田家の一族である親類衆の一人でもある。ここに、信君と昌景との身分の差は明らかである。胴丸③は、当時の一級品であり、故にその所用者についても信君の方が有利に思える。この場合、『甲陽軍鑑』にみる昌景の兄飯富《おぶ》兵部少輔（虎昌）の系統・上野国の浅利右馬助（信種）・小幡上総介（信真）・内藤修理亮（昌秀）の系統以外にも、赤備えが存在していたことになろう。

胴丸③は、胴丸①に比べて前立挙の段数も一段増して三段にしている。胴丸①を元亀年間（一五七〇～七二）の基準資料とした場合、いっそう当世具足化が進んだ胴丸③の方が、若干ながら製作年代が下ると考えるのが妥当であろう。いずれにしても、甲斐武田氏に関わる重要な遺物であることは間違いない。

【註】（1）朱札＝小札の一種。朱漆を塗った赤い小札。
（2）ヒメ目・エソ科に分類される魚の総称。
（3）山上八郎・山岸素夫『カラーブックス　鎧と兜』（保育社　一九七五年）他
（4）『保元物語』巻二「義朝白河殿夜討條」に「朽葉色の唐綾にて威したる」とある。
（5）三孔式＝紐の取り方の一種。三つの穴から紐をとる手法。
（6）出八双＝八双金物の形状の一種。先端が丸く突出した八双金物。
（7）八重菊＝金物の一種。中央に窪みがある菊の図案の金物。
（8）折冠＝冠板の取り付け方の一種。小札板に対して冠板を垂直に取り付けること。

(9) 冠板＝金具廻の一種。袖や栴檀板の最上部に付く金具。
(10) 茶染韋＝染韋の一種。茶色一色で染めた絵韋。
(11) 袖裏の鐶＝冠板の裏にある袖の緒を取るための鐶。
(12) 袖の緒＝袖を取り付けるために肩上と胴の背の総角に結ぶ紐。
(13) 化粧板＝金具廻と小札板の接続部分の上に敷く八双金物や八双鋲を打つ板。
(14) 笄金物＝金物の一種。袖の三段目あるいは四段目の後にある水呑鐶の座となる細長い金物。
(15) 三浦一郎編『武田信玄―その武具と武装―』（私家版　一九八七年）
(16) 静岡市清水区江尻町・二の丸町・小芝町に跨る平山城。

4　茶糸威《ちゃいとおどし》二十二間《にじゅうにけん》総覆輪《そうふくりん》筋兜《すじかぶと》

本兜（便宜上、兜②とする）は、前述した胴丸②に付くとされる。頭高《ずだか》の二十二間の筋兜鉢に、桧垣《ひがき》(1)と覆輪《ふくりん》を施す、俗に「総覆輪《そうふくりん》」と呼ぶ装飾である。また美観を求めて筋と筋との間を漆で高く盛る手法は、奈良の甲冑師が盛んに用いた手法である。眉庇《まびさし》は、伏眉庇《ふせまびさし》(2)の形状を示し、周縁に鍍金《ときん》の覆輪を廻らしているが、包韋《つつみがわ》(3)は欠損している。

兜②は、このように一見して高級品にみえる。しかし、三重の八幡座《はちまんざ》(4)や無地の篠垂《しのだれ》(5)等、金物《かなもの》に簡略化が認められる。特に鍬形台《くわがただい》(6)のかわりに設けた大型の並角元《ならびつのもと》は印象深い。浮張《うけばり》(7)・忍《しのび》の緒《お》(8)は欠損し、総体に破損が著しい。

𩊱は、四段下がりの饅頭𩊱《まんじゅうじころ》(9)と推定され、奈良小札で形成されている。威毛は、毛引の茶糸威《ちゃいとおどし》とし、

茶糸威二十二間総覆輪筋兜

耳糸《みみいと》と畦目《うなめ》には、白・浅葱・紺の三色の色糸を組み交ぜた啄木打《たくぼくうち》をそれぞれ用い、菱縫《ひしぬい》は、革菱《かわびし》(10)としている。革菱は、平安・鎌倉時代に流行したが、一旦途絶え、室町時代の末期から安土桃山時代に再びみられるようになる。兜②もその一例といえよう。

以上が兜②の概要である。現状どおり兜②が胴丸②に付くものであれば、威毛が異なる𩊱が別物ということになろう。兜鉢と𩊱は、仮に綴じ付けただけであり、明らかにこれが一体のものであるという証拠はない。しかしながら、鉢回りに偶然とは思えないほどよく合い、何等の不自然さも感じられない。さらに兜鉢と𩊱は、ほぼ同年代のものである。故に著者は、兜そのものが胴丸②と別物のように思うのである。

その年代観から、兜②は、社伝どおり勝頼奉納とするのが妥当であり、遺物の中で最も晩年のものと思われる。長篠合戦以降、急速に衰える武田家を支え、飾金物《かざりかなもの》を極力略しながらも、総覆輪の兜を被って当主としての威厳を保とうとする勝頼——。その息遣いを今に伝える一品である。

【註】(1)桧垣＝金物の一種。兜鉢の裾の周縁に連続して並べた、八双(二股)に猪目を透した金物。
(2)伏眉庇＝眉庇の一種。総体に膨らみがあり、割足の三光鋲で兜鉢に対して平行に取り付けた眉庇。
(3)包韋＝革所の一種。金具廻を包む革。
(4)八幡座＝金物の一種。兜の天辺の穴の周縁を飾る金物。

(5) 篠垂＝金物の一種。八幡座から垂れ下がる剣のかたちの金物。
(6) 鍬形台＝金物の一種。鍬形を支える土台となる金物。鍬形＝左右一双の角状の立物。
(7) 浮張＝打物の衝撃を緩和するために兜を頭から浮かせる布帛あるいは韋。
(8) 忍の緒＝緒所の一種。兜の装着に際して顎の下で結びとめる紐。
(9) 饅頭鞆＝鞆の一種。総体に丸みがある裾板を一文字にした鞆。
(10) 革菱＝菱縫の一種。赤革を用いる菱縫。

5　色々威大袖《いろいろおどしおおそで》　一双《いっそう》

本袖は、上から紅・白・紅・紫・紅・白と三色の色糸を複雑に威す七段下がりの大袖《おおそで》である。耳糸《みみいと》には、白・紫・萌黄・紺の四色の色糸を組み交ぜた亀甲打《きっこううち》、畦目《うなめ》には、白・紫・薄紫・萌黄・紺の五色の色糸を組み交ぜた小石打《こいしうち》、菱縫《ひしぬい》には、紅糸《くれないいと》をそれぞれ用いている。冠板《かんむりいた》は、周縁に鍍金《ときん》の覆輪《ふくりん》を廻らすが、兜②の眉庇《まびさし》と同じく包韋《つつみがわ》は欠損している。

化粧板は、包韋を欠損し、桧板の裏側に「天正三年　春田光信父子」の年紀と作銘がみられる。その作銘にみられる春田光信は、奈良の甲冑師を代表する春田一派の当主であり、年紀の天正三年(一五七五)から、これまで胴丸②と兜②を含む三物《みつもの》(1)すべてが勝頼の所用品とされてきた。しかし、述べてきたように、兜と胴は別物のようである。そこで、本袖についても詳しく検証していきたい。

まずは小札《こざね》であるが、本袖は一寸あたり六枚を用いている。これに対して、胴丸②の小札は一寸あたり五枚を用い、その違いは明らかである。次に金物《かなもの》である。本袖の八双金物《はっそうかなもの》と笄金物《こうがいかなもの》は、鍍金の

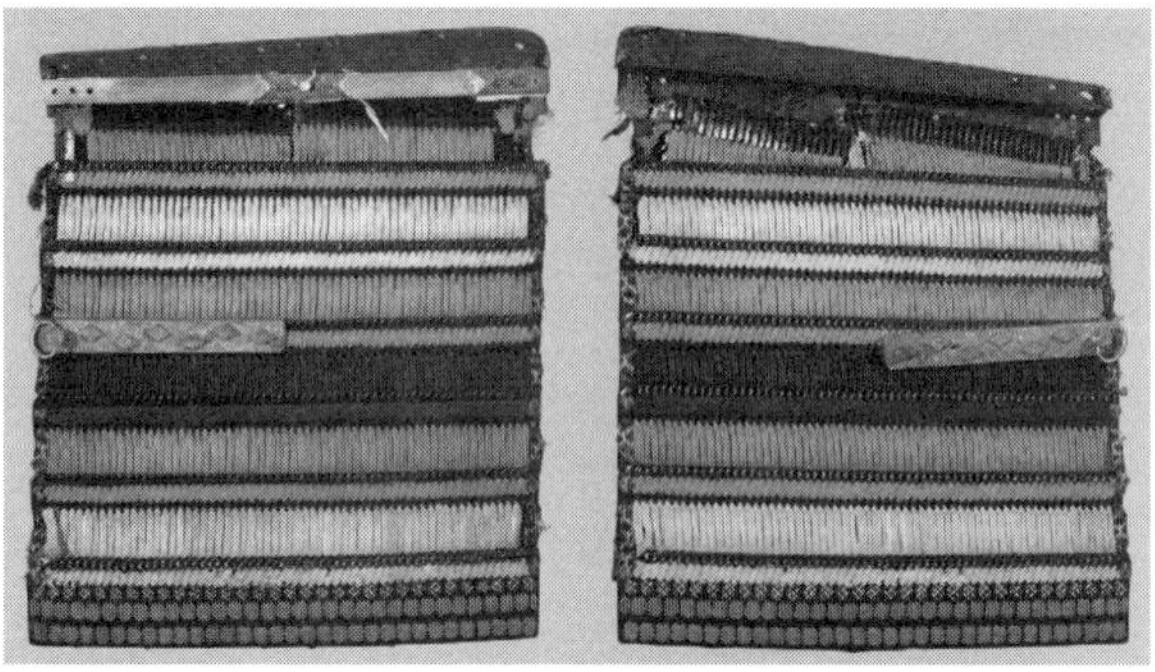

色々威大袖 一双

笄金物

魚子地《ななこじ》(2)に唐草の高彫《たかぼり》(3)を施し、花菱紋を散らす図案である。胴丸②には二種類の図案の金物がみられるが、このいずれとも異なる図案である。さらに耳糸と畦目に用いる組紐《くみひも》も、胴丸②とは明らかに異なる。

本袖が、胴丸②に付くとする決め手は、共に同一の色目を持つ威毛にある。どちらも紅・白・紫の三色の色糸を複雑に用いる「色々威」である。しかし、これらを詳しく分析すると、その配色に異なる意図がみえてくる。胴丸②は、紫・紅・白の順に二段ずつ送っているのがよく判る。いわば三色を用いる「段威《だんおどし》」(4)といえよう。これに対して本袖は、より複雑な配色をみせる。一見して不規則にもみえるが、これに類似する威毛は他にも認められる。佐太神社（島根県松江市）をはじめ、鹿児島神宮（鹿児島県霧島市）・毛利博物館（山口県防府市）等が所蔵する胴丸・腹巻の大袖に、それをみることができる。これらをみると、本袖の紫の部分を長側《ながかわ》の二段目から草摺《くさずり》の三段目まで用いている。つまり紫による「中威《なかおどし》」(5)といえよう。故に本袖と胴丸②の威毛とは、明らかに異なる意図の配色ということになろう。

著者は、これらの理由から本袖も兜②と同じく、胴丸②とは別物と考えるのである。そして年紀にみられる天正三年（一五七五）に、春田光信父子によって製作されたとみるのが妥当であろう。

そこに用いられた花菱紋の紋鋲から、所用者には勝頼が想像される。『甲陽軍鑑』品第三十九「信玄公逝去付御遺言之事」によると、勝頼は信勝（勝頼の嫡子）が十六歳で元服するまでの陣代と書かれている。また武田家代々の当主に「信」の一字があるのに対して、勝頼にのみないことをその根拠とする説(6)もある。しかし、天正三年の段階で、これほどの大袖を装着できる人物を他には考えられず、やはり勝頼は当主であったとみるべきではなかろうか。

この年（一五七五）、武田軍は各地で連戦し、連勝を誇っていた。勝頼もまたその異常ともいえる雰囲気の中で絶頂期にあった。この点、本袖は他に類例をみないほどの高級品であり、威信をかけて新調した胴丸に付いていた大袖と考えられる。時まさに長篠・設楽原における織田・徳川連合軍との一大決戦は目前である。

【註】（1）三物＝甲冑の主要部分となる兜・胴・袖を合わせた語。
（2）魚子地＝高彫の図案の間に泡状に打たれた細かい窪み。
（3）高彫＝彫金手法の一種。厚い地金を用い、図案の部分を高く残して他を彫る彫金手法。
（4）段威＝威毛の一種。二色の色糸（韋）を一段置きあるいは二段置きに交互に用いる威毛。
（5）中威＝威毛の一種。単色の威毛の中二段あるいは三段を別の単色の色目に替えた威毛。中取《なかとり》とも呼ぶ。
（6）上野晴朗『定本 武田勝頼』（新人物往来社 一九七八年）

6　色々威《いろいろおどし》壺袖《つぼそで》 一双

本袖は、残念ながら昭和三十年（一九五五）ごろ盗難にあい、その行方が判らなかった。しかし、某収集家宅で所蔵品を拝見中、偶然にもこれを発見した。当社の記録（1）と何度も照合し、それが明らかであると確信した。

本袖は、当社の甲冑群の中で最も古様を示すものとして注目される。胴丸③に付く広袖《ひろそで》とは逆に、裾ほど細くて湾曲した形状の袖を壺袖《つぼそで》と呼ぶ。腕を保護する目的に優れ、軽量であることから室町時代の後期以降に多く用いられた。

小札《こざね》は、札丈《さねたけ》二寸二分とし、一寸あたり四枚を用いる六段下がりとする。威毛《おどしげ》は、上から紫・茶（あるいは黄）・白の色糸で毛引《けびき》に威《おど》し、以下を茶糸《ちゃいと》で五行の素懸《すがけ》に威している。三色以上を用いていることから「色々威《いろいろおどし》」と呼ぶべきであろう。耳糸《みみいと》には、白・浅葱・紺の三色の色糸を組み交ぜた啄木打《たくぼくうち》、畦目《うなめ》には茶糸（あるいは黄糸）をそれぞれ用い、菱縫《ひしぬい》は朱漆《しゅうるし》による描菱《かきびし》（2）である。

冠板《かんむりいた》は、覆輪《ふくりん》を失うなど、かなり破損している。しかし、わずかに黒皺革《くろしぼかわ》の包革《つつみがわ》を残し、そこに金泥で蔓草と朱漆で牡丹のような花が描かれている。化粧板は、藍韋で包まれ、座金のない八双鋲は菊丸の単鋲（3）であり、布目頭《ぬのめがしら》（4）の水呑鐶《みずのみのかん》（5）と共に古様を示す部分である。また胴丸③の広袖と同じく、袖の緒は前後にあけた二孔一組の穴から取り、一部に紅の丸唐打（6）の紐が残されている。

本袖は、小札や金具廻《かなぐまわり》等の製法をみる限り、とても中央の甲冑師《かっちゅうし》によって製作されたものとは思え

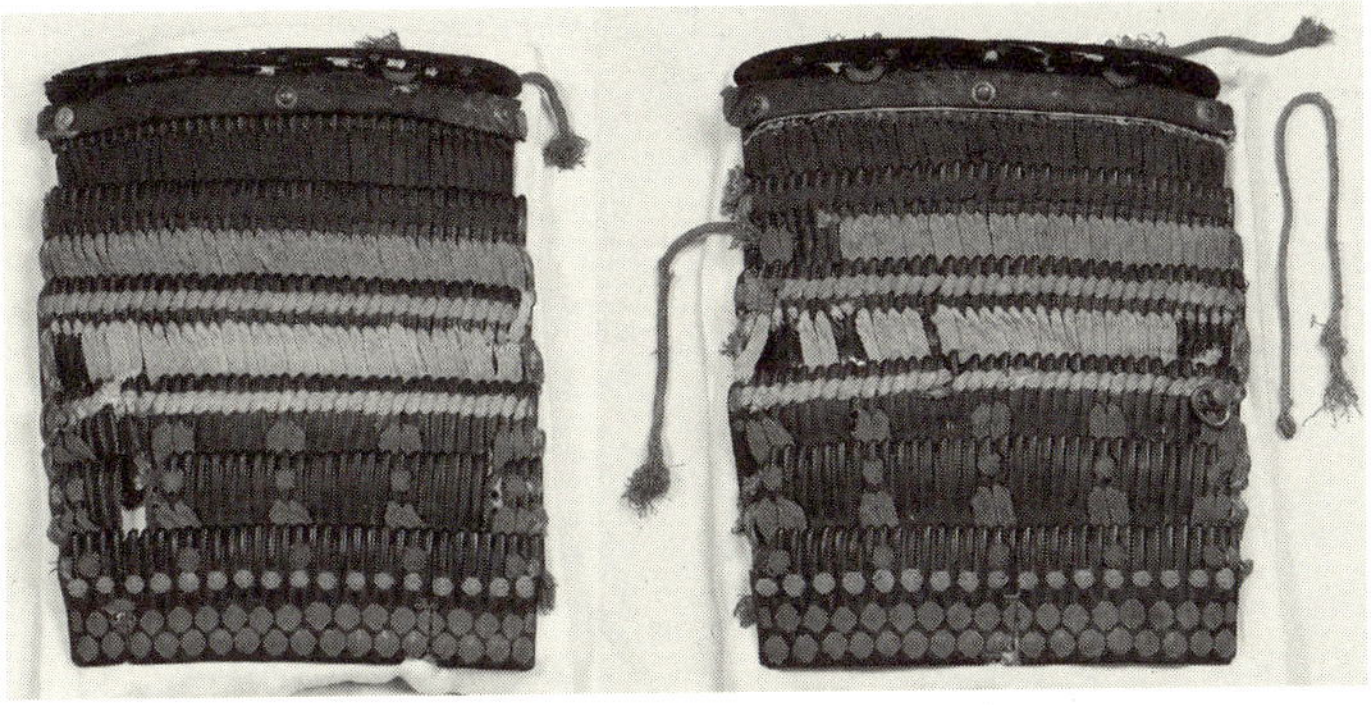

色々威壷袖 一双（浅間大社旧蔵）

ない。むしろ地方の甲冑師が精根込めて作り上げたものに思えてならない。今川氏との関連も想像されるが、その地方色豊かな遺物は、やはり武田氏関係のものと思いたい。また威毛の色目や毛引威と素懸威とを併用した手法等が、本袖の製作年代を知る鍵となろう。

【註】

（1）官幣大社浅間大社社務所『浅間大社の歴史』（名著出版 一九二八年）

（2）描菱＝菱に綴じたように朱漆で「×」に書いた菱縫。

（3）単鋲＝八双鋲の打ち方の一種。一つだけ打つ八双鋲。

（4）布目頭＝鋲頭の装飾の一種。縦横に無数の刻みを入れた鋲頭。

（5）水呑鐶＝鐶の一種。袖の上から三段目あるいは四段目の後側に打つ水呑緒を取るための鐶。水呑緒＝水呑鐶から取り背で結ぶ紐。ふつう背の総角に結ぶ。

（6）丸唐打＝糸を袋状に組んで中に麻の硬い芯を入れた紐。

7　太刀《たち》

銘　備前国長船住景光
　　南無薬師瑠璃光如來

本刀（便宜上、太刀①とする）は、刃長二尺二寸五分で反りの高い、鎬造《しのぎづくり》[1]に樋《ひ》[2]を彫る豪壮な太刀[3]である。鎌倉時代の後期を代表する名工景光の作刀として、その作柄も素晴らしく、明治四十五年（一九一二）

に重文に指定され、さらに終戦後の昭和二十五年（一九五〇）に再び重文に指定された。

太刀①には、信玄奉納という伝承があり、その愛刀《あいとう》の一口《ひとふり》と考えられる。景光は、古備前《こびぜん》の長船派《おさふねは》(4)を代表する名工の一人であり、同じく長船派の長光の子といわれている。作刀は、元亨・嘉暦・元弘・建武（一三二一～一三三六）ごろのものが多く、その銘に恥じない名刀を多く残している。(5)

景光の地鉄の良さは父長光にも勝り、その鍛肌《きたえはだ》(6)は、小板目肌《こいためはだ》(7)つみ、よく整った乱映《みだれうつり》(8)は実にあざやかである。刃文は、浅く直刃《すぐは》(9)調に丁子《ちょうじ》(10)・小丁子《こちょうじ》(11)に互《ぐ》の目《め》(12)が交じり、総体に逆心《さかごころ》(13)となり、足《あし》(14)・葉《よう》(15)共に頻《しき》りに交じえて華やかに仕上げている。

また『集古十種』刀剣二に「駿河国富士浅間社蔵　武田信玄太刀図」とみられ、その銘に「景光」とあることから本刀の拵《こしらえ》(16)と思われる。そこには、鍍金《ときん》の兜金《かぶとがね》(17)と覆輪《ふくりん》を上下にかけた鮫革包《さめがわづつみ》の柄《つか》に、萌黄糸《もえぎいと》の渡《わた》り巻《まき》(18)を施す金梨子地《きんなしじ》の鞘《さや》が描かれ、さらに唐鐔《からつば》(19)に似た透しがある木瓜鐔《もっこうつば》(20)と、赤地の錦で包まれた啄木打《たくぼくうち》の太刀緒《たちお》(21)が描かれている。そして当社の記録にも、(22)太刀①には鍍金の金物を施す金梨子地の鞘が残されていたとある。しかし、残念なことに現在は行方不明である。その様相から室町時代の後期ごろの儀礼刀《ぎれいとう》(23)の作風が認められ、太刀①は信玄がこれに収めて当社に奉納したと考えられる。その刀身は、信玄の愛刀の一口であり、共に幾多かの戦場を駆け巡ったであろうか。思い深まる一口である。

【註】（1）鎬造＝刀身の造の一種。両側面に鎬を立てた刀身。
（2）樋＝刀身に沿って彫った細長い溝。
（3）太刀＝刀剣の形式の一種。刀長が二尺以上あり、反りが高く、刃を下にして左腰に吊る形式。

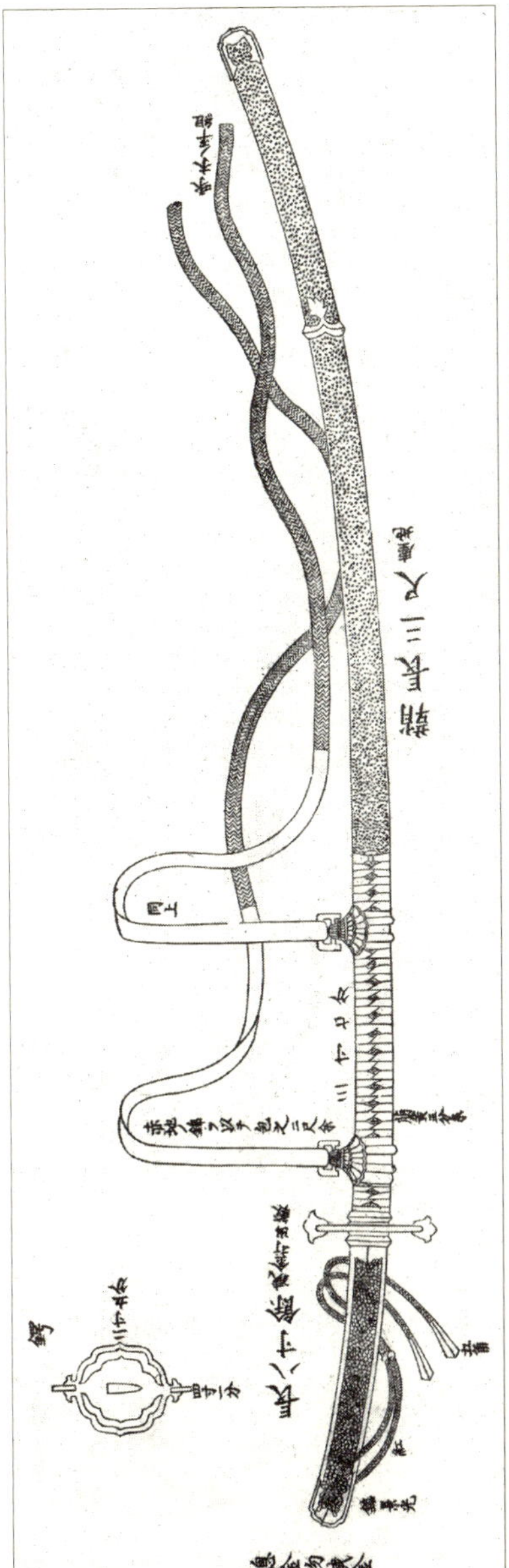

武田信玄太刀図（『集古十種』刀剣二）

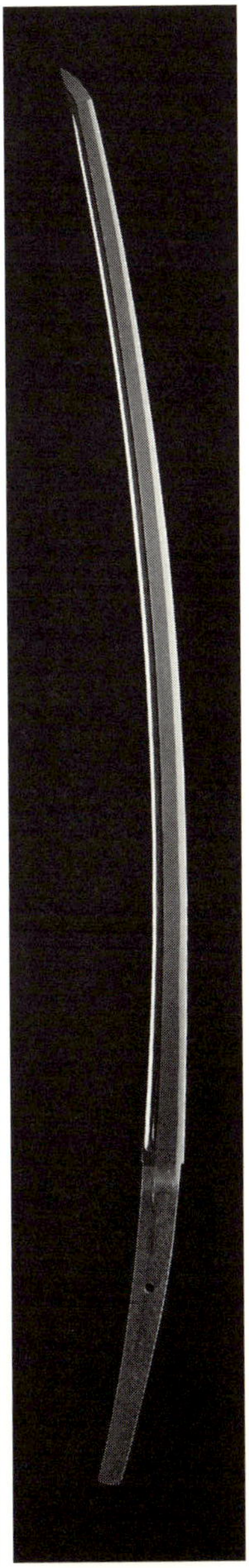

重文 太刀
銘 長船住景光

（4）備前伝の最も大きな一派。名工を多く輩出し、全国に名刀を数多く残した。
（5）岡崎譲『日本刀備前伝大観』（福武書店 一九七五年）
（6）鍛肌＝鉄材の折り返しを繰り返す鍛錬の結果、地の表面に出る肌の模様。
（7）小板目肌＝鍛肌の一種。非常に細かい板目にみえる地肌。
（8）乱映＝地鉄の質と焼きの入れ方によって自然に映る刃文の影。
（9）直刃＝刃文の一種。一定の幅で真直ぐにのびる刃文。

(10)丁子＝刃文の一種。沈丁花《じんちょうげ》の蕾《つぼみ》が重なり合った形にみえる刃文。
(11)小丁子＝刃文の一種。小さな丁子。
(12)互の目＝刃文の出入りが互い違いになってみえること。
(13)逆心＝刃文の向きがふつうと逆になってみえること。
(14)足＝刃文の働きの一種。刃縁に向かって、刃文がトゲ状に突き出た焼刃の状態。
(15)葉＝刃文の働きの一種。足とは別に途中が切れて並んでいる状態。
(16)拵＝刀剣を納める外装の総称。
(17)兜金＝柄の先端の保護と装飾を兼ねて付ける金物。冑金とも書く。
(18)渡り巻＝鞘の元の一尺ほどに柄巻と同じように巻かれた糸あるいは革。
(19)唐鐔＝上下が膨らんだ分銅形の鐔。元来は唐太刀に使われたが、平安時代以降に和様化した。分銅鐔とも呼ぶ。
(20)木瓜鐔＝木瓜の形の鐔。木瓜＝円形の四方に凹部を設けた形。
(21)太刀緒＝太刀を左腰に吊るために腰に巻く紐。
(22)官幣大社浅間大社社務所『浅間大社の歴史』(名著出版 一九二八年)
(23)儀礼刀＝祭事などの儀礼に使う刀剣。

8 太刀《たち》 無銘

本刀は、勝頼の奉納と伝えられる刃長二尺五寸二分の豪壮な鎬造《しのぎづくり》の太刀である。無銘であるが、その形状から鎌倉時代の後期ごろの作風が認められ、一部に備前国の福岡一文字派の作刀とする説がある(1)。

福岡一文字派は、御番鍛冶の筆頭として、元祖則宗とその子助宗を大一文字と呼ぶ。作風は華麗でしかも古雅。備前大夫・刑部允に任ぜられ、一文字を代表する古今の名工である。前述の長船派と共に、備前伝の最も大きな流れの一つである。(2)

一文字の呼称の由来は、「日本一」「天下一」を誇って茎《なかご》に「一」と刻んだという説もあるが、それはともかくとして、作刀の銘に「一」の字を用いるものが多いからである。鍛肌は、小板目肌よくつみ、小切先《こきっさき》(3)で腰反《こしぞり》(4)が強く、大丁子乱《おおちょうじみだれ》(5)に小乱《こみだれ》(6)が交じる刃文は実に鮮やかである。本刀には、これら福岡一文字派が得意とした作風が認められる。

本刀は、その豪壮な形姿から勝頼自慢の一口であったと想像される。当社に残る紅糸威の最上胴丸を装着し、本刀を振りかざす勝頼は、無敵を誇る武田軍の総大将としてふさわしい。その勇壮な勝頼像からは、訪れる悲運などどこにも想像できない。

【註】(1)官幣大社浅間大社社務所『浅間大社の歴史』(名著出版　一九二八年)
(2)岡崎譲『日本刀備前伝大観』(福武書店　一九七五年)
(3)小切先＝小さな切先。

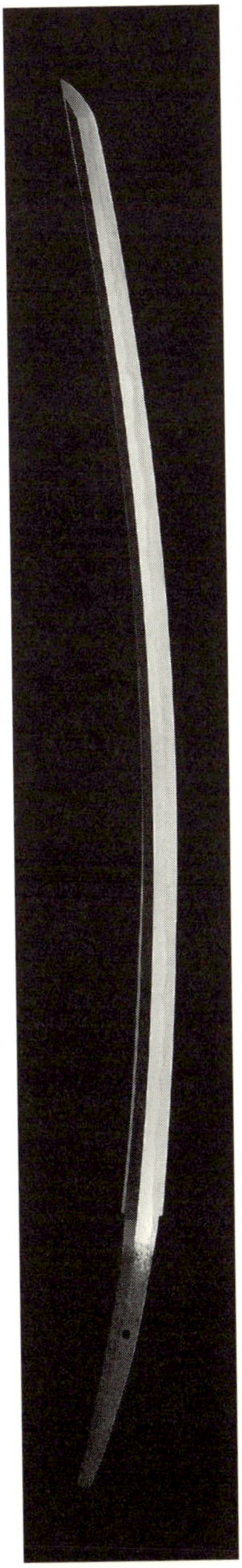
太刀 無銘

(4) 腰反＝茎(刀身の柄の部分)の根元の反り。
(5) 大丁子乱＝刃文の一種。大きな丁子が乱れた刃文。
(6) 小乱＝刃文の一種。丁子とも互の目とも名付けられない小さい複雑な刃文の乱れ。

9 脇指《わきざし》 銘 奉富士山本宮源式部丞信国 一期一腰応永三十二(四)年二月

本刀は、「浅間丸《せんげんまる》」と号する刃長一尺四寸四分の平造《ひらづくり》(1)の脇指である。(2)身幅《みはば》(3)が広く、よくつんだ小板目《こいため》の鍛肌《きたえはだ》に、互《ぐ》の目《め》乱《みだれ》(4)とわずかに飛焼《とびば》(5)をみせ、実に華やかな焼刃《やきば》(6)である。本刀は、その身に「富士浅間大菩薩」と「伊勢天照皇太神」の二神号を刻み、銘文からも読み取れるように、もとより当社への奉納刀《ほうのうとう》として鍛えられたものと思われる。

また作銘にみられる式部丞信国は、山城伝の刀工の一人であり、初代信国は、来光重の子ともいわれ、建武(一三三四～三六)ごろに活躍している。二代信国は貞治(一三六二～六七)ごろ、そして三代信国(源左衛門尉)の弟が、本刀を鍛えた式部丞信国といわれている。(7)

本刀は、当社から一度流出したが、親類衆の一人である穴山伊豆守(信友)により、天文十六年(一五四七)三月二日に再び奉納された。その箱書には「胎蔵界大日如来」と「金剛界大日如来」を表す梵字の下に「奉納 富士大宮浅間大菩薩之社内 刀一腰 浅間丸 武田穴山伊豆守源信友(花押)」とあり、さらに箱裏には「于時天文十五歳舍丙午春三月十六日　甲州河内保食邑主候仰子孫蕃衍如件」とある。ここから本刀を納める箱が、再奉納の前年に作られたことが読み取れる。また刀身の保管のために用いた白鞘には「浅間丸假鞘　常にハ此さやにて可被置候塗さやにてハ刀さひ候」と墨で書かれ、さらに平成二十二年（二〇一〇）の調査の際、新たに脇指拵の鞘が確認された。これは、鯉口が欠けているものの、全体を黒漆で塗り、栗形《くりがた》と水牛の返角《かえりづの》・鐺《こじり》を残し、小柄櫃《こづかびつ》と笄櫃《こうがいびつ》が認められる。刀身に沿って白鞘よりかなり細く作られ、その形姿から穴山信友が奉納した天文十六年（一五四七）ごろのものと思われる。

穴山氏は、甲斐国河内《かわうち》を本領とし、信友は、信虎の娘婿であると共に、信玄の娘婿である穴山信君の父でもある。この箱書からも読み取れるように、穴山氏も富士浅間信仰が絶大であった。甲斐から駿河へ通じる要衝の地にある穴山氏は、富士山へのいっそうの親近感を持っていたのであろう。故に進んでこうした行為に及んだのではあるまいか。

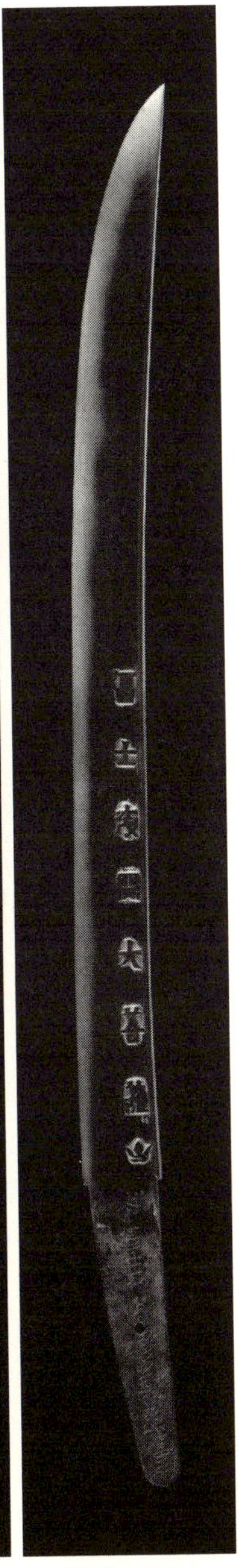
重文 脇指
銘式部丞信国

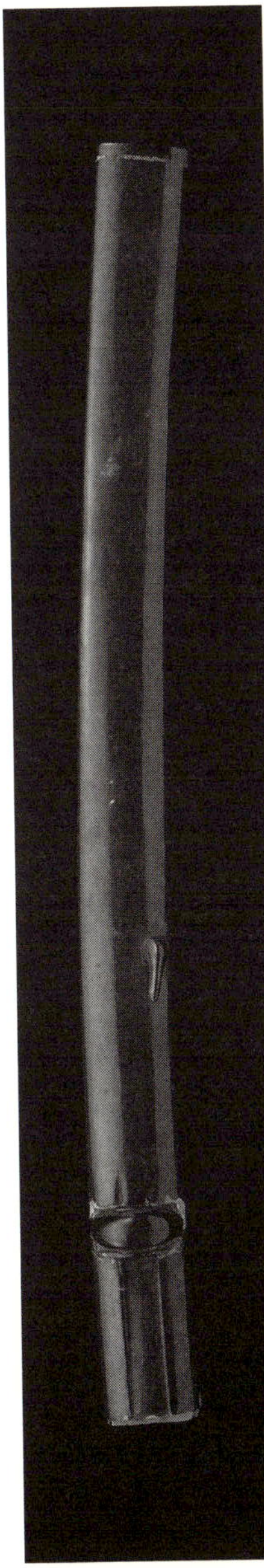
同 塗鞘

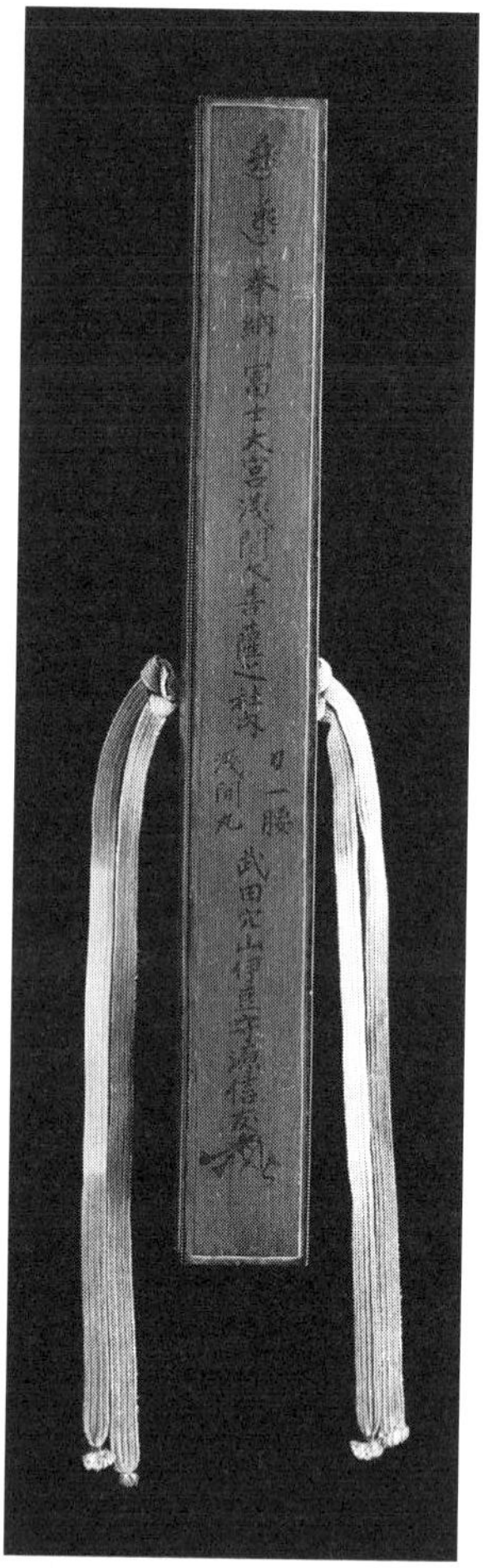
浅間丸刀箱（穴山信友箱書）

本刀は、現在のところ東京国立博物館で保存・管理がなされている。明治四十五年（一九一二）に重文に指定。終戦後の昭和二十五年（一九五〇）に再び重文に指定された。穴山氏の富士浅間信仰を示す貴重な遺物といえよう。

【註】
（1）平造＝刀身の造の一種。両側面に鎬がなく、平坦な造りの刀身。
（2）脇指＝刀剣の形式の一種。刃長一尺以上二尺未満の刀。刀＝刀剣の形式の一種。腰に巻く紐に刃を上に差す形式。
（3）身幅＝刀身の幅。
（4）互の目乱＝刃文の出入りが互い違いに乱れてみえること。
（5）飛焼＝刃文の一種。刀身の全体あるいは一部に飛び散った刃文。
（6）焼刃＝焼が入った刃の部分。
（7）得能一男『日本刀辞典』（光芸出版　一九七四年）

以上、当社の旧蔵品も含めて、その甲冑群と刀剣について述べてきた。当社は、これら豊富な資料を残しており、いわば甲斐武田氏関係武具の宝庫と呼ぶにふさわしい。しかしながら、武田軍の侵攻以前に、この地で絶大な勢力を持ち、長きに渡って君臨した今川氏の遺物が何一つとしてみられないのが、何とも不思議でならない。本来であれば、そこに今川氏代々が奉納した甲冑や刀剣等がいくつあっても不思議ではない。

当社は、武田氏滅亡後、徳川家康の大いなる崇敬のもとで、本殿の造営等の多大なる庇護を受ける。この折、当社にかつての宿敵である武田氏の遺物が、沢山あることを家康は当然知っていたであろう。今川氏は、この徳川氏と武田氏の両方から侵攻を受ける。当社をはじめ、駿河一円に今川氏の遺物が少ない訳は、武田軍の侵攻による破壊が大きいと思われる。家康は、晩年を駿府で送るが、その心中に人質時代を送った若き日の自らがあったのではなかろうか。それは、一族の繁栄を旨にした屈辱の日々であったろう。家康にとって駿河は、やはり特別な地なのである。その後、江戸幕府下における長き統治の中で、今川氏の遺物は誰からも庇護されることなく、次第に失われていったと思われる。

尚、本文の作成にあたり、浅間大社宮司はじめ神官ご一同には、調査の都度、多大なるご協力を賜り、この場にてお礼を申し上げる次第である。

四　寒川神社所蔵の兜

寒川神社（神奈川県高座郡寒川町）は、古くから相模国一之宮として栄え、その繁栄は現在に至っている。永禄十二年（一五六九）十月、信玄は、大軍を率いて当社を参詣した。それは、甲・相同盟の決裂に対して、小田原城の北条氏康・氏政父子を討つべく、戦勝祈願のために詣でたのである。この折、信玄は、一頭の兜を奉納している。古来、唯一の信玄所用の遺物として『新編相模風土記』にも、その図が掲載されている。そこで、遺物の細部を確認し、図と照合しながら検証していきたい。

1　六十二間筋兜《ろくじゅうにけんすじかぶと》

本兜は、兜鉢と板物《いたもの》の鉢付板《はちづけいた》を残している。兜鉢は、六十二枚の梯形《ていけい》の鉄板を矧《は》ぎ合わせて形成されている。現在は錆地《さびじ》にみえるが、前正中《まえしょうちゅう》の筋にわずかに黒漆が残ることから、当初は眉庇《まびさし》と同じく黒塗であったと考えられる(1)。見上《みあげ》(2)も現在は黒塗であるが、当初は濃紫の革で包まれていたようである(3)。八幡座《はちまんざ》は、裏菊座《うらぎくざ》(4)・小刻座《こきざみざ》(5)・玉縁《たまぶち》(6)と三重の実に簡素なものである。また祓立《はらいだて》を跨ぐ並角元《ならびつのもと》がみられる。しかし、元来は祓立と重なるかたちで、もう一本の角元があったと推定され、これが途中で折れて現在のようになったと考えられる(7)。

『新編相模風土記』の本兜の図には、吹返《ふきかえし》に梵字《ぼんじ》らしき据文《すえもん》がみられる。しかし、現在では欠損し

宮帯出版社

新刊・好評図書のご案内

株式会社 宮帯出版社
Miyaobi Publishing Co.,Ltd

■京都本社
〒602-8488 京都市上京区寺之内通下ル真倉町739-1
TEL(075)441-7747 FAX(075)431-8877

■東京支社
〒162-0053 東京都新宿区原町1-20 ※都営大江戸線 牛込柳町駅より徒歩1
TEL(03)6457-6086 FAX(03)6457-6087

http://www.miyaobi.com

歴史図書

平 清盛

日本図書館協会選定図書

田元久 著　四六判 並製 240頁　定価1,575円

平清盛伝記の決定版

盛研究の権威、故安田元久博士の名著新装復刊！
家政権の創始者、その波瀾の人生と時代を忠実に描く。

盛が最も恐れた男 源 義朝

下玄覇 著　四六判　並製　232頁　定価1,365円

朝・義経の父―― 坂東の棟梁、武者の一代記

義朝、初の伝記。ライバル二人の戦の足跡を軸に、最新
研究を採り入れ、混沌の時代を描く。

濃武士～鎌倉幕府を創った人々～

下玄覇 著　四六判　並製　250頁　定価1,890円

時代、信濃は相模・武蔵に次ぐ武士の中心地だった!!

・平治の乱、源平内乱から幕府を揺るがした比企の乱・
の乱まで、平安末期から鎌倉前期にかけて歴史の表舞
躍動した、朝日将軍木曽義仲を始め、「信濃武士」の歴
を照らし出す。

田・上杉・真田氏の合戦

正治 著　四六判　並製　240頁　定価1,575円

戦場とした信玄・謙信・真田昌幸などの武将たちの知略を尽く
いをわかりやすく描いた一冊。

生きた もう一人の武将 石田三成

純正 著　四六判　並製　284頁　定価1,365円

らかになった石田三成の容姿、石田村の謎、絢爛豪華な佐和
姿を解明。関ヶ原での決戦のために周到に準備されていた三
戦を現地取材に基づき詳細に分析。三成の実像に迫る。

外交事始《ことはじめ》 文久遣欧使節 竹内保徳

佐藤明子 著　四六判　並製　232頁　定価1,365円

日本に、誠実を旨として列強諸国と向きあった一人の外交官がいた。遣欧使節
ヨーロッパへと赴いた彼は、ヨーロッパの人々の目にどのように映ったのか。

千 利休　桑田忠親 著　小和田哲男 監修

四六判　並製　248頁　**定価 1,575円**

秀吉と利休、確執の真相は!?
利休伝の決定版！信長との関係、秀吉との因縁から、利休処罰の原因と動機まで、利休七十年の生涯を究明する。

疾《はや》き雲のごとく～早雲と戦国黎明の男たち～

伊東 潤 著　四六判 上製 272頁　**定価 1,699円**

直木賞候補(第146回)作家による本格歴史短編小説。応仁の乱・文明の乱後、戦国前期の関東、北条早雲(伊勢宗瑞)に関わった様々な身分の男たち、彼らの視線から早雲の活躍を描く。

真田信繁 －「日本一《ひのもといち》の兵《つわもの》」幸村の意地と叛骨－

三池純正 著　四六判　並製　296頁　**定価 1,365円**

徳川家康をして恐怖せしめた戦略・兵法・情報戦を駆使した真田家の強さを探る。「日本一の兵」の伝記決定版！

上杉景虎 －謙信後継を狙った反主流派の盟主－

今福 匡 著　四六判　並製　384頁　**定価 1,890円**

軍神の真の後継者は誰だったのか？上杉・北条・武田の角逐、上杉一門の実態、謎多き「御館の乱」の実相に迫る。

戦国の「いたずら者」 前田慶次郎

池田 公一 著　四六判 並製 332頁　**定価 1,365円**

「天下御免」のかぶき者！前田家の正嫡は、なぜ利家の「影」として生きなければならなかったのか？傾奇者叢書第一弾。

幻の宰相 小松帯刀《たてわき》伝

瀬野 冨吉 著　原口 泉 監修　四六判 並製 432頁　**定価 1,995円**

小松帯刀は幕末から明治初期の政治家で、坂本龍馬の活動を公私にわたって支えた盟友でもあり、内政・外交に卓越した才をしめし、「朝幕間で最も重要な人物」といわれた人物。

桜田門外ノ変 時代を動かした幕末の脱藩士

黒沢賢
A5判 並製 114頁 **定価 9**

大老井伊直弼の襲撃に参加した志士たちの想いを描きながら、一五〇年の歳
えた今、幕府崩壊の兆しとも言える大事件の真相に迫る。

郵 便 は が き

料金受取人払郵便

西陣支店
承 認

853

差出有効期限
平成26年4月5日まで

切手不要

602-8790

京都市上京区真倉町739-1
株式会社 宮帯出版社 行

書名	冊
書名	冊
書名	冊

フリガナ

お名前

ご住所 □□□-□□□□

お電話 （ ） —

てみることはできない。威毛は、毛引威であり、緘《からみ》の穴に浅葱《あさぎ》、毛立《けだて》の穴[8]に紫の糸片が残されている。故に威毛の色目は、紫糸威肩浅葱《むらさきいとおどしかたあさぎ》、あるいは色々威《いろいろおどし》であったと想像される。耳糸《みみいと》は、残された糸片から、白・浅葱・紺の三色の色糸を組み交ぜた啄木打《たくぼくうち》であったと考えられる。また浅間大社の兜①と同じく花菱紋の鞠付鋲《しころづけびょう》（鍍金）がみられ、本兜が武田氏に関わる遺物であるのは、まず間違いないであろう。

本兜には、練革《ねりかわ》[9]で作られた黒塗の繰半月《くりはんげつ》[10]の前立が残されている。破損しているが、裏面下方の中央に一本の足を付けた痕がみられる。故に祓立《はらいだて》に立てたと思われ、古色を示すことから本兜のものとしての可能性も捨てきれない[11]。

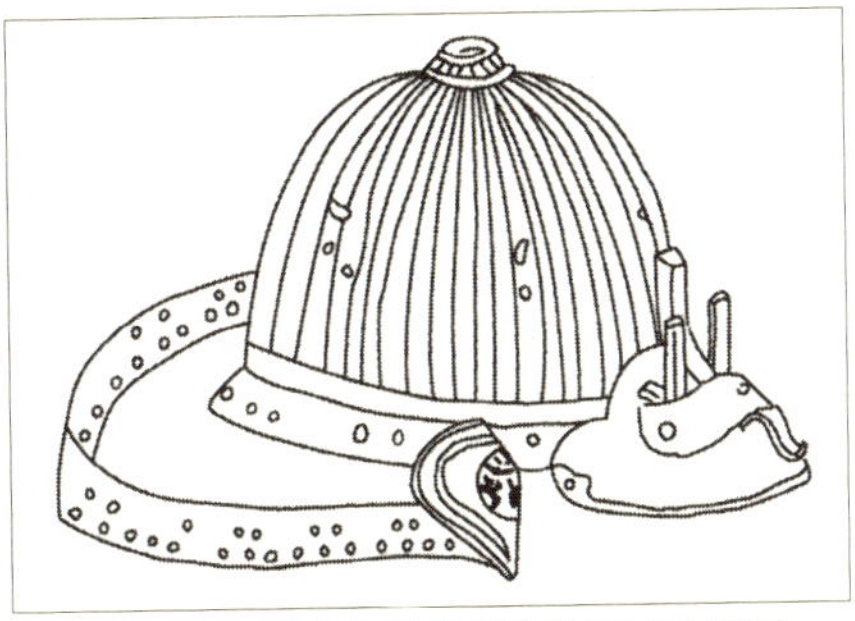
六十二間筋兜図（『新編相模風土記』）

六十二間筋兜

鉢裏には、「天文六年三月吉日」の年紀と、「天照皇大神宮 房宗（花押）」、その左右に「八幡大菩薩」と「春日大明神」の三神号をきり、さらに般若心経の全文をきっている。

以上が本兜の概要である。これらのことから、本兜は神仏に信心深いとされる信玄が所用するのに実にふさわしい。信玄は、この兜を被り、幾多の戦場で神仏の加護を念じて、軍配を振ったのであろうか。また、その銘にみられる房宗は、小田原の北条氏に庇護を受けた相州系[12]の甲冑師の一人と考えられている[13]。故にきられた年紀の天文六

鉢裏銘

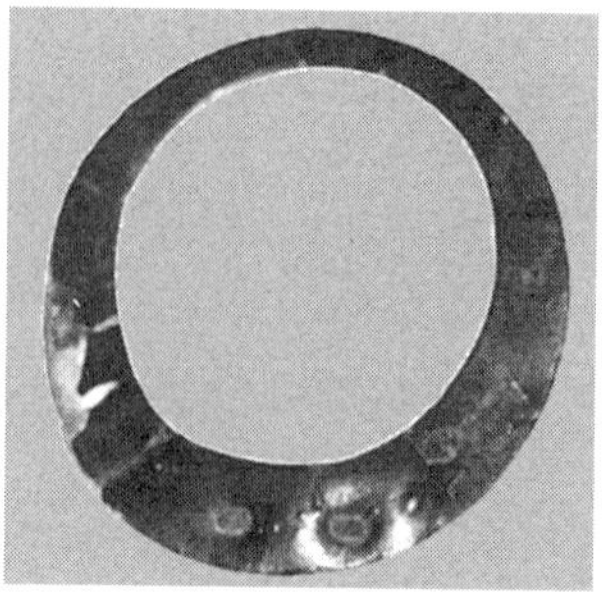
繰半月の前立

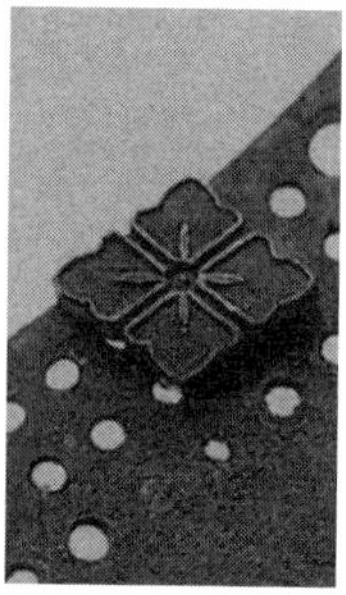
花菱紋の鞠付鋲

年（一五三七）ごろの武田・北条両氏の何等かの関わりが想像できないであろうか。そして、永禄十二年（一五六九）、信玄は同盟の決裂に対して、本兜に北条氏への怒りを込めて当社に奉納したのではなかろうか。

当社には、他にも胴の胸板と脇板の一部が残されている。[14] これらは、一見して美和神社の丸胴に付くものによく似ている。その形状から、天正（～一五九二）のおわりごろのものと思われ、本兜との関係はないように思われる。故に小田原の陣の折に秀吉に従属したいずれかが奉納した甲冑の一部と想像される。

本兜は、工芸品としての評価から長く重美[15]であった。平成十一年（一九九九）、これらの歴史的な希少価値が認められ、県文としての高い評価を受けたことは誠に喜ばしい限りである。

本文の作成にあたり、かつて本兜の模写を手掛けられた、甲冑師の三浦公法氏のご意見を参考にさせて頂いた。合わせて竹村雅夫氏による論文「寒川神社蔵　房宗兜―関東型筋兜の典型・その歴史的位置づけ―」（『甲冑武具研究』一四一号・二〇〇三年）を参考にさせて頂いた。さらに故芳賀実成氏の本兜のご教授は、著者が知る最も古いものであり、そのご意見を大いに参考にさせて頂いた。三浦・竹村両氏には、この場にてお礼を申し上げると共に、芳賀氏には、謹んでご冥福を祈る次第である。

【註】（1）竹村雅夫「寒川神社蔵 房宗兜―関東型筋兜の典型・その歴史的位置づけ―」（『甲冑武具研究』一四一号 二〇〇三年）
（2）見上＝眉庇の裏面。
（3）芳賀実成氏によるご教授より。
（4）裏菊座＝座金の一種。中央に窪みがあり、菊の花弁裏にみせて作った座金。
（5）小刻座＝座金の一種。周縁に無数の細かい刻みを入れた座金。
（6）玉縁＝八幡座を押え留めるために最上部に用いる筒状の金物。
（7）三浦公法氏によるご教授より。
（8）毛立の穴＝小札の上から三段目にあけられた穴。威毛の毛立に用いる。
（9）練革＝牛の皮をニカワに浸して、打ち固めて乾燥させた革。
（10）繰半月＝円形の上部に円形を繰り抜いたかたちの月。
（11）註（1）に同じ。
（12）相州系＝相模国（神奈川県）を中心に活躍した甲冑師の系統。
（13）笹間良彦『甲冑師銘鑑』（刀剣春秋新聞社 一九七五年）
（14）註（1）に同じ。
（15）重要美術品の略称。一九三三年に制定された法律により認定された、準国宝級の美術品。戦後、文化財保護法の制定により廃止された。

五　戸沢家所蔵の兜

天正十年（一五八二）三月の甲州攻めに際して、織田軍と共に甲斐国に攻め込んだ徳川家康の臣・鳥居元忠に、武田の旧臣が献上したのが本兜である。その後、元忠の女《むすめ》が戸沢家に嫁いだが、男子に恵まれず、その孫にあたる定盛を養子とした。本兜は、この折に戸沢家に持参し、以後奥州新庄藩に秘蔵された。

1　紫糸威六十二間小星兜《むらさきいとおどしろくじゅうにけんこぼしかぶと》

「諏方法性《すわほっしょう》の兜」という伝承を持つ本兜は、浅間大社の兜①・寒川神社の兜に共通点がみられる。すなわち祓立《はらいだて》と並角元《ならびつのもと》の併用、あるいは吹返《ふきかえし》にみられる梵字《ぼんじ》の裾文《すえもん》（現在は欠損している）等である。兜鉢は、一行に三十三点の米粒ほどの小星《こぼし》を打つ錆地《さびじ》の六十二間である。眉庇《まびさし》は、上部にのみ鍍金《ときん》の覆輪《ふくりん》を廻らし、表面は黒塗に蔓草模様《つるくさもよう》の蒔絵《まきえ》が施されている。見上《みあげ》は、後世の塗り替えと思うが、朱塗としている。八幡座《はちまんざ》は、鍍金の裏菊座《うらぎくざ》・小刻座《こきざみざ》・抱花《だきばな》（1）を重ねて、楕円形の玉縁《たまぶち》で押えて留めている。

𩊱が完備しているところが貴重である。表面を錆地、裏面を黒塗とし、板物で四段下がりの小振りの笠𩊱《かさじころ》（2）である。威毛は、毛引の紫糸威とし、耳糸《みみいと》は略されているが、畦目には白・浅葱・紺の色糸を組み交ぜた啄木糸、菱縫《ひしぬい》には紅糸《くれないいと》をそれぞれ用いている。吹返《ふきかえし》は、𩊱のラインに対して垂直に

紫糸威六十二間小星兜

立ち上がり、一の板を黒塗とし、二の板を錆地とする二枚の共吹返《ともふきかえし》である(3)。また一の板に一行、二の板には三行の菱縫がみられる。さらに一の板には、威毛をとったと思われる一行の穴がみられる。裾文《すえもん》は欠損しているが、それが梵字であることを書き示している。

鉢裏には、「上州住 成国作」と作銘が認められる。成国は、上州小幡(4)に住む、文字どおり上州系(5)の作者と考えられる(6)。故に浅間大社旧蔵の兜①と兜鉢の作風や形姿がよく似ている。総体によく引き締まり、星兜に四天鋲《してんのびょう》を打つのも、この一派の大きな特徴である。さらに寒川神社の兜を含めて、立物を立てる装置に、祓立と並角元を併用することは他に類例が少ない。故に武田氏関係の兜の特徴として述べてきた。

以上、戸沢家に残る兜について述べてきた。その伝承あるいは形姿等から、武田氏に関わる遺物として、まず間違いないであろう。果たして本兜が、かの「諏方法性の兜」であるか否かは明らかではない。しかし、実に興味深い伝承であり、今後の研究に期待したい。

【註】（1）抱花＝座金の一種。玉縁を抱き込むように花弁を垂直あるいは斜めに立ち上げた座金。
（2）笠鞆＝鞆の一種。笠のように開いた鞆。
（3）共吹返＝板物の先端を延長して折り返して作った一体型の吹返。
（4）群馬県甘楽《かんら》郡甘楽町大字小幡。
（5）上州系＝上野国（群馬県）を中心に活躍した甲冑師の系統。
（6）笹間良彦『甲冑師銘鑑』（刀剣春秋新聞社 一九七五年）

六 雲峰寺所蔵の旌旗群

裂石山雲峰寺（山梨県甲州市）は、塩山上萩原にある古刹である。当寺は、武田軍の旌旗《せいき》を多く所蔵することで知られている。『甲斐国志』等によると、天正十年（一五八二）三月の武田氏滅亡の折に、その家臣によって旌旗が奉納されたとある。これらは、全国的にみても数少ない戦国時代の旌旗資料であり、その価値はいうまでもない。いずれも裏打等の修補を繰り返し、ようやく今日まで伝えられた貴重な遺物である。これらは五種に分かれ、その内の二種は複数を残している。このため五種を、一応に順を追って紹介し、検証していきたい。

1　日《ひ》の丸《まる》の旗《はた》

本旗は、『集古十種』『甲斐国志』等にも掲載されている。これらをみると、「楯無の鎧」と共に武田家の重宝「御旗」と記している。天喜四年（一〇五六）、源頼義が後冷泉天皇より拝領したと伝えられ、その後、三男の新羅三郎義光を経て武田氏が相伝したとされる。

本旗が、伝承どおり「御旗」であるなら、形式は手長旗《てながばた》(1)でなければならない。しかし、その形状あるいは大きさ等から推測して、手長旗として用いたとはとても思えない。さらに、現在はみられないが、『集古十種』をみると、その上部に乳《ち》(2)らしきものが描かれ、やはり乳付旗《ちつけばた》(3)として用いたようである。すでに「楯無の鎧」とされる菅田天神社蔵の「小桜黄返大鎧」は、検証の結果から、その伝承にはふさわしくない遺物であると判明した。そして本旗もまた、伝承の「御旗」とはいい難く、むしろ無関係のものといわざるを得ない。

そこで、本旗のような「日の丸」の旗を武田氏の臣下にも求めてみた。すると、重宝「御旗」の伝承とは裏腹に、悪臣として汚名高き跡部大炊助（勝資）が挙げられるのである。跡部勝資は、幼少のころから信玄に可愛いがられて育ち、後に勝頼の補佐役として仕えていた。天正十年（一五八二）二月下旬、早々に諏方《すわ》在陣中の勝頼のもとから離脱し、三月上旬には織田信忠に捕えられ、処刑されたといわれてきた。(4)このため勝資を批判する声が高い。『甲陽軍鑑』の一節に、北条氏康との合戦の折、「跡部大炊助、小旗は火の丸緩怠なり、べに丸小旗とあだなを付け候」と、いち早く退却する跡部勝資をあざける一

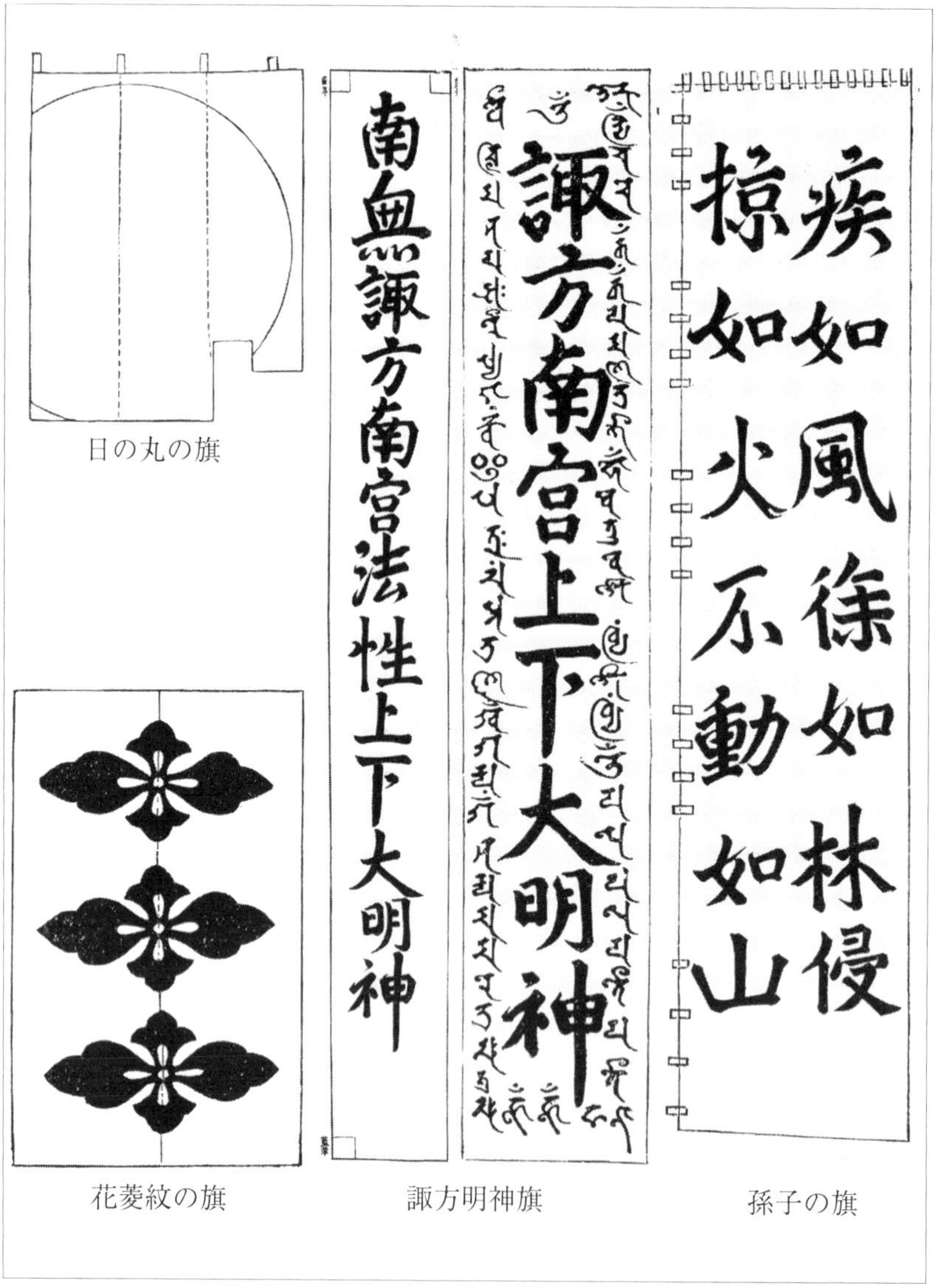
南無諏方南宮法性上下大明神
諏方南宮上下大明神
疾如風徐如林侵
掠如火不動如山

日の丸の旗　花菱紋の旗　諏方明神旗　孫子の旗

武田氏旌旗図（『集古十種』）

文がみられる。後世の跡部勝資に対する批判は、その旗印にまで及んでいる。

しかし、近年の説(5)では、跡部勝資は、武田氏滅亡に際して最期まで勝頼に従い、天目山で殉死したといわれるようになった。このように、跡部勝資を悪臣として伝えた原因は、その政治的な影響力が重大であり、結果的に滅亡という悲劇を生んだことにあると考えられる。いわば跡部勝資は、その責任を負うかたちとなったのである。そこで、勝頼に最後まで臣従したことと、その旗印が同じ「日の丸」であることから、これらの旌旗を当寺に納めたのは、跡部勝資あるいはその従者である可能性を視野に置きたい。それは、滅亡という現実を目前にした勝頼が、最後の願いとして武田の威勢をほこる旗旗を、後世に伝えることを彼等に託したのではなかろうか。そして、彼等もまた自らの旗を納めることにより、その証を立てたのではなかろうか。

県文 日の丸の旗

さらに本旗は、この後も数奇な運命を歩むこととなる。それは、無残にも切り刻まれた本旗の姿が物語っている。一説によると、武田家から嫁ぐ女《むすめ》に、その小片を持たせたという。しかし、事実は江戸時代に当寺が借金をしていたため、その小片を形として用いたというのである。他の遺物にこうした行為がみられないのは、本旗が持つ「御旗」との伝承のためであろうか。いずれにせよ、本旗のみが切り刻まれたことにより、他の遺物を欠くことなく、今日まで伝える結果となったのである。

これが、もし跡部の旗であるならば、滅亡後四百余年もの間、武田家の旌旗を守り続けたことになる。これを事実として考えるなら、何とも複雑な思いにかられてならない。

昭和五十五年（一九八〇）、本旗が県文に指定された折にも、その調査の結果から「古くても室町時代」としている。著者も、これについては妥当に思う。

【註】（1）手長旗＝縦に細長く、最上部に一筋の竿を入れ、これを立てる竿と垂直に取り付けた旗。付録「手長旗と幟旗」を参照。
（2）乳＝旗に設けた竿に通すための絎。付録「手長旗と幟旗」を参照。
（3）乳付旗＝鍵状の竿に乳（輪）を通して立てる旗。付録「手長旗と幟旗」を参照。
（4）高橋賢一『武家の家紋と旗印』（秋田書店 一九七三年）
（5）服部治則「跡部伊賀守信秋（攀桂斎）とその子孫」（『戦国大名武田氏』一九九一年）

2　孫子《そんし》の旗《はた》

本旗は、当寺に残る旌旗の中で最も著名なものであろう。井上靖氏の小説『風林火山』で、一躍にして世に知れわたった。『孫子』「軍争篇第七」より引用したもので、十四文字からなる戦いのための必勝哲学ともいえる名言である。幅が二尺余に対して縦は一丈二尺余の、濃紺に染めあげた絹地に金箔《きんぱく》を押して描かれた書は、名僧として名高い快川紹喜(1)によるものといわれている。

疾如風（疾きこと風の如く）
徐如林（静かなること林の如く）
侵掠如火（侵略すること火の如く）
不動如山（動かざること山の如し）

よく知られた一句一句である。これらは武田軍の戦術・戦法の基本となり、手本とされたことはいうまでもあるまい。その輝かしい戦歴を振り返るとき、これらを思い出すからである。天文十一年（一五四二）の諏《す》方《わ》侵攻こそ「疾如風」である。また同二十二年（一五五三）、宿敵村上義清を追い落し、血気にはやる武田軍であったが、越後長尾軍の襲来に対して不利とみると「徐如林」とし、早々に兵を退いている。さらに永禄十一年（一五六八）の駿河侵攻は、まさしく「侵掠如火」である。そして弘治元年（一五五五）の川中島第二戦の長尾軍との数ケ月に及ぶ対峙こそが「不動如山」である。『甲陽軍鑑』は、本旗を常

県文 孫子の旗

に軍勢の先頭に掲げて行軍したと記している。また当初は、各一句を一流の旗としていたといわれているが、これが事実か否かは明らかではない。そして本旗が四つの「如し」の文言からなるので「四如の旗」とも呼ばれている。

本旗には、片側に一列の薫韋《ふすべがわ》の乳がみられることから、乳付旗として用いたことが判る。また乳付旗を乳が旗竿を伝って上ることを形容して幟《のぼり》(2)とも呼び、本旗のように特に大きなものを大幟《おおのぼり》(3)と呼ぶ。当寺には、本旗と同じものを六流残している。これら多くを残す理由として、『韮山日記』は、甲府からみて鬼門の方角に当寺があたり、その鎮護のために信玄が出陣の都度一流ずつ奉納したと記している。(4)これは、菅田天神社に「楯無の鎧」を奉納した理由と同じであり、信憑性の低い解答といわざるを得ない。

【註】(1)臨済宗妙心寺派の僧侶。天文二十二年（一五五三）に山梨県甲州市塩山の乾徳山恵林寺に入山。
(2)幟＝乳付旗の別称。乳が竿を伝って上ることを形容して名付けられた。
(3)大幟＝特に大きな幟旗。
(4)高橋賢一『武家の家紋と旗印』（秋田書店　一九七三年）

3　諏方《すわ》明神《みょうじん》旗《き》

本旗は、信玄の神仏への信仰心を象徴する遺物としてよく知られている。信玄の諏方《すわ》社(1)への信仰を示す旌旗として二種が伝えられた。その一種は、縦に「南無諏方南宮法性上下大明神」と長々しく神号の十三文字を一行にまとめている。幅が一尺三寸余に対して、縦は一丈三尺九寸余とする細長いものであり、十二流が残されている。もう一種は、幅が一尺三寸に対して、縦は九尺四寸余とし、やや短いものの、両旗は共に「孫子の旗」と同じく大きなものである。後者は「諏方南宮上下大明神」と一行にまとめ、それを取り囲むように六十二もの梵字が墨で書かれている。このため前者との混同を避けるため、「梵字諏方明神旗」と呼ばれ、一流が残されている。両旗は、いずれも赤の絹地に金箔を押して文字が描かれ、その書は信玄の自筆といわれている。[2]

天文十一年（一五四二）六月、信玄（当時は晴信）は、信濃国上伊奈の高遠頼継と結託して、諏方家惣領である頼重を攻める。頼重は、信玄の誘いに応じて甲府板垣の東光寺に幽閉され、間もなく切腹させられた。さらに諏方家惣領の地位を狙う高遠頼継と安国寺[3]の門前で戦い、これに大勝した。次いで杖

県文 諏方明神旗

県文 梵字諏方明神旗

突峠を経て、その本拠である高遠城(4)を攻める。まさに「疾如風」である。

この戦乱の最中に、信玄は、具足・馬等と共に高遠頼継から奪い取った領地の一部を諏方社に寄進している。(5)こうした信玄の行為は、諏方社への信仰が絶大であることを示している。しかし、著者は、そこにもう一つの意味があるように思うのである。

諏方攻略は、信玄の最も卑劣な策略によって終結し、さらに共に戦った高遠頼継までもが居城を追われる結果となった。これら一連の信玄の行動が、果たして諏方・上伊奈の領民にどのように受け止められたであろう。恐らく、領主を失い、他国から侵略を受けたという意味からも、その動揺と不安を隠しきれなかったのではあるまいか。そこで、彼等の人心を掌握するために、その信仰の中心である諏方社を押えたのではなかろうか。

永禄二年(一五五九)、突如として出家した信玄は、「法性院」と号したのである。「法性院」とは、すなわち「諏方法性」のことであり、信玄は、自らを「諏方大明神」として民に崇めさせ、これを治めたと考えられる。また自らも信心深く、その加護を念じて戦場に臨み、必勝を誓って戦ったのであろう。そして、これ以降、諏方社の神旗を掲げて信濃侵攻に挑んだのである。

本旗には、いずれも乳がみられず、どのような形式で用いたかが問題である。共に縦に細長く、『甲陽軍鑑』によると大将旗とされ、信玄の本陣に掲げられていたとある。故に格式を重んじた古式の手長旗の形式で用いたのではあるまいか。

【註】(1)江戸時代の前期に、高島藩主が大祝《おおほうり》と区別するため、「諏方」から「諏訪」と書くようになった。

（2）柴辻俊六編『武田信玄大事典』（新人物往来社 二〇〇〇年）他
（3）長野県茅野市宮川安国寺にある臨済宗妙心寺派の寺院。
（4）長野県上伊那郡高遠町東高遠にある平山城。
（5）磯貝正義『定本 武田信玄』（新人物往来社 一九七七年）

4 花菱紋《はなびしもん》の旗《はた》

本旗は、赤地に黒く花菱紋を縦に三つ描くものである。武田家の家紋を描く唯一の旌旗資料といえよう。このためであろうか、本旗には「信玄の馬印《うまじるし》」(1)という伝承がある。

武田家の家紋として花菱紋《はなびしもん》・割菱紋《わりびしもん》が知られている。故に割菱紋を「武田菱」とも呼ぶ。しかし、武田氏関係武具を調査すると、すべての金物に本旗と同じ花菱紋が用いられていることが判る。また室町時代の後期に幕府下の諸家の家紋を収録した『見聞諸家紋』にも、「武田大膳大夫賢（晴）信」として花菱紋が記されている(2)。

県文 花菱紋の旗

花菱紋は、武田家の家紋としてより先に桐・菊・梅等と共に、古くから装飾図案の一つとして多く用いられた。武田氏が、いつごろから花菱紋を家紋として定めたかは明らかではない。また割菱紋の発生についてであるが、花菱紋をいっそう簡略化し、図案化したもののようにも思える。江戸時代になると、武田氏が滅亡したにも拘らず、武家の多くが割菱紋を家紋に用いている。この点、本来武田氏の遺物に割菱紋がみられないのに対して、以後のものにみられるのは何とも意外である。

本旗は、幅三尺・縦六尺とし、当寺に残る他の遺物と比べてやや小さく、その破損の度合も最も著しい。このためか、いっそうの信憑性をも感じる。古来、赤系の染色には、茜《あかね》・蘇芳《すおう》あるいは紅花《べにばな》等から取れる染料が用いられた。しかし、本旗をはじめ当寺に残る赤地の旌旗は、いずれもこれらを用いて染めた場合と変色の度合が違う。『集古十種』によると、顔料の朱を用いて染められたことが記されている。

以上、雲峰寺に残る旌旗資料について述べてきた。『甲斐国志』によると、これらはいずれも武田軍の重要ポストを示すものとされる。そこには、武田軍が戦いに挑む際の哲学や信仰の表れをみることができよう。故に『甲斐国志』が示すことも十分に頷けよう。昭和五十五年(一九八〇)、これらすべての旌旗が県文に指定され、高い評価がなされたことは、著者としても実に喜ばしい。その貴重な資料が、これ以上いたまないように保存されることを祈るばかりである。

また当寺には、「晴信公備矢」という二本の矢が伝えられている。一つは雁股、もう一つは龍舌形の

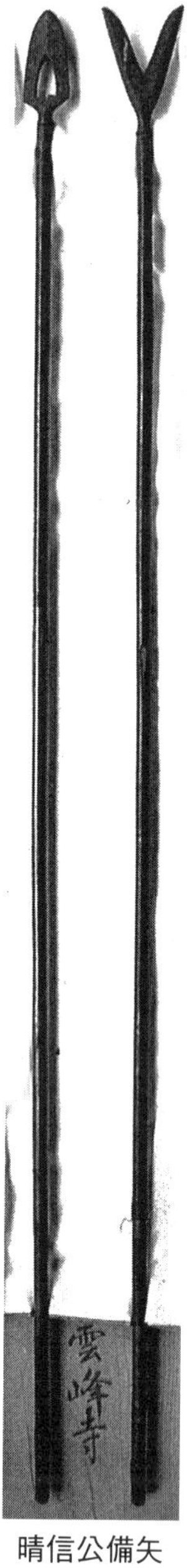

晴信公備矢

鏃が先に付いている。さらに「諏方明神像」と呼ばれる立物が伝えられている。これは、木彫で金箔を施した一寸ほどの仏頭を形作るものであり、「諏方法性の兜」の前立として武田氏滅亡に際して奉納されたといわれている。しかし、その大きさや形姿、あるいは兜に掲げるための装置の有無から、兜の立物として断言することはできない。さらに寺伝によると、「楯無の喉輪」というものがあるが、その詳細については不明である。(3)

諏方明神像の立物

【註】(1) 馬印＝団体戦に際して一個人を識別するための旗や作り物。馬標とも書く。
(2) 高橋賢一『武家の家紋と旗印』(秋田書店 一九七三年)
(3) 竹村雅夫氏によるご教授より。

七 某家所蔵の短刀

武田三代(信虎・信玄・勝頼)に関する刀剣は、「信玄公の佩刀《はいとう》」として伝えられる恵林寺(山梨県甲州市)蔵の太刀「来国長」(重文・柳沢吉保奉納)・同所蔵の短刀「備州長船倫光」(重文)をはじめ、刀「無銘(兼定)源信虎所持 永正元年三月吉日」(刃長二尺一寸九分・『分類目録』)等、個人蔵のものを含めて数口が知られている。(1)本書では、これらの中で信憑性が高いとされる一口の短刀(2)を紹介したい。

1 短刀 銘 助宗（腰刀拵付）

本刀は、「信玄の右手差《めてざし》」として、豊臣秀吉の重臣である片桐且元を通じて本阿弥光甫(3)に伝えられた。それは、黒漆塗の刻鞘《きざみざや》の腰刀拵《こしがたなごしらえ》(4)に収まる、刃長七寸九分の「おそらく造《づくり》」の短刀である。おそらく造とは、切先《きっさき》が刀身の半分以上を占める造のことである。本刀は、その元祖とされ、表の腰（鎬）に「おそらく」と刻字されていることからいわれるようになった。

助宗は、義助・広助と並ぶ島田鍛冶(5)の名工であり、江戸時代中期の寛保（一七四一～四三）ごろの九代助宗まで刀工として活躍した。助宗の短刀は数多く残っているが、おそらく造は、管見する限りこの一口だけである。また「おそらく」の刻字の意味については、「おそらく他に例のない」と解く説(6)もあるが、実際のところは不明である。

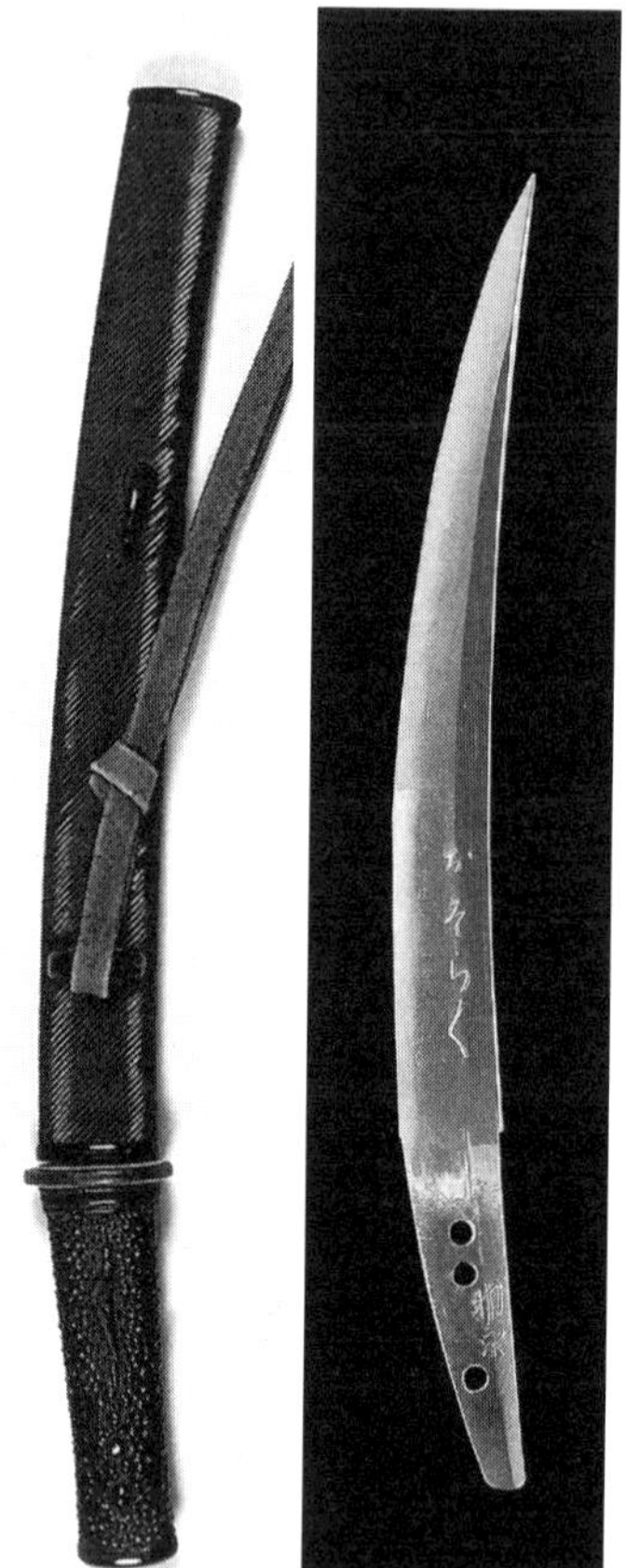

短刀 銘助宗

その鍛肌《きたえはだ》は、板目肌をやや流し心とし、地鉄《じがね》には白気心《しらけごころ》がある。刃文は、小さな湾《のた》れに互《ぐ》の目《め》・小乱《こみだれ》が交じり、砂流し(7)がかかると共に金筋がわずかに入り、匂口《においぐち》(8)はわずかに締まり心に小沸《こにえ》(9)がみられる。帽子《ぼうし》(10)は、乱れ込んで先を突き上げて、尖って返り、表に玉《ぎょく》(11)を焼き、裏には護摩箸《ごまばし》(12)を丸く止める。茎《なかご》は、わずかに反りがあり、先は栗尻《くりじり》(13)に鑢目《やすりめ》がある。

腰刀拵の鞘は、斜めに刻みを入れ、柄は、鮫革《さめがわ》に折れ笹の目貫《めぬき》の上から黒漆を塗り、山銅《やまがね》で縁をとった鉄喰出鐔《てつはみだしつば》に水牛の柄頭《つかがしら》(14)を使い、魚子地《ななこじ》の赤銅《しゃくどう》に秋草図の色絵を施す小柄《こづか》(15)が付いている。また鯉口《こいくち》(16)や栗形《くりがた》(17)・返角《かえりづの》(18)などは、すべて黒漆塗が施されている。

これら、全体的に安土桃山時代以前の古い刀装のかたちがみられ、本刀が片桐且元に渡った経緯については不明であるが、「信玄の右手差」という伝承を頷かせる年代を感じさせる。当時としては珍しいおそらく造は、もしかすると信玄の好みだったかも知れない(19)。

【註】
(1) 横井孝雄『戦国武将と名刀』(体育とスポーツ出版社　一九九四年)
(2) 短刀＝刀剣の形式の一種。刃長一尺未満の刀。
(3) 江戸時代前期の芸術家。刀剣の鑑定・研磨・浄拭を営む本阿弥光悦の養子光瑳の子。
(4) 腰刀拵＝短刀の拵の一種。
(5) 室町時代の中期ごろから駿河国島田(静岡県島田市)を中心に活躍した刀工集団。
(6) 稲田和彦等編『図説 日本刀大全』(学習研究社　二〇〇六年)
(7) 砂流し＝刃文の一種。砂を流したようにみえる刃文。
(8) 匂口＝匂の口。匂＝刃中の働きの一種。霧状の小さな粒子の組織。
(9) 小沸＝小さな沸。沸＝刃中の働きの一種。砂粒状の粒子の組織。
(10) 帽子＝切先の刃の部分。

（11）玉＝刃中の働きの一種。丸く沸が凝ったもの。星・日とも呼ぶ。
（12）護摩箸＝刀身に施す彫物の一種。箸のように二本並べて彫った筋状の溝。
（13）栗尻＝栗の実の尻のように丸くすること。
（14）柄頭＝柄の先端の保護のために取り付ける金具。
（15）小柄＝細工に使う小刀。
（16）鯉口＝鞘の口の部分。
（17）栗形＝鞘の途中にある下緒を通すための角あるいは木で作られた環状の部品。
（18）返角＝刀身を鞘から抜くときに、鞘ごと抜けないように帯に引っ掛ける留め具。
（19）第一五回特別展『駿河の武田氏』（藤枝市郷土博物館 二〇〇〇年）

八　法善寺所蔵の薙刀

若草町加賀美の加賀美山法善寺（山梨県南アルプス市・旧中巨摩郡）は、大同元年（八〇六）の建立と伝えられる。弘仁三年（八一二）、京都の高雄山で弘法大師から灌頂の式位を受け、法相宗から真言宗へ転じたと寺伝にある。また源頼朝の奥州討伐の折に活躍した、加賀美遠光の出生の地としても知られている。その多くの寺宝の中に、大兼光の銘をきる大薙刀がある。本刀は、『甲斐国志』によると、武田八幡（宮）神社（山梨県韮崎市）に信玄が奉納したとある。

武田八幡神社は、弘仁十三年（八二二）に宇佐（一説に石清水）八幡宮を勧請したことにはじまり、同地に武田氏の祖信義の館跡があることから、後に武田八幡と呼ぶようになった。このため、古くから武田家の崇敬を集めたと考えられ、天文十年（一五四一）には、信玄（当時は晴信）が社殿（重文）を造営している。明治元年（一八六八）の神仏分離令に際して、刀身に不動尊を表す梵字が刻まれていることから、仏門であり別当をつとめる当寺に移された。

1　大薙刀《おおなぎなた》　銘 備州長船兼光

本刀は、刃長四尺六寸余とする、非常に大きな薙刀《なぎなた》である。(1)『太平記』巻第八の「山徒寄京都事」に「四尺餘ノ大薙刀水車ニ廻シテ」という一節がみられ、まさに本刀はこれを指すものである。

銘にみられる「兼光《かねみつ》」は、備前国の長船派《おさふねは》を代表する刀工であり、浅間大社（静岡県富士宮市）の太刀①（三七頁参照）の銘にみられる景光の子といわれている。(2)鎌倉時代の末期である嘉暦・建武・康永（一三二六〜四五）ごろまでは、直刃《すぐは》を主にした古長船の作風を残している。しかし、南北朝時代を迎えた延文（一三五六〜六一）以降になると、正宗《まさむね》を主流とする相州伝《そうしゅうでん》の影響を受けて、湾《のた》れを主にした優美な作風がみられるようになる。(4)このため、近年では延文を境に一世と二世に分けるようになった。(3)また名工兼光にあやかって、作銘を「兼光」ときる刀工も多く、これらと区別するために「大兼光《おおかねみつ》」と呼んでいる。本刀のような大薙刀・大太刀《おおたち》の遺例は、大山祇神社《おおやまずみ》（愛媛県今治市）・熱田神宮（愛知県名古屋市）等、全国に数口がみられる。また『祭礼草子』(5)にも、この類いのものを集団で掲げる様子が描かれている。

しかし、大兼光の作刀として、本刀のような大薙刀は、管見する限り他にはみられず、まさに貴重な遺物といえよう。

刀身には、薙刀樋・添樋と梵字が彫られ、その長大な形姿から延文ごろの作刀と考えられ、恐らく二世兼光による作刀と思われる。しかし、惜しいことに明治四年（一八七一）の火災で焼け、火中品として痛々しい姿になってしまった。このため地肌や刃文等は詳しく判らないが、その銘に恥じることなく、よくつんだ小板目《こいため》の地肌《じはだ》に湾れを主にした優美な刃文がみられたと想像される。

鎌倉時代の末期から室町時代にかけて打物《うちもの》(6)が盛んに行われ、特に長柄の薙刀や長巻は大いに威力を発揮した。これらは、主に徒歩の者が持ち、敵将の馬の足を払うのに使われた。このため『太平記』の「水車のように廻して」という動作が思い浮かぶ。

しかし、本刀を実際に手にすると、とてもそういう実感はわかない。その柄《え》は、茎の長さから刃長と同寸程度であったと想像される。そして、その重量を考えると、『太平記』の一節は誇張して書かれているとしか思えない。

本刀は、黒く焼けただれながらも、その形姿は美しくも雄大であり、まさに名工兼光の作刀であることを示している。これらのことから、もとより戦いという実用を離れたものに思えてならない。では、その作刀の目的に、何が考えられるであろうか。また武田八幡神社に奉納したのは、本当に信玄なのであろうか。

武田氏は、応永二十三年（一四一六）の上杉禅秀の乱の折に禅秀側についたため、当時の当主である信満は、上杉憲宗の軍に追われ、木賊山(7)に入って自害している(8)。このため信満の子の信重は、甲斐国の守護でありながら流浪の身となるのである。本刀を作刀した時期から、この大難を跨ぐかたちで信玄の代になるため、これを武田氏が相伝し続けるのは難しいように思える。故に本刀は、比較的早い段階（信成・信春あたりか）に奉納されたか、あるいは信重が甲斐国に復帰した永享十年（一四三八）以降に入手して奉納したか、このいずれかと考えられる。後者であれば『甲斐国志』にみられるように、信玄の奉納もあり得るであろう。

本刀は、実用を離れたものであり、名工である二世兼光の作刀と考えられる。故にもとより特別な目的のために作刀したと思うのである。『祭礼草子』にみられるように、一軍を象徴する馬印的なものとして用いたとも考えられるが、本刀の場合は刀身に梵字が刻まれていることから、当初より奉納を目的に作刀したと思われる。武田氏発祥の地に鎮座する武田八幡神社への奉納にあたり、その威信をかけて、あえて名工である二世兼光に作刀を依頼したのではあるまいか。著者は、このような理由

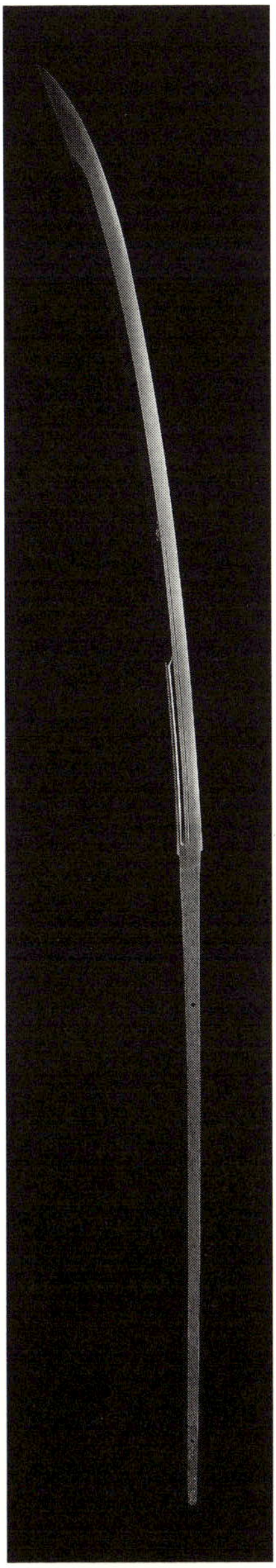

県文 大薙刀
銘長船兼光

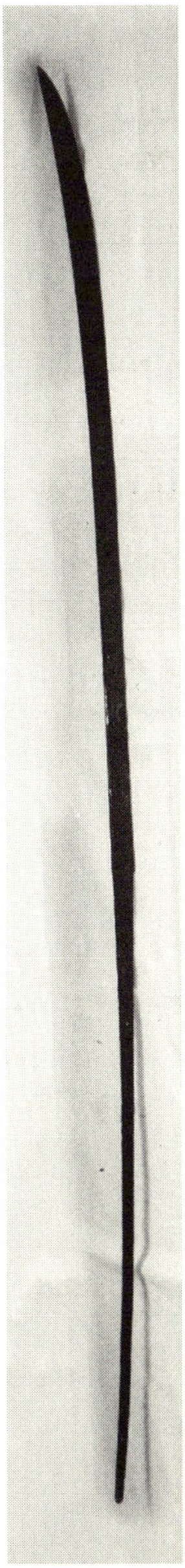

同（再刃前）

から前者をとりたい。

平成六年（一九九四）、本刀は県文に指定され、高い評価がなされた。そして翌七年（一九九五）に刀工の吉原義人氏によって再刃が行われ、その優美な形姿を取り戻すに至った。本刀が貴重である旨を訴え続けてきた著者にとって、実に喜ばしい限りである。

【註】（1）薙刀＝長柄武器の一種。柄の先に反りのある刀身を付けた長柄武器。
（2）岡崎譲『日本刀備前伝大観』（福武書店　一九七五年）
（3）湾れ＝刃文の一種。浅く波打った刃文。
（4）註（2）に同じ。
（5）伝土佐光重画。室町時代の祭礼の様子を描いた一種の風俗絵巻。
（6）打物＝太刀や薙刀を用いる戦闘。
（7）山梨県甲州市大和村。
（8）磯貝正義『定本　武田信玄』（新人物往来社　一九七七年）

九　浅間神社所蔵の太刀

一宮町の浅間神社（山梨県笛吹市・旧東八代郡）は、古く甲斐国一之宮として栄え、その繁栄は現在に至っている。ふつう「浅間」と書いて「せんげん」と読む。しかし、当社の場合は「あさま」と読むのが正しいが、一宮「せんげん」神社と呼ぶこともある。霊峰富士山をご神体として仰ぐ当社は、武田家代々の崇敬もあつく、信玄の代には多くの所領を寄進している。また当社には、後奈良天皇の宸筆による「紺地金泥般若心経」一巻（重文）をはじめ、多くの宝物が所蔵されている。これらの中に「信玄奉納の来国次《らいくにつぐ》の太刀」と伝えられる大太刀がある。

1 大太刀《おおたち》 銘 国次

本刀は、刃長三尺二寸余とする鎬造《しのぎづくり》の大太刀である。大太刀とは、刃長を三尺以上とする、特に大きな太刀のことである。本刀を作刀したとされる来《らい》氏とは、山城伝《やましろでん》の流れをくむ刀工の一派で、初期（鎌倉時代）の作刀は身幅も狭く、比較的おとなしい造りが多い。その点、本刀は長大であり、身幅も広く、総体的な形姿も豪壮である。

これらのことから、近年では美濃関伝《みのせきでん》の刀工である国次の作刀といわれるようになった。[1] 美濃関伝の国次は、室町時代の中期にあたる康正（一四五五～五七）のころに、同じく美濃国関[2]の刀工である兼

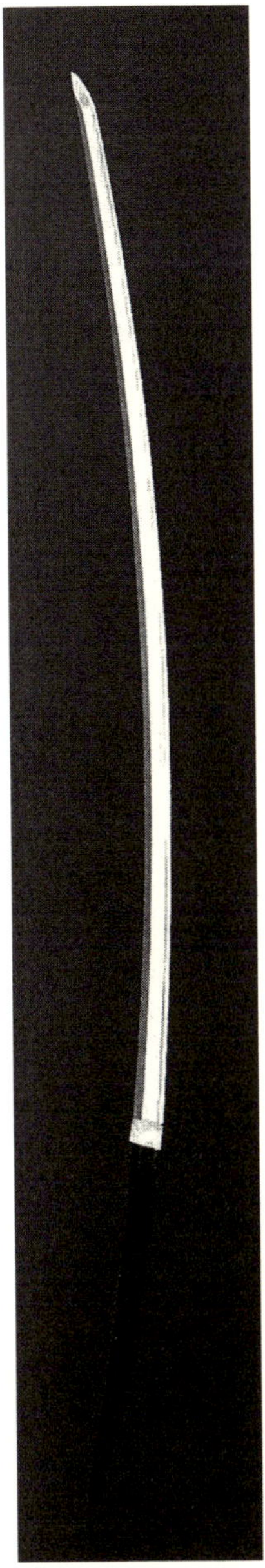

県文 大太刀
銘国次

次の子として生まれたと伝えられる。明応（一四九二〜一五〇一）のころに山田郷[3]に移り住み、山田関《やまだぜき》と呼ぶ一派を確立して、初代国次を称したとされる。[4]

本刀の鍛肌《きたえはだ》は、板目《いため》の肌の鎬地《しのぎじ》[5]に柾目《まさめ》の肌が激しく現れる、美濃関伝の特徴である白気地鉄《しらけじがね》と呼ぶものである。刃文は、中直刃《ちゅうすぐは》とし、いかにも実用的である。茎《なかご》[6]も一尺一寸余と長く、一箇の目釘穴《めくぎあな》[7]と「国次」の二字銘がみられ、鑢目《やすりめ》[8]を鷹の羽（V字形）にするのも美濃関伝の特徴の一つである。またその銘にある「国」は、国構えの中に「民」ときるもので、俗に民国次《たみくにつぐ》と呼んでいる。[9]

本刀は、これらのことから寛正から永正（一四六〇〜一五二一）ごろにかけての、美濃関伝の刀工民国次の作刀であるといえよう。果たして本刀は、信玄の奉納か否かを示す確たる史料は管見する限りみられない。

民国次の刀工としての評価は、決して高いものではない。しかし、本刀は、室町時代中期の実用刀としての形姿をよく示し、保存の状態もすこぶるよい。本刀は、昭和四十年（一九六五）に県文に指定され、高い評価がなされた。社伝は別にして、著者もその評価は正しいものと理解する。

【註】（1）『県指定 山梨県の文化財』改訂第二集（山梨県教育委員会 一九八一年）

（2）岐阜県関市。

（3）岐阜県あるいは愛知県の北部のあたりと思われるが詳細は不詳。

（4）松代城整備完成記念 特別展図録『川中島の戦い』（長野市立博物館 二〇〇四年）

（5）鎬地＝鎬造の刀剣の地肌。

（6）茎＝刀身の柄の部分。

（7）目釘穴＝刀身を柄に固定する目釘を打つための穴。
（8）鑢目＝刀身と柄が滑らないように、茎にかける鑢の目。
（9）註（1）に同じ。

十　長岳寺所蔵の鍬形台と前立

駒場《こまんば》の広拯山長岳寺（長野県下伊那郡阿智村）は、武田信玄終焉の地として知られている。元亀四年（天正元年・一五七三）四月十二日、遠江・三河の遠征の帰国途中、無念の最期であった。当寺には、信玄が用いたとされる二頭の兜が所蔵されていた。しかし、いずれも長い間に受けた破損のためか、現在では鍬形台と前立を残すのみとなってしまった。

1　三鍬形台《みつくわがただい》

本鍬形台は、一見して室町時代の末期のものと判る。中央に三鈷《さんこ》(1)を据える鍬形台は、この時期に流行しているからである。そこに剣《けん》を立て、左右の鍬形と合わせて三鍬形《みつくわがた》と呼ぶ。本鍬形台は、当初から三鍬形を立てたことが明らかであるため、「三鍬形台」と呼ぶべきであろう。

『太平記』巻第三十二「神南合戦ノ事」に「縄目ノ鎧ニ三鍬形打タル甲ヲ猪頸ニ著ナシ」とあり、すでに三鍬形という語がみられる。しかし、この時期のものには三鈷がなく、文化庁蔵「紅糸威五十二間星兜」（重文）の遺例のとおり、剣は鍬形台の中央に設けた祓立《はらいだて》に立てた。室町時代の後期になると、三鈷の上に剣を立てることが流行し、いわゆる三鈷剣《さんこけん》の前立になるのである。兜に剣を立てることは、密教の不動信仰によってはじめられ、剣は不動明王を象徴するものである。

三鍬形台

本鍬形台には、唐草を透した高度な彫金が施され、そこに八重菊《やえぎく》を散らした図案も室町時代の末期に多くみられる。これらのことから想像して、この兜は阿古陀形《あこだなり》(2)の筋兜鉢に小型の笠鞠を付けたものと思われ、恐らく色々威の胴丸あるいは腹巻に付いていたと想像される。その年代観からみても寺伝と一致し、信玄所用の遺物としての可能性も十分に考えられる。

戦国最強とうたわれた武田軍団――。これを率いる信玄の頭上に本鍬形台が掲げられていたのであろうか。思いに耽《ふけ》る一品である。

【註】（1）三鈷＝仏具の一種。もともとは古代インドで武器として用いられ、密教では煩悩を破砕する菩提心の象徴として用いる。

（2）阿古陀形＝兜鉢の一種。室町時代の後期以降にみられる総体に膨らみがある兜鉢。形が阿古陀瓜（金冬瓜）に似ているところから名付けられた。

2　大日《だいひ》の丸前立《まるまえだて》

本前立は、直径七寸八分の日の丸を形作る前立であり、練革に朱漆を丹念に塗って作られている。その形状は、兜鉢に沿って内側にやや湾曲し、裏に分銅形に切り込んだ添木を設けている。その切り込みの形あるいは朱漆の剥落の痕から、平たい棒状の並角元で挟むようにして立てたことが想像される。(1) ふつう立物は、下部に穴をあけて角元を刺して立てるか、あるいは裏に設けた箱に角元を刺して立てることが多い。本前立にみられる手法は、後世の遺物も含めてあまりみられない珍しいものといえよう。その年代は、形状や製法等からみて、室町時代の末期から安土桃山時代にかかる元亀・天正（一五七〇～九一）ごろのものと思われる。

大日の丸前立（直径22.7cm）

これらのことから、兜には大型の並角元が付いていたことが判る。この場合、浅間大社の兜②（三一頁参照）のような筋兜も考えられる。しかし、本前立を立てた形姿を想像すると、頭形《ずなり》(2)・桃形《ももなり》(3)・突盔形《とっぱいなり》(4)のような簡易兜《かんいかぶと》(5)の方がふさわしいように思えてならない。さらに、その胴には最上胴丸あるいは最上腹巻がふさわしいように思うのである。

本前立は雄大であり、作技も優秀であることから、信玄の弟逍遙軒（信廉《のぶかど》）を所用者とする説[6]がある。偉大な兄の死を悼んで、自らの兜を奉納したとも考えられる。しかし、この兜が簡易兜であると想像されることから、武田一族の兜とはいい難いように思われる[7]。

そこで著者は、信玄の死に対して殉死をもいとわなかった一家臣のものと思うのである。『甲陽軍鑑』によると、信玄の死を三年間隠すために、家臣に殉死を許されなかったとある。その多くが、自らの才を認めてくれた信玄によって育てられ、今の地位につくことができたのである。実弟以上に深い悲しみを得たとしても、何の不思議もないであろう。せめて自らの兜だけでも主君のお側《そば》に置きたいと涙をのんだのは、もしや最後まで殉死を叫び続けた土屋右衛門尉（昌続）あたりかも知れない。

そして、二年後の天正三年（一五七五）五月の長篠合戦で彼等はようやく信玄が待つ浄土へ旅立つことができたのである。

【註】（1）佐藤邦俊氏によるご教授より。
（2）頭形＝簡易兜の一種。主に左右の板と上板の三枚で形成された兜。
（3）桃形＝簡易兜の一種。左右一枚あるいは二枚の板で形成され、前正中から後正中にかけて　鎬を立て、摘むように鋲で留めて作られた兜。
（4）突盔形＝簡易兜の一種。数枚から十数枚の梯形の板で形成された天辺が尖った兜。
（5）簡易兜＝星兜・筋兜に対して簡易に作られた兜の略称。浅野誠一『兜のみかた』（雄山閣　一九七六年）によって提唱された。
（6）山上八郎氏の説より。
（7）浅間大社・寒川神社・戸沢家に残る武田一族の兜はいずれも筋兜・星兜である。

十一　常源寺所蔵の軍配団扇

本品は、『歴史読本』昭和五十九年（一九八四）十二月号（新人物往来社）に、「相木市兵衛の軍配団扇」と題して掲載され、故芳賀実成氏による鮮明な写真と解説により、一躍にして世に知れわたった。偶然にも、その取材をされる一週間ほど前に、直接お話を伺えたことは実に思い出深い。著者が管見する限り、武田軍団に関わる指揮具《しきぐ》として唯一の遺物であろう。

1　金箔押軍配団扇《きんぱくおしぐんばいうちわ》

長野県南佐久郡南相木《あいき》村の峰雄山常源寺には、貴重な戦国時代の軍配団扇(1)が残されている。この寺を建立した地元の土豪相木市兵衛尉の所用と伝えられるものである。

相木氏は、佐久郡岩村田大井氏の重臣依田氏の一族である。市兵衛尉は、永禄十年（一五六七）に死亡した能登守を嫡子として、信濃先方衆八十騎を継ぎ、山県三郎右兵衛尉（昌景）の相備衆に属した。後に父と同じ能登守と名乗り、出家して法名を常林《じょうりん》と号した。その嫡子市兵衛尉（昌朝）は、山県昌景の娘婿となる。天正十年（一五八二）の武田氏滅亡後、小田原北条氏に扶助され、西上野惣社領において知行を与えられたが、徳川軍と抗争して没落した(2)。

本品は、古式を示す軍配団扇としては珍しく、総長を二尺二寸とする長寸である。練革《ねりかわ》二枚を合わ

金箔押軍配団扇

せて黒漆を塗り、その上に金箔を押して作られている。柄は、竹を二枚合わせて溜塗《ためぬり》(3)を施し、元来は籐状《とうじょう》のものを巻き上げていたようであるが、現在では上部に六条を残すのみとなっている。下端はやや団扇部分は小さく、柄は長く、太く作られ、丹念に黒漆を塗り、紐を通すための穴があけられている。見た目よりはるかに軽く作られている。これは、上杉神社（山形県米沢市）や愛宕神社（新潟県上越市）等に残る遺物と同じであり、古式を示す特徴である。

常林・昌朝父子は、共に官途名を市兵衛尉と名乗り、いずれの市兵衛尉が当寺を建立したのかも定かではない。そこで、いずれが本品の所用者であるかも悩むところである。しかし、武田氏滅亡後の経緯を考えると、本品が故郷に残ることから、父常林の所用品とするのが妥当ではあるまいか。

先方衆として従軍し、常に矢面に立たされる市兵衛尉は、複雑な思いでこの軍配団扇を握り締め、軍の血気を扇いだことであろう。そうした市兵衛尉を偲ぶ唯一の遺物といえよう。

本文の作成にあたり、故芳賀実成氏のご意見を参考にさせて頂いた。これと共に、氏の真実のみを探求された研究姿勢には大いに共感し、今後の模範としたい。ここに謹んでご冥福を祈る次第である。

【註】（1）軍配団扇＝指揮具の一種。付録「両雄一騎打ちにみる軍配団扇」を参照。
（2）柴辻俊六編『武田信玄大事典』（新人物往来社 二〇〇〇年）
（3）溜塗＝漆の塗り色の一種。赤茶けて生地が透けるような色目。

十二　某家所蔵の鞍

山梨県下を歩くと、至るところで割菱紋や花菱紋等の蒔絵あるいは箔押を施す鞍や鐙（付録「馬具の歴史とその名称」参照）を目にする。これらはともかくとして、著者が県下の某家宅で拝見した鞍のみを紹介しておきたい。

1　黒塗花菱紋彫刻鞍《くろぬりはなびしもんちょうこくぐら》

俗に「海無《うみなし》」と呼ぶ本鞍は、前輪《まえわ》（1）と後輪《しずわ》（2）の一面に花菱紋を連続する彫刻が施されている。また本鞍のような形状の鞍を水干鞍《すいかんぐら》と呼ぶ。すなわち平素用いる鞍という意味である。これに対して戦いに使う鞍を軍陣鞍《ぐんじんぐら》と呼ぶ。軍陣鞍は、永青文庫（東京都文京区）蔵「柏木兎螺鈿鞍」（国宝）・御岳神社（東京都青梅市）蔵「円文螺鈿鏡鞍」（国宝）にみられるように、鞍山《くらやま》（3）が高く、居木《いぎ》（4）も太く、前後にやや狭く作られた感がある。大鎧《おおよろい》を装着して乗馬すると、ちょうど前後の山形《やまがた》（5）に胴尻《どうじり》（6）が乗るかたちになる。その上

黒塗花菱紋彫刻鞍

から、前後左右の四間の草摺《くさずり》を垂らすと馬上での安定がよい。これは、馬上で弓矢を使う騎射戦《きしゃせん》[7]のように、手放しの状態で馬に乗るための考慮と思われる。

戦場から大鎧が姿を消し、かわって胴丸《どうまる》・腹巻《はらまき》の時代（南北朝・室町時代）になると、戦いにも水干鞍を使うようになる。また室町時代の後期の一時期に布袋鞍《ほていぐら》と呼ぶ鞍が使われた。軍陣鞍と水干鞍の中間的な形状を示すものであり、主に戦いに使われたと思われる。

元来、鞍山の製作には、木の股を使った。実用に対して割れにくく、耐久性を考慮した製法である。後世になると、苗木を「∩」形に矯正して育成したものを使うようになる。原木が鞍として使えるまでに、優に五十年はかかるであろうか。いかに鞍山の新作が難しく、それが貴重であるかが判る。このため芯となる鞍山は、何度も塗り替えて繰り返して使われた。

水干鞍は、平安時代から江戸時代にかけて広く使われ、その姿もほとんど変えていない。故に製作年代を特定するのは困難を極める。また前述のように鞍山は、相当古いものでも再三にわたって使っている。しかし、本鞍のような彫刻鞍は、あまり古くはみられない。さらに黒一色に塗られ、花菱紋を一面に連続して彫刻する図案は実に素朴である。これらのことから、本鞍は彫刻鞍として初期的遺物と思われ、その製作年代は元亀・天正（一五七〇～九一）ごろと推測するのが妥当ではなかろうか。

故に本鞍は、武田氏関係の馬具として、最も信憑性が高い遺物といえよう。

【註】(1)前輪＝鞍の前面に立つ板。
(2)後輪＝鞍の後面に立つ板。
(3)鞍山＝前輪と後輪を合わせた語。
(4)居木＝前輪と後輪をつなぐ板。
(5)山形＝鞍山の頂上部。
(6)胴尻＝甲冑の胴の最下端。
(7)騎射戦＝馬上で弓矢を用いる戦闘。

十三　駒橋元近刀《こまばしもとちかとう》

元近は、相州伝の刀工として小田原を本拠としたといわれているが、その作技等から備前伝とする説(1)も一部にある。天文十七年(一五四八)に、甲斐国都留郡駒橋(2)に移り住み、この年にのみ多くを作刀したと伝えられる。『甲斐国志』の「島沢村大木明神」の項に「駒橋ニ鍛冶元近ト云フ者三十六刀ヲ鍛エテ一郡ノ神戸ニ納ム」と記され、この内の五口の所在と作銘が記されている。この三十六刀という数には少々疑問が残るが、現在『甲斐国志』に記された三口が確認され、さらに近年になって三口が発見された。故にこれらの銘文・作柄等を順に紹介していきたい。

1 刀一口 銘 元近作之 天文十七年九月吉日 甲州都留郡小西郷大木大明神為御剣於駒橋

本刀は、終戦後の混乱に紛れて一旦海外へ流出したが、近年になって米国より買い戻され、福地八幡神社（山梨県大月市富浜町鳥沢）に奉納されて再び所蔵品となった。大木明神は、古地名の福地に因んで、明治六年（一八七三）に福地八幡神社と改名された。故に本刀は『甲斐国志』の「大木明神（鳥沢村）」の記述どおりの一口であり、昭和六十一年（一九八六）、地元に伝わる歴史的資料として県文に指定され、高い評価がなされた。

鎬造《しのぎづくり》で刃長二尺五寸七分五厘、反り一寸一厘。鍛肌は、板目流《いためなが》れ心(3)。刃文《はもん》は、互《ぐ》の目《め》に丁子《ちょうじ》が交じり、帽子《ぼうし》は、大丸掃きかけ気味である。また刀身の表には鎺《はばき》の上に護摩箸《ごまばし》、さらに梵字《ぼんじ》、そして切先に向けて樋《ひ》が彫られ、裏には樋だけが彫られている。

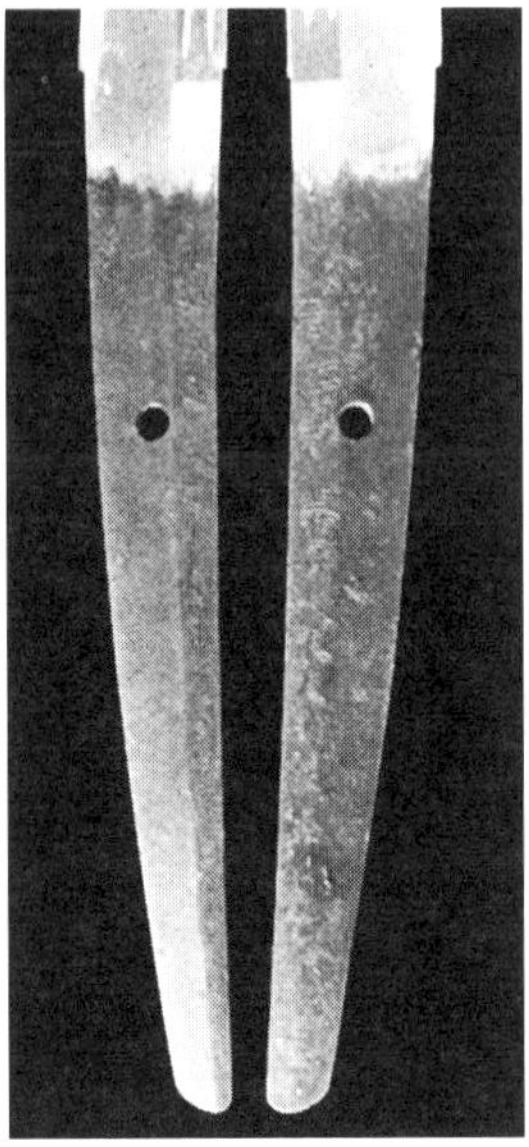
県文 駒橋元近刀

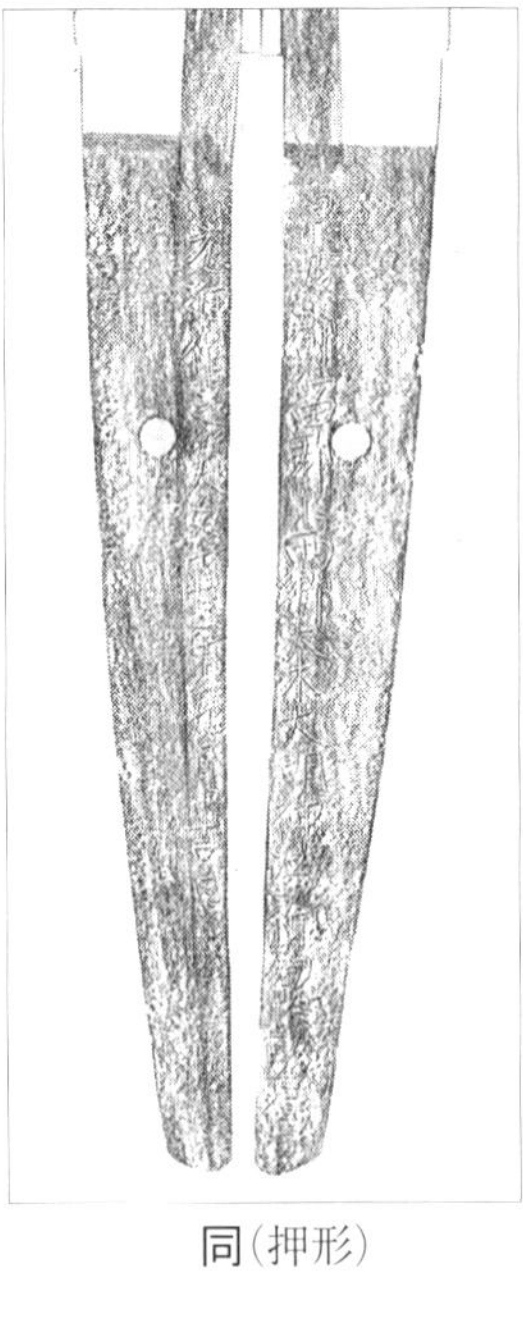
同（押形）

2　刀一口　銘　於駒橋元近打之 天文十七年六月吉日
甲斐国都留郡葛野郷御岳大明神御剣

本刀は、『甲斐国志』の「御岳権現（葛野村）」の記述どおりの一口であり、現在も大月市七保葛野にある御嶽神社に所蔵されている。

鎬造で刃長二尺四寸七分、反り一寸。鍛肌《きたえはだ》は、荒く柾心《まさごころ》[4]。切先は、やや延び、帽子は、後返しとするがやや不分明である。昭和十八年（一九四三）ごろ、大月市猿橋町に住む研師により、誤って樋に朱を入れてしまった。本刀は、右と同年に同様の理由から県文に指定された。そして平成二十二年（二〇一〇）に再び研いだ際、朱が取り除かれ、かつての形姿を取り戻すに至った。

3　刀一口　銘　於駒橋元近作之 天文十七年十一月吉日
甲州都留郡宮谷郷百蔵大明神為御剣

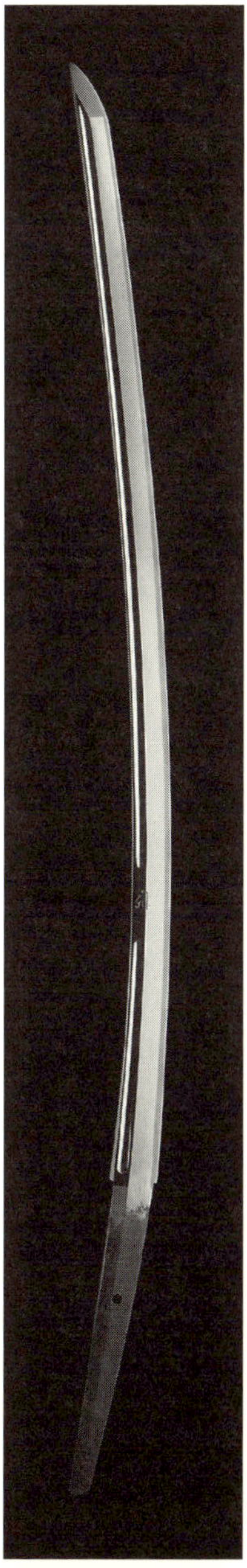
県文 駒橋元近刀

本刀は、『甲斐国志』に記述されている一口に酷似した銘文がみられる。そこには、「甲斐国都留郡」とあり、それ以外はすべて同じである。恐らくその編纂のときに銘文を写し間違えたのであろう。故に本刀も『甲斐国志』の「百蔵山春日明神(下和川井尻)」の記述どおりの一口であろう(大月市某家蔵)。鎬造で刃長二尺四寸五分、反り一寸。鍛肌は、板目流れ心。刃文は、互の目。帽子は、小丸風である。刀身には、福地八幡神社・御嶽神社の所蔵品と同じく護摩箸・梵字・樋が彫られている。

以上の三口が『甲斐国志』の記述に認められる所在が判明した元近刀である。次に『甲斐国志』の記述にある残りの二口の銘文と大太刀の記述を紹介したい。

生出明神(法能村)
神刀一振　長二尺七寸二分、反一寸一分

4　刀一口　銘　甲州都留郡駒橋元近作之
天文十七年九月吉日

大室権現長幡相殿(道志村竹ノ本)
神刀一振　長二尺四寸二分、反一寸　手下六寸

5　刀一口　銘　甲州都留郡道四
　　　　　　　天文十七年九月吉日　元近作之

御崎明神（上野村）
宝庫ニ蔵スル所ハ（中略）元近太刀（長三尺九分　元近ハ都留郡駒橋村ニ住シ天文頃ノ人ナリ）

最後に大澤良作氏・斎藤開三氏等によって発見された三口を紹介したい。これらは『甲斐国志』に記載されていないが、この内の一口は所在が判明し、残りの二口は現在行方不明になっている。

6　刀一口　銘　於駒橋元近作之　天文十七年九月吉日
　　　　　　　甲州都留郡小西郷三巖権現為御剣

鎬造で刃長二尺四寸七分、反り六分。鍛肌は、板目肌に柾目交じり。刃文は、互の目崩れ心。(5)帽子は、小丸少し掃きかける。刀身には、右と同じく護摩箸・梵字・樋が彫られている。

銘文にみられる小西は、福地八幡神社（古社名「大木明神」）の位置から、大月市富浜町のあたりの地名と推測される。しかし、三巖権現については、『甲斐国志』に何も認められず、詳細は不明である。

本刀は、終戦後に富山県で発見され、現在は菊透しの甲冑師鐔と渡り巻と柄に革を巻いた太刀拵が付

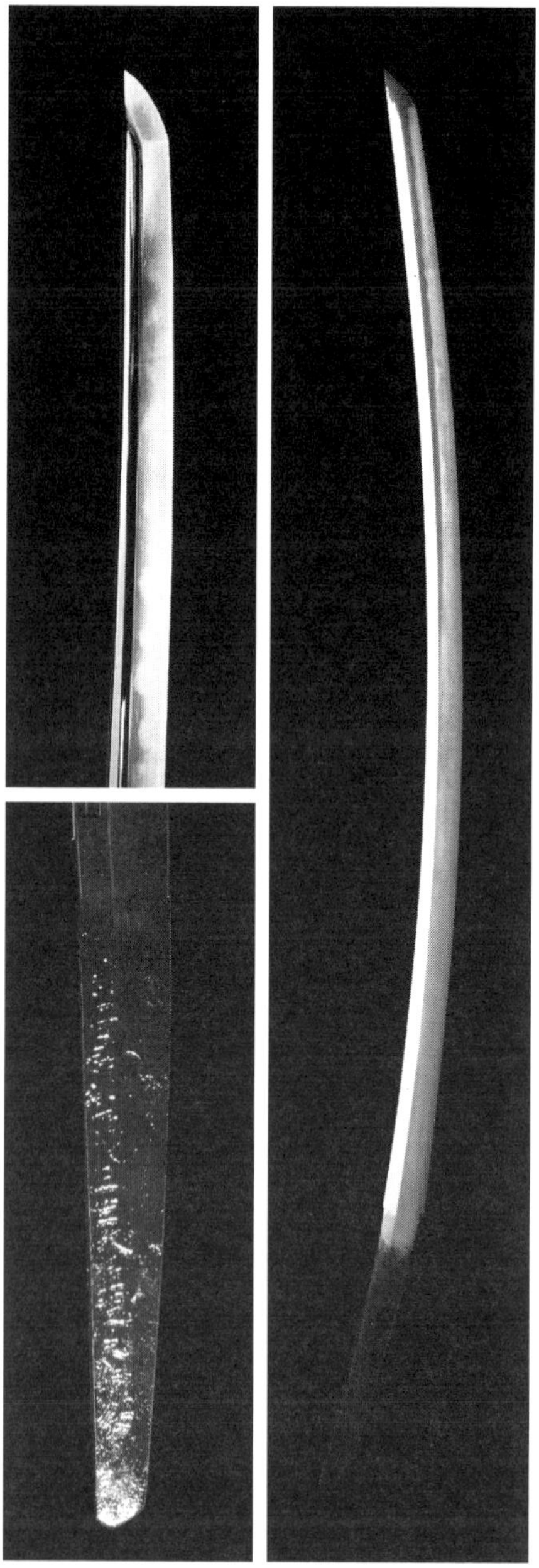
刀 元近（個人蔵）

属している（笛吹市某家蔵）。

7 刀一口 銘 元近作之 於駒橋 天文十七年九月吉日
甲州都留郡小沼浅間為御剣

本刀は、終戦後に秋田県で発見され、後に山梨県に帰り咲き、近年になって県下を転々とした後、東京方面に流出したといわれている。[6] 鎬造で刃長二尺四寸六分、鍛肌は、板目肌に柾目交じり。刃文は、互の目乱れに砂流しとする。誠に残念ながら、現在のところ行方不明である。

8　刀一口　銘　於駒橋元近作之
　　　　　　　　駒橋八幡宮為御剣天文十七年十月吉日

神奈川県津久井郡（山梨県との隣接地）の旧家で発見されたが、その後の行方あるいは刃長・鍛肌・刃文等の詳細は、まったくのところ不明である。しかし、それは現存する元近刀の中で最も上作ともいわれている。(7)

この他にも「元近作」の銘をきる短刀三口・脇指一口が発見され、いずれも山梨県の近隣の個人蔵となっている。(8)

元近刀は、発見されているすべての刀に護摩箸・梵字・樋が彫られ、また銘文にみられるとおり当初から奉納を目的に鍛えられたと考えられる。しかし、その対象は不特定かつ多数である。さらに天文十七年（一五四八）という年に、これらの社への奉納に値する理由が見当たらないのである。このため武田氏や小山田氏等のような一権力者による奉納ではないという、元大月市教育長であり、長年元近刀の研究をされてこられた大澤良作氏のご意見には賛同できる。(9)

この年（天文十七年）の二月、上田原における村上義清との戦いに、武田軍は大敗し、宿老である板垣駿河守（信方）・甘利備前守（虎泰）等が討ち死した。さらに同七月には、塩尻峠における小笠原長時との戦いに、武田軍は大勝した。このように天文十七年（一五四八）という年は、国の内外において軍事的な緊張が高まる年でもあった。

同時に、『勝山記』には、「此年世中十分ニ超《(越カ)》タリ、惣而地《(大欠カ)》へ落ス程ノ物ハ一切吉」「世間富貴ナル事不及言説」とあり、この年の郡内が、近年にない豊作であることを示している。さらに「去程ニ六月導《(道)》者ハ十年ノ内ニハ無御富士《(ニ欠カ)》参詣申候」とあり、過去十年にないほどの富士参詣の道者が訪れたことを特書している。これら軍事的な緊張と豊年満作とが混ざり合う、郡内の諸郷村の異常ともいえる雰囲気の中で、刀工元近を呼び寄せ、領民の手によって刀を奉納したとする大澤氏の説[10]には、大いに共感できる。

また笛吹市某家の所蔵品は、富山県で発見されている。故に川中島合戦の折にでも、上杉方の手にわたったのではなかろうか。このように考えると、元近刀は、比較的早い時期に社から持ち出され、戦いに使われていたということになろう。著者は、そこにこそ元近刀の本質があるように思う。つまり元近刀は、奉納刀としての要素と諸郷村の共有品としての要素を持ち合わせているように思うのである。すなわち武器を持たない領民が、戦いに駆り出され、共有品としての元近刀を社から借り受けて出征したのではなかろうか。そこに、中世の社を中心とした諸郷村のありようがみえてくる。元近刀は、武田軍の本質を知る上で絶好の資料であり、今後の研究が大いに期待される。

本文の作成にあたり、故人となられた大澤良作氏・斎藤開三氏のご意見を参考にさせて頂いたことをここに記す。特に、大澤氏のご論文には感銘し、共感する部分も多くあった。まさに真実を知る数少ない一人であった。故にご生前にお目にかかれなかったことが、悔やまれてならない。両氏には、謹んでご冥福を祈る次第である。

また平成二十二年（二〇一〇）の御嶽神社の元近刀の撮影にあたり、大月市教育委員会の鈴木彰氏・刀剣研究室の小林仁志氏等多くの方々にお世話を頂いた。ここに謹んでお礼を申し上げる次第である。

【註】（1）大澤良作「駒橋元近考」（発行元・発表年不詳）
（2）山梨県大月市大月町駒橋。
（3）板目流れ心＝わずかに板目の地肌が流れてみえること。
（4）柾心＝わずかに柾目の地肌にみえること。
（5）互の目崩れ心＝わずかに互の目の刃文が崩れてみえること。
（6）註（1）に同じ。
（7）斎藤開三「駒橋元近奉納刀について」（『刀剣美術』一九八六年）
（8）註（1）に同じ。
（9）註（1）に同じ。
（10）註（1）に同じ。

十四　正行寺所蔵の兜

大宝山正行寺は、長野県松本市栗林にある古刹である。佐々木高綱[1]の四男明仙が建立したと伝えられ、戦国時代には、武田軍の信濃侵攻に伴って傘下に属し、共に石山本願寺を支援した。また寺伝によると、その一党が信濃先方衆として信玄に仕え、上伊奈（上伊那郡）に領地を与えられていたというが、

『甲陽軍鑑』『甲斐国志』等に記述がみられず、詳細は不明である。

この寺には、佐々木高綱所用の寺伝を持つ一頭の兜がある。平成二年（一九九〇）八月の信州旅行の折、長年の念願であった本兜を拝見し、その産な形姿に言い知れぬ感動を覚えた。

1　十六間《じゅうろっけん》阿《あ》古《こ》陀《だ》形《なり》筋兜《すじかぶと》

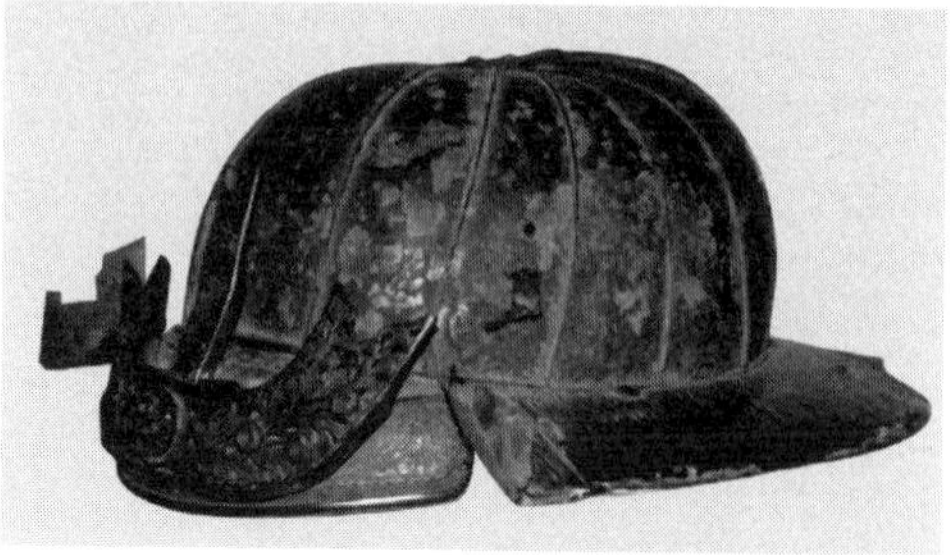

十六間阿古陀形筋兜

本兜は、一見して室町時代の末期の作と判る。俗に阿古陀形《あこだなり》と呼ぶ形状を示し、前後左右に大きく膨らむ兜鉢の姿が、当時渡来した阿古陀瓜《あこだうり》（金冬瓜）に似ていることから、その名が付けられた。

兜鉢《かぶとばち》は、十六枚の梯形の鉄板を矧ぎ合わせて作られ、錆止め程度に黒漆《くろうるし》が薄く塗られている。眉庇《まびさし》は、周縁に赤銅《しゃくどう》の覆輪《ふくりん》を廻らし、藍韋《あいかわ》で小縁《こべり》をとった溜塗の皺革《しぼかわ》で包み、色糸（配色不分明）を用いて細かく伏組《ふせぐみ》が施されている。鍬形台《くわがただい》は、赤銅に枝菊《えだぎく》の模様を透している。本兜の注目すべき点は、祓立《はらいだて》から鍬形台の右にかけて、鋭い太刀疵《たちきず》がみられる点である。ありし日の激闘を物語る疵痕であり、全国的にも稀な遺例であろう。

本兜は、八幡座《はちまんざ》や後勝鐶《こうしょうかん》（2）等を欠損しているものの、戦国時代から一度も手が入ることなく、今日に至ったことは誠に有難く、特に薫韋《ふすべがわ》の浮張《うけばり》を残すのは貴重である。近世になると浮張に布帛が用いられ、その多くに百重刺《ももえざし》(3)が施されている。中世初頭（平安・鎌倉時代）の兜は、鉢裏に直に韋《かわ》を張っていた。これ以降、戦いが打物へと変わると、衝撃を緩和するために頭から兜鉢を浮かせる浮張が生まれる。本兜にみられるように、当初の浮張は韋であり、これが天正（一五七三〜）のはじめごろに布に変わり、次第に精巧な百重刺が施されるようになるのである。

　鉢裏の前正中《まえしょうちゅう》に「春田宗次」の銘がみられる。宗次は、静岡県の浅間大社の色々威大袖にみられる春田光信と同派の甲冑師の一人と考えられる。春田宗次の銘は、室町時代の後期から江戸時代の前期にかけて、数代にわたり受け継がれたと考えられ、作品も多く残している。(4)その初期のものは、本兜のような粗製の阿古陀形の筋兜が多いが、中には桧垣総覆輪《ひがきそうふくりん》(5)を施す高級品もある。

　𩊱《しころ》は、鉢付板《はちづけいた》のみを残し、その札丈から元来は二段程度であったと想像される。板物《いたもの》の革着《かわぎせ》に黒漆を塗り、五行の素懸威《すがけおどし》であったことが判る。また毛立《けだて》の穴に残る糸片から黒糸威《くろいとおどし》であったことも判る。古くは濃い紺糸威《こんいとおどし》を黒糸威と呼んでいたが、室町時代の後期に新たに純黒の染めがはじめられた。これを、山城国八幡山下大谷の神人《じにん》がはじめたことから八幡黒《やわたぐろ》と呼んでいる。(6)本兜の威毛は、まさに八幡黒による黒糸威である。

　総体に黒一色の兜であるから、同じく黒一色の胴丸あるいは腹巻に付いていたのであろう。また𩊱が板物の革着であることから、胴は最上形式(7)とも考えられる。本兜の所用者が属した部隊は、いわゆる「赤備え」に対して「黒備え」とでも呼ぶべきであろうか。

　本兜は、いうまでもなく佐々木高綱の年代のものではない。また伝承どおりであるなら、高綱の子孫が戦国時代に用いたものであろう。いずれにせよ、実戦を物語る貴重な一品である。

本兜は、長野県下に伝わる兜の中で管見する限り最古のものである。これまで研究者の間でのみ知られてきた。いわば県下一の名冑であり、今後高い評価がなされることを期待したい。

【註】（1）平安時代末期から鎌倉時代初期の武将。源平の宇治川合戦で梶原景季と先陣争いをしたことで知られる。
（2）後勝鐶＝兜鉢の後にある小さな鐶。総角《あげまき》や笠印《かさじるし》等を結ぶために使う。
（3）百重刺＝布帛を用いて、中心部から螺旋状に刺縫を行いながら、兜鉢に合わせて半球形に絞って浮張を作ること。
（4）笹間良彦『甲冑師銘鑑』（刀剣春秋新聞社　一九七五年）
（5）桧垣総覆輪＝桧垣と覆輪を共に施す兜鉢の装飾。
（6）山岸素夫・宮崎眞澄『日本甲冑の基礎知識』（雄山閣　一九九〇年）
（7）最上形式＝着脱に際して四隅にある蝶番で開閉する胴の形式。

十五　大垣城所蔵の大袖

美濃国の大垣城（岐阜県大垣市）は、江戸時代に譜代の戸田家の居城として栄えた。明治六年（一八七三）に廃城となったが、天守など一部が残り、戦前まで国宝に指定されていた。しかし、昭和二十年（一九四五）の空襲により焼失した。現在、天守は鉄筋コンクリートによって復元され、その周辺は公園として市民の憩いの場となっている。天守の中は展示室として、戸田家ゆかりの品々が陳列されている。これらの中に半双の大袖をみることができる。

1　朱塗《しゅぬり》蝶番札《ちょうつがいざね》浅葱糸威《あさぎいとおどし》大袖《おおそで》 右半双《みぎはんそう》

本袖は、朱塗の蝶番札《ちょうつがいざね》[1]を用いる八段下がりの大袖である。九行の素懸《すがけ》の浅葱糸威とし、耳糸《みみいと》は、共糸を用い、畦目《うなめ》・菱縫《ひしぬい》は、共に略している。

冠板《かんむりいた》と裾板《すそいた》は共に金梨子地《きんなしじ》に塗られ、「丸ニ大文字」紋と「丸ニ二引」紋の蒔絵《まきえ》が交互に施されている。

化粧板《けしょういた》は、菖蒲韋《しょうぶかわ》で包み、唐草を透した出八双《ではっそう》に、蒔絵と同じ図案の墨入《すみいり》[2]の紋鋲《もんびょう》を交互に打っている。

さらに冠板の覆輪にも唐草の高彫が施され、すでに後世の手法が認められる。

本袖には、川中島合戦使用との伝承がある。しかし、勝頼の馬印が「白地の大文字」であり、蒔絵や紋鋲と図案が一致することと、二ケ所の弾痕《だんこん》がみられることから、著者は、かつて武田軍の長篠合戦にまつわる遺物として紹介した[3]。

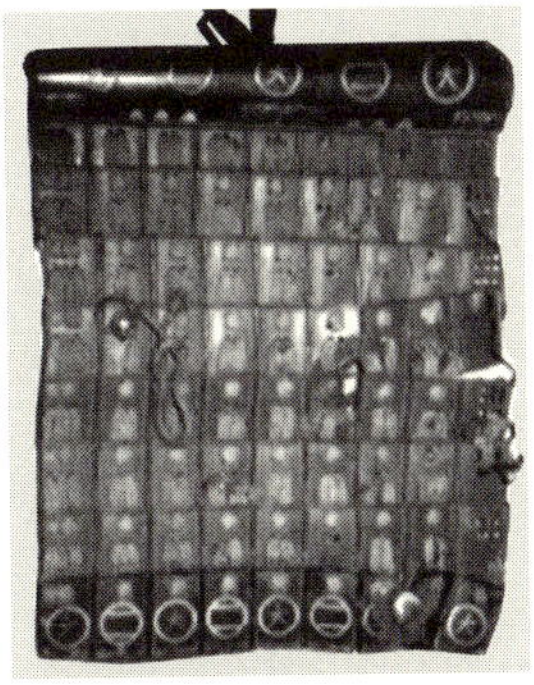

朱塗蝶番札浅葱糸威大袖

本袖は、『歴史読本』一九九〇年五月号（新人物往来社）でも紹介され、故芳賀実成氏は、その中で川中島合戦使用との伝承を重視するご意見を示された。

本袖は、大垣藩戸田家の家老である戸田家に伝来したものであり、その家祖は渋谷弥兵衛（永重）という。永重は、かつて上杉謙信の臣として、川中島第四戦に十五歳で初陣を果たし、この折に武田軍の武将から分《ぶん》捕《ど》ったものというのである。その後、永重は大坂の陣に武功があり、戸田氏鉄[4]の誘いにより、一族の女《むすめ》をめとって一門となった。すなわち同姓を名乗るものの、元来は別の系譜なのである。故に天正三年（一五七五）の長篠合戦のころは、いまだ上杉の臣であり、その参戦はあり得ないといわれるのである。

ここまでいわれると十分に納得してしまう。しかしながら、本袖のような形式のものを、永禄（一五五八～）のはじめごろのものとしてよいのかと氏に尋ねる。そして、いつごろのものと思うか、と逆に尋ねる氏。天正（一五七三～）のはじめごろが精一杯ではないかと答える。そのときに見せられた氏の微笑。思い出深い芳賀氏との甲冑談義のひとこまである。

【註】（1）蝶番札＝間に蝶番を入れて連動するように作られた板物。
（2）墨入＝メッキした金物の図案にめりはりをつけるために墨で黒く描き入れること。
（3）三浦一郎編『武田信玄―その武具と武装―』（私家版　一九八七年）
（4）安土桃山時代から江戸時代前期の武将。寛永十二年（一六三五）に大垣藩主となる。

十六　一乗寺所蔵の薙刀

庵原山一乗寺は、静岡市清水区庵原町にあり、もともと駿河今川家の臣下である庵原氏が開基した臨済宗の寺院であった。しかし、永禄三年（一五六〇）の桶狭間合戦以降、庵原氏と共に疲弊し、これを朝比奈駿河守（信置）が曹洞宗に転じて中興開基した[1]。朝比奈信置は、今川家の重臣である朝比奈家の庶流の臣下であり、天文十七年（一五四七）の小豆坂合戦(2)で功が認められ、主君である義元から感状を受けるほどの勇将として知られていた。(3) 永禄十一年（一五六八）、武田軍の駿河侵攻に際して従属し、これ以降、駿河先方衆の筆頭として百五十騎を有して活躍した。(4) かつて当寺には、この信置が所用した薙刀が什物の一つとして所蔵されていた。

1　薙刀銘

堤中納言兼輔卿後苗朝比奈駿河守藤原信置所持永禄六年於遠州引
間口自斬小山六郎兵衛尉
祖彦深津大膳助藤原正房写　文所持　延宝三年　舛十一月吉辰武
蔵大掾藤原是一写之

現在一乗寺にある薙刀は、延宝三年（一六七五）に、信置の孫にあたる駿府奉行の深津正国（正房）が原資料をもとに、刀工の武蔵大掾（石堂）是一に鍛えさせて奉納したものである。その銘文によると、永禄六年（一五六三）に遠州引間口(5)で、この薙刀を使って自ら小山六郎兵衛尉を斬ったとある。

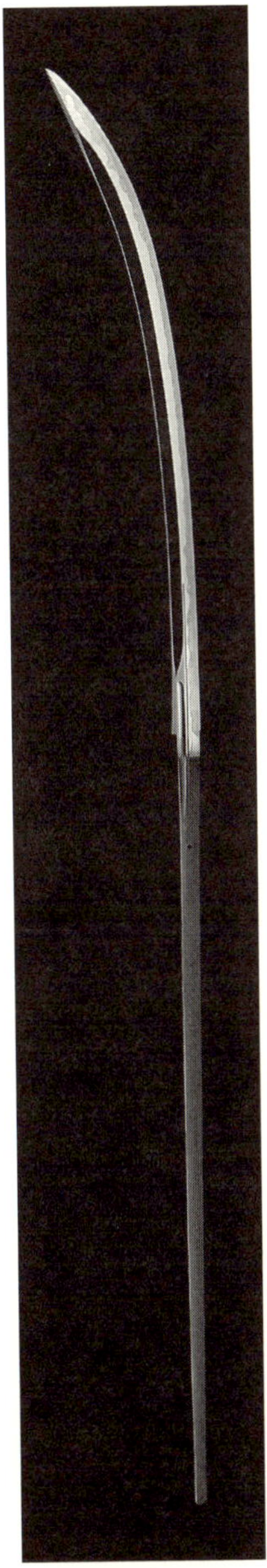

朝比奈信置
所用写 薙刀

永禄三年（一五六〇）、今川義元が桶狭間合戦で討ち死すると、その領内に大いなる激震が走った。それは、松平元康（後の徳川家康）が岡崎城に独立するなど、今川家中に離反する者が続発したからである。そして引馬城[6]の城主である飯尾豊前守（連竜）もその一人であった。そこで、今川家を後継した氏真は、これを鎮圧するために信置を差し向けた。実は、信置と飯尾連竜は義兄弟であり、その思いは複雑であったろう。

永禄六年（一五六三）閏十二月十六日、信置は敵将の一人である小山六郎兵衛尉を討ち取った功により感状を与えられた[7]。小山六郎兵衛尉の詳細は不詳であるが、恐らく今川家中に名を連ねた勇将であったと考えられる。そして原資料の薙刀は、このときに使われたのであろう。その激闘を想像すると、刀身にも相当の傷みが生じていたと思われる。寺伝によると、原資料は深津家が持ち去り、かわりに銘文をきった本刀が奉納されたとある。

刃長二尺一寸五分、反り一寸六分とする堂々たる形姿である。刀身には、薙刀樋と添樋が彫られ、匂口も締まり、よくつんだ小板目肌に丁字を主にした刃文が鮮やかである。これらを見ると、信置が所用した原資料は、鎌倉時代から南北朝時代にかけてのものであり、恐らく備前伝の刀工による作刀と思われる。

永禄十一年（一五六八）十二月、満を持した武田軍はいっきに駿河に攻め込んだ。今川軍も迎撃態勢をとるが、武田軍の将・馬場美濃守（信春）らの活躍により粉砕された。氏真は、駿府館を捨て、わずかな手勢を率いて掛川城[8]へ逃れた。このとき信置は、瀬名・葛山・三浦等の今川家重臣と共に信玄にねがえり、以降は庵原城の城主として庵原郡西部を領することになる。さらに天正三年（一五七五）には、朝比奈家嫡流の泰茂より名跡を譲り受け、嫡男である信良がその惣領の地位に就いた。同十年（一五八二）、武田氏滅亡に際して、信置は徳川軍に居城を追われて蒲原城[9]に退去したが、その落城と共に誅殺されたといわれている。[10]まさに陰謀うずまく戦国の世に生きた信置の墓も一乗寺の境内にある。

本刀は、県下に残る数少ない地元ゆかりの刀剣資料であり、今川家中の抗争と甲斐武田氏による駿河の実効支配を象徴する一品といえよう。なお本文の作成にあたり、静岡大学の小和田哲男氏にご教授頂いた。ここに謹んでお礼を申し上げる次第である。

【註】（1）第一五回特別展『駿河の武田氏』（藤枝市郷土博物館 二〇〇〇年）

（2）三河国額田郡小豆坂（愛知県岡崎市）で今川軍と尾張の織田信秀との間に生じた戦い。

（3）佐野明生『一乗寺史』（『一乗寺史』刊行委員会 一九九一年）。感状には「朝比奈藤三郎」とある。

（4）柴辻俊六編『武田信玄大事典』（新人物往来社 二〇〇〇年）

（5）静岡県浜松市中区元城町のあたり。

（6）静岡県浜松市中区元城町にある平城。家康の侵攻以後は浜松城と改名した。

（7）註（3）に同じ。感状には「朝比奈右兵衛大夫」とある。

（8）静岡県掛川市掛川にある平山城。

（9）静岡県庵原郡蒲原町蒲原にある山城。

（10）註（4）に同じ。

十七　長福寺の宝物

龍源山長福寺（長野県木曽郡木曽福島町）は、大宝二年（七〇二）に建立したといわれる、信州木曽路の名刹《めいさつ》である。隣接する興禅寺と共に木曽家の菩提所として栄え、江戸時代には木曽代官山村家の菩提所となる。境内には、初代義仲をはじめ十三代豊方・十六代義元等の墓碑、そして十九代義昌が義父武田信玄の遺徳を偲び、建立したと伝えられる墓碑がある。

当寺は、文禄三年（一五九四）・嘉永三年（一八五一）・昭和二年（一九二七）と三度の火災に遭い、寺宝のほとんどを焼失した。しかし、明治十三年（一八七九）に撮影された古写真に、これ以前に所蔵していた武具・馬具等の宝物がみられ、実に興味深い。何分にも不鮮明な写真であるため、判りにくい部分も多々あるが、順を追って検証していきたい。

長福寺に残る古写真

まずは二組の馬具（付録「馬具の歴史とその名称」参照）からみていきたい。便宜上、右を鞍①とし、左を鞍②とする。どういうわけか①②は共に鞍山《くらやま》を後向きにして飾られている。その形状から義元所用とする鞍①は水干鞍《すいかんぐら》、義昌所用とする鞍②は布袋鞍《ほていぐら》と思われる。

水干鞍は、各時代を通して形姿をほとんど変えていない。故に年代の特定が難しいことは前述のとおりである。しかし、鞍①をよくみると、近世のものよりやや太く作られている感がする。故に義元所用とするのはどうかと思うが、室町時代のものである可能性があるように思われる。鞍②の中央には、桐文を透す紋轡《もんぐつわ》(1)がみられる。紋轡を用いるのは室町時代の後期以降であり、故に馬具②の義昌所用とする伝承も十分に頷けよう。

①②二組の鐙《あぶみ》(2)は、この写真からは詳細不明な点も多く、年代を特定することは難しい。しかし、正面の渡《わたり》(3)と呼ぶ部分が、近世のものよりやや長い感があり、これらも室町時代のものである可能性があるように思われる。そして、注目すべき点は、共に尾錠《びじょう》(4)の釘を内側にして飾られている点である。

鐙の展示は、各地の馬具展や武具展で盛んに行われている。しかし、その左右、つまり展示に際して尾錠の釘を外にするか、内にするか、一貫性がみられないのである。前者は釘が外にあるため、居木《いぎ》からとる力革《ちからがわ》(5)に掛け易い。この場合、力革の先端にある茄子革《なすびかわ》(6)が、釘によって持ち上がり、鐙に足を掛けて行動するのに不都合に思われる。

そこで後者をとるわけだが、使い込んだ鐙をよくみると、釘側が反対側に比べて擦れているのが判る。さらに足を置いた位置をみると、踵《かかと》から釘の反対側に延びているのが判る。そして正面に施す蒔絵や象眼の図案は、その左右を示す根拠となろう。この場合、前者に比べると力革に掛けにくいことは事実である。しかし、元来は鐙を逆さに持って釘を外にして掛けるのである。(7)このようにすれば、後者の不都合はなくなる。いずれにしても、①②の鐙はその左右をよく示しているといえよう。

次に「巴御前の薙刀」をみたい。刃長二尺余はあろうか。江戸時代の薙刀とはまったく異なる形姿を示し、身幅もほぼ一定で先ほどやや広く作られた感がある。こうした形姿のものを長巻《ながまき》とも呼び、平安時代以降に長柄武器として盛んに使われた。本品は、その形姿から、少なくとも巴御前の時代とするのは無理であるように思われる。やはり室町時代とするのが妥当ではあるまいか。

次に右端の甲《よろい》をみたい。これには義仲所用との伝承がみられる。やや細かい本小札《ほんこざね》を用いる腹当《はらあて》[8]と思われる。前立挙《まえたてあげ》二段・長側《ながかわ》三段・草摺《くさずり》は前一段のみがみられる。腹当は、松浦資料館（長崎県平戸市）蔵の「紅糸威腹当」（重文）が著名である。これをみると草摺を前二段、両脇を一段としている。本品は、すでに一段目が菱縫板《ひしぬいいた》[9]のようであり、威毛《おどしげ》が切れた様子もみられない。故に当初から一段であったと思われる。また威毛に濃淡がみられない点や柔軟な感がある点から、単色の糸威《いとおどし》[10]と思われる。金具廻《かなぐまわり》の形状も室町時代の後期の定形で、胸板から高紐《たかひも》をとる三孔式の穴もはっきりみえる。その前に置かれているのは篠籠手《しのごて》[11]であろうか。いずれにせよ、義仲の時代とするのは無理なようである。

最後に中央に横たわる「義仲の陣太鼓《じんだいこ》」をみたい。直径三尺はあろうか。堂々たる胴長の大太鼓《おおだいこ》である。近世の大太鼓は胴の中央を太く作るが、本品はほぼ同寸にみえる。また荒く削られた地肌《じはだ》や中央に打たれた鐶《かん》の座金《ざがね》は、実に素朴な作柄をみせる。その大きさから想像して、城や館の門などに備え付けられていたものと思われる。本品の製作年代についてであるが、詳細が不明な点も多く、必ずしも明らかなことはいえない。しかしながら、義仲の時代とするのは無理であるように思われる。むしろ、他の遺物と同じく、室町時代のものとするのが妥当ではなかろうか。

以上、長福寺旧蔵の宝物について、一枚の古写真から判る限りを述べてきた。これらの遺物は、主に室町時代のものと推定され、馬具②の所用者とされる義昌あたりの年代とするのが妥当に思える。

義昌は、姻戚関係を通じて武田氏と結び、穴山・望月・葛山・仁科等の各氏と並び親類衆に属した。武田氏の傘下として木曽谷での勢力を盤石なものに築き上げた。これらの遺物は、木曽氏の威勢を示すのにふさわしく、故にその焼失が惜しまれる。

本文の作成にあたり、長野県木曽郡日義村の郷土史家・故田中健治氏にお世話を頂き、馬具の研究にも精通しておられた故佐藤敏夫氏のご助言を参考にさせて頂いた。ここに謹んで両氏のご冥福を祈る次第である。

【註】(1)紋轡＝各種の紋をあしらう轡。
(2)鐙＝馬具の一種。鞍の左右に吊り、乗馬に際して足をかける道具。
(3)渡＝鐙の本体と尾錠を繋ぐ部分。
(4)尾錠＝鐙の上端にあり、力革の穴に釘を刺して留める部分。
(5)力革＝馬具の一種。居木から取り、左右の鐙を吊る革製の道具。
(6)茄子革＝力革の片方にあり、尾錠を覆う茄子のかたちの革の部分。
(7)笹間良彦『図説 日本合戦武具事典』(柏書房 二〇〇四年)
(8)腹当＝中世甲冑の形式の一種。前胴だけで構成され、腹から両脇までを覆い、草摺は三間あるいは一間とする。下級士卒や最も軽便な武装に用いた。
(9)菱縫板＝菱縫を施した小札板。逆板にもみられるが、主に裾板の意味とする。
(10)糸威＝糸(組紐)を使った威毛。
(11)篠籠手＝下腕部に篠竹に似た細長い板を用いる籠手。

十八　望月家所蔵の兜と腹巻

『甲冑武具研究』一一八・一一九号（一九九七年）に衝撃的ともいえる論文が発表された。それは、竹村雅夫氏による「甲州に遺存した新知見の古甲冑―望月家の甲冑と周辺の諸問題―」と題する論文である。そこに掲載された遺物の写真を拝見し、産《うぶ》な形姿に言い知れぬ感動を覚えた。その後、何度も氏にこれらの遺物を拝見したい旨を伝えたが、互いの日程の調整がつかず、宙に浮いたかたちになっていた。

平成十七年（二〇〇五）七月、氏から電話を頂き、山梨県北杜市の長坂郷土資料館で開催される特別展「北杜・山梨ゆかりの鎧」に、望月家の甲冑が出品されるとの情報を頂けた。翌月二十一日、八年余の歳月を待ち侘びた念願の達成である。

望月家は、山梨県南巨摩郡早川町で宿坊を営む旧家である。元来は信州の名族である滋野一党の望月氏であるが、文永十一年（一二七四）にこの地に移り住んだ。早川町は、身延山麓を流れる富士川の支流・早川に面した山間の地である。甲州河内領に属し、戦国時代には武田・穴山両氏によって金や木材の産地として開発され、また身延山や七面山の信仰の地としても栄えた。故に望月家は、武田・穴山両氏の傘下に属す土豪として、これらの産業に従事していたと考えられる。

天正十年（一五八二）三月に武田氏滅亡。同六月、織田信長が本能寺の変にたおれる。泉州堺の穴山梅雪斎（信君）のもとに、この一報が届くや否や急ぎ帰国しようとするが、その途中に山城国宇治田原[1]で一揆勢に殺害された。後継者となっていた勝千代も同十五年（一五八七）に死亡し、事実上、穴山氏

桃形兜

同（背面）

は絶家となった。この時点で望月家も帰農したと考えられる。主題のとおり同家には、これ以降使われなくなった兜・腹巻他が今も伝えられている。

1　桃形兜《ももなりかぶと》

本兜は、文字通り桃の形の兜である。簡易兜の一種であり、左右二枚計四枚の鉄板によって形成されている。法隆寺（奈良県生駒郡斑鳩町）の西円堂《さいえんどう》の所蔵品と共に、最も原初的な形状を示すものとして注目される。ふつうこの手の兜には、腰巻《こしまき》(2)があるが、本兜にはみられない。故に矧板《はぎいた》(3)に直接眉庇《まびさし》や鞠が付くかたちとなる。

眉庇は、角張った眉形《まゆなり》(4)に作られ、同形の眉庇を有するものに上杉神社・高岡神社（高知県高岡郡窪川町）等の頭形兜《ずなりかぶと》がある。また『集古十種』にも、これに似た額金《ひたいがね》(5)がみられ、本兜の古式を示す特徴の一つといえよう。

浮張《うけばり》は欠損し、鉢裏《はちうら》の左右後に忍《しのび》の緒《お》をとる力金《ちからがね》(6)がみられる。ふつう簡易兜の忍の緒は、革あるいは紐の根緒《ねお》(7)からとるが、力金を用いることは珍しく、これも古式を示す特徴の一つといえよう。また右側の力金には、麻の芯を麻布で包んだ丸絎《まるくけ》(8)の忍の緒の一部を残している。

黒漆による塗装は所々剥落《はくらく》し、鉢の先端部の錆が深く、突起部分が欠けている。

鞠は、笠状の開いた一枚鞠《いちまいじころ》(9)であり、左右二枚の鉄板を真後で小鋲《こびょう》(10)で繋いで作られ、磨白檀《みがきびゃくだん》(11)の塗装が施されている。その上部に、二孔一組の小穴《こあな》を十二ケ所廻らし、鎖《くさり》あるいは伊予札《いよざね》で作られた内《うち》鞠《じころ》(12)を付けていたと思われる。また下部の周縁には、内側に向けてわずかに捻返《ひねりかえし》(13)がみられる。吹返《ふきかえし》は、鞠のラインに対して垂直に立ち上がり、桜を思わせる五弁の花を透《すか》している。そこに金箔《きんぱく》を押した痕跡が認められ、同じく眉庇にも金箔の痕跡が認められる。

総体に軽量で簡素な作りでありながら実用性にとんだ作柄をみせる。これらをみる限り、本兜は明らかに近世のものではない。その製作年代は中世の極末、永禄(一五五八〜六九)から天正(一五七三〜)のはじめごろにかけてのものと推定されよう。

【註】(1)京都府綴喜郡宇治田原町。
(2)腰巻=兜鉢の下縁を帯状に巻いて鋲でかしめ、留めた板。
(3)矧板=兜鉢を形成する鉄板あるいは革板。
(4)眉形=眉のかたち。浅野誠一『兜のみかた』(雄山閣 一九七六年)によって提唱された語。
(5)額金=額の形状に合わせて打ち出した鉄板や革板を縫い付けた鉢巻。
(6)力金=忍の緒をとるために兜鉢下部の内側に設けた鐶。
(7)根緒=忍の緒をとるために兜鉢下部の内側に設けた綰。
(8)丸絎=絎紐の一種。中に芯を入れて断面を丸く作った絎紐。
(9)一枚鞠=鞠の簡略化を目的に作られた一段だけの鞠。

(10) 小鋲＝鉄で作られた小さな鋲。
(11) 磨白檀＝漆の塗り色の一種。鉄板を磨いた上に透漆を塗り、白檀塗のように赤くメタリック状にみえる塗り色。白檀磨とも呼ぶ。透漆＝不純物を取り除いた透明に近い漆。
(12) 内鞆＝本来の鞆の内側にもう一つ付けた鞆。
(13) 捻返＝縁に合わせて小さく折り返した部分。

2　色々威腹巻《いろいろおどしはらまき》

本腹巻は、白・紅・浅葱の三色の色糸と洗韋《あらいがわ》(1)で毛引《けびき》に威した色々威の腹巻である。前立挙《まえたてあげ》二段・後立挙《うしろたてあげ》二段・長側《ながかわ》三段・草摺《くさずり》は五間の五段下がりとする仕立である。前後の立挙と草摺には本小札《ほんこざね》を用い、長側には小札頭《こざねがしら》(2)の伊予札《いよざね》を用いて形成されている。

色々威腹巻

耳糸《みみいと》には亀甲打《きっこううち》、畦目《うなめ》には啄木打《たくぼくうち》をそれぞれ用い、菱縫《ひしぬい》は朱漆《しゅうるし》による描菱《かきびし》である。金具廻《かなぐまわり》には、重厚な鉄板を用い、周縁に鍍金《ときん》の覆輪《ふくりん》を廻らしている。八双鋲《はっそうびょう》は、座金《ざがね》のない八重菊《やえぎく》の単鋲《たんびょう》とし、所定の位置に打つべき小桜鋲《こざくらびょう》は略されている。包韋《つつみがわ》は、脇板《わきいた》に残存する韋《かわ》から、色糸(配色不分明)で細かく伏組《ふせぐみ》を施し、五星赤韋《ごせいあかがわ》で小縁《こべり》をとる藻《も》獅子文韋《じしもんがわ》であったと思われる。また左の高紐《たかひも》には、産《うぶ》の源氏《げんじ》打《うち》の紐を残し、鍍金を施す笠鞐《かさこはぜ》(3)・責鞐《せめこはぜ》(4)を共に残している。胴裏《どううら》は、一段ごとに黒塗の馬革《ばかわ》で包んでいるが、各段の綴付がみられず、足掻胴《あがきどう》(5)の状態である。

以上が本腹巻の概要である。四色を用いる威毛・座金のない単鋲・朱漆による描菱等は、浅間大社旧蔵の壷袖《つぼそで》(三六頁参照)によく似ている。これらのことから、本腹巻は一見して古様であるかにみえる。ともすると南北朝時代あるいは室町時代の前期という年代を思わせる。しかし、近年になって中世の遺構の発掘調査が進み、新たに幾つもの資料が発見された。

一乗谷朝倉氏遺跡(福井県福井市)から、描菱を施す大袖が出土している。(6) また端谷城跡(兵庫県神戸市)からは、本腹巻とほぼ同形(本小札と伊予札の混合・座金のない八重菊の単鋲・描菱等)の腹巻がまとまって十領も出土している。(7) 前者は天正元年(一五七三)に織田軍によって攻め滅ぼされ、後者は同八年(一五八一)に同軍の羽柴秀吉が破却したと伝えられる。(8) これらは実年代を示す資料であり、発掘された甲《よろい》がいまだに現役として使われていたことになる。

これらのことを考えると、本腹巻が南北朝時代あるいは室町時代の前期のものであるとはとてもいい難い。むしろ武田・穴山両氏が隆盛を極めた時期のものとみる方が妥当に思える。故に著者は、本腹巻を天文(一五三二〜一二三)から永禄(一五五八〜六九)にかけてのものと推測するのである。これに同じく浅間大社旧蔵の壷袖もほぼ同時期のものとみるのである。

【註】(1) 洗韋=白い鹿のなめし革。
(2) 小札頭=伊予札や板物の札頭を小札が並んでみえるように切ること。

（3）笠鞐＝中央が太くて細長く紐を通すための穴が二つあけられた鞐。
（4）責鞐＝笠鞐が外れるのを防ぐために押え止める鞐。
（5）足掻胴＝上下に伸縮する胴。
（6）企画展図録『戦国大名朝倉氏』（福井県立一乗谷朝倉氏遺跡資料館 二〇〇二年）
（7）「端谷城現地説明会資料」（神戸市教育委員会 二〇〇五年）
（8）註（7）に同じ。

以上、望月家に残る兜と腹巻について述べてきた。同家には、他に異形の喉輪をはじめ壷袖・伊予佩楯・脇引等の残欠・鎧櫃《よろいびつ》・鏃《やじり》、それに多くの文書が残されている。今後、これらの研究が進み、武田・穴山両氏と望月家との関わりがいっそう解明されることを期待したい。また同家に残された遺物の文化財としての評価はいうまでもあるまい。

尚、本文の作成にあたり、竹村雅夫氏には多大なるご教授を頂いた。氏には、この場にてお礼を申し上げる次第である。

十九　諏方大祝《すわおおほうり》家伝来の胴丸

平成六年（一九九四）五月十五日、諏訪市博物館（長野県諏訪市）で開催された「高島藩甲冑武具展」を見学した。そこで、思いもよらぬ古胴丸の発見に絶叫した。一週間後の同二十二日に再調査のために中央自動車道をとばした。

古代より諏方（大）社の頂点に立つのが、諏方一族の長《おさ》の大祝《おおほうり》である。本胴丸は、この諏方大祝家に伝来したものである。

天文十一年（一五四二）六月、信玄（当時は晴信）は南信濃の高遠頼継と結託して諏方頼重を攻める。頼重は、信玄の誘いに応じて、甲府板垣の東光寺に幽閉され、間もなく切腹させられた。次いで弟の大祝頼高も殺害され、事実上、正統諏方氏はここに断絶する。信玄は、頼重の女《むすめ》との間にもうけた勝頼に「諏方四郎」と名乗らせ、諏方氏を継がせた。大祝職は、これとは別格であり、当時頼重の従兄弟であった諏方頼忠が就いていた。

紅糸威胴丸 広袖付

1 紅糸威胴丸《くれないいとおどしどうまる》（広袖付《ひろそでつき》）

本胴丸は、一寸に六枚の小札《こざね》を用いる、いわゆる奈良小札《ならこざね》で形成された胴丸である。前立挙《まえたてあげ》二段・後立挙《うしろたてあげ》四段・長側《ながかわ》五段・草摺《くさずり》は十一間の五段下がりとする仕立である。威毛《おどしげ》は、毛引《けびき》の紅糸威《くれないいとおどし》、耳糸《みみいと》と畦目《うなめ》には、共に白・浅葱・紺の三色の色糸を組み交ぜた啄木打《たくぼくうち》、菱縫《ひしぬい》には、紅糸をそれぞれ用いている。金具廻《かなぐまわり》は、すべて金梨子地《きんなしじ》に塗られ、諏方家の家

紅糸威広袖

紋である「一枚梶の葉」の蒔絵《まきえ》が施されている。また小桜鋲《こざくらびょう》を打つ位置に山銅《やまがね》の丸鋲《まるびょう》を打ち、周縁に同じく山銅の覆輪《ふくりん》を廻らしている。裏側は、黒塗の馬革で包まれ、その欠損部分から「大」と刻字と蒔絵の指示と思われる「かちのは」の朱書が認められる。この「大」あるいは「一」「上」等の刻字は、南都(奈良)の甲冑の高級品にみられ、いわばそれを示すために甲冑師が使った符号と考えられる。(1)

八双鋲《はっそうびょう》は、座金《ざがね》のない鍍金《ときん》に墨入《すみいり》の「一枚梶の葉」の紋鋲《もんびょう》が各一点みられ、総角鐶《あげまきかん》にのみ山銅に唐草を透した座金がみられる。そこに結ばれた総角《あげまき》も産のまま残し、紫の丸唐打《まるからうち》を用いている。肩上《わだかみ》は、革で作られているが、金具廻と同じく金梨子地に塗られ、中央の幅がやや広く作られている。高紐《たかひも》には、すでに懸通《かけとおし》(2)の手法がみられ、右後部に白・浅葱・紺の三色の色糸を組み交ぜた源氏打の紐の一部を残している。

袖《そで》は、一見すると当世袖《とうせいそで》(3)のように上下同寸にみえるが、一段ごとに小札を一枚ずつ増しているため裾に向けてわずかに広く、湾曲した形状を示すことから広袖《ひろそで》と呼ぶべきであろう。低く作られた折冠《おりかんむり》には、二孔一組の鵐目《しとどめ》を施す袖の緒を取る穴が前後中にみられ、胴・草摺と同作の七段下がりとする仕立である。化粧板《けしょういた》は、菖蒲韋《しょうぶかわ》で包まれ、胴の八双鋲と同じ「一枚梶の葉」の紋鋲が前後中に各一点みられる。また上から三段目に総角鐶の座金と同じ山銅に唐草を透した笄金物《こうがいかなもの》がみられ、さらに同紋を頭にした水呑鐶がみられる。ふつう七段下がりの広袖は、上から四段目に水呑鐶を打つことが多く、本胴丸の袖のように三段目に打つことは珍しい。

以上が本胴丸の概要である。その威毛・前後の立挙の段数・肩上や金具廻の形状・草摺の間数・耳糸や畦目の色目等、すべて浅間大社の胴丸①（一九頁参照）と同じである。その兜①（二〇頁参照）には、元亀三年（一五七二）の年紀が認められる。故にこの年の遠江・三河の遠征に向けて勝頼が新調し、浅間大社に奉納したものと思われる。

両甲は、いずれも室町時代の末期のものと推定される。この時期は、胴丸・腹巻が一年一年めざましく変化し、徐々に当世具足（近世甲冑）化していった時期である。そこで、より厳密に検証すると、肩上に懸通がみられる点、小桜鋲が丸鋲に変わっている点、さらに長側が五段である点、胴の形姿が樽形である点等の理由から、当世具足化がいっそう進んだ本胴丸の方が、浅間大社の胴丸①よりわずかながら年代が下るように思われる。

昭和十年（一九三五）に編纂された財団法人諏訪徴古会の『大祝家資料目録』によると、出典は不詳であるが、本胴丸の記述として「諏訪《方》小太郎着用」とみられる。「小太郎」は、諏方家では通称であり、歴代の多くが名乗っている。室町時代の後期から安土桃山時代にかけて「小太郎」を名乗ったのは頼忠・頼水の父子である。父の頼忠は、天文十三年（一五四四）の生まれであり、子の頼水は、元亀元年（一五七〇）の生まれである。

頼水は、天正五年（一五七七）にわずか七歳にして大祝即位式に臨んでいる。その後、父頼忠と共に天正十八年（一五九〇）の小田原の陣に参加し、一時は上野国に領地を与えられたが、慶長六年（一六〇一）に諏方に帰り咲いて初代高島藩主となった。

本胴丸の製作年代は、先の検証の結果から浅間大社の胴丸①より、明らかに年代が下ると思われる。そこで著者は、いっそうの年代特定のために、胴丸から当世具足に至る変遷《へんせん》経緯の中で、特に前後の立挙と長側の段数の加増に注目した。

これを考えると、最初に段数を加増したのは、浅間大社の胴丸①にみられるように後立挙であったことが判る。その遺物として、他にも天正二年（一五七四）に織田信長が上杉謙信に贈った東京某寺蔵「金小札色々威胴丸」（重文）がある。次に前立挙の段数を加増したと考えられ、遺物として浅間大社の胴丸③（二七頁参照）・致道博物館（山形県鶴岡市）蔵「色々威胴丸」（重文）・清水神社（岐阜県揖斐郡揖斐川町）蔵「茶糸威胴丸」（県文・二三八頁参照）等がある。その次に長側の段数を加増したと考えられ、遺物として美和神社の丸胴（一二二頁参照）あるいは前田育徳会（東京都目黒区）が所蔵する丸胴（重文）があり、これらは同時に金具廻の形状まで変わっている。この変遷の過程の中で、長側の段数を前立挙より先に加増した遺物は管見する限り本胴丸のみである。

またこれ以前の遺物に長側の段数を加増した例がある。それは、厳島神社（広島県廿日市市）蔵「浅葱綾威大鎧」（国宝）・春日大社（奈良県奈良市）蔵「赤糸威竹雀金物大鎧」（国宝）・大山祇神社（愛媛県今治市）蔵「赤糸威胴丸鎧」（国宝）等である。これらは、いずれも鎌倉時代の後期から南北朝時代にかけてのものであり、すべて長側の段数を五段にしている。しかし、この時期のものに、立挙の段数を加増した例は管見する限りみられないのである。むしろ立挙の段数の加増は、元亀（一五七〇～七二）から天正（一五七三～九二）にかけての、特有の変化とみるべきではなかろうか。つまり長側の段数の加増は、所用者や奉納者の体型や体格に応じて、中世を通じて行われていたのではなかろうか。

次に胴の形姿が樽形になっている点であるが、これは本胴丸の現在の展示の仕方に問題がある。つまり引合の部分が十分に重なっていないため、胴が膨らんで見えるのである。そこで本来の胴のラインを求めると、馬手側のラインも射向側のラインに合わせるべきであろう。これにより胴がかなり腰で引き締まって見えるようになる。(4) すなわち本胴丸は長側を五段として草摺を五段とするが、長側を四段として草摺を六段とする浅間大社の胴丸①と総段数は同じである。そこに小札物《こざねもの》と板物《いたもの》の違いはあるが、その形姿は酷似しており、まさに「瓜二つ」といえるのではなかろうか。

天正十年(一五八二)の武田氏滅亡以降、諏方氏は、一時的に織田氏の傘下に属すが、本能寺の変の後に河尻・北条・徳川等の各氏と抗争を繰り広げることになる。これ以降の段階で、前立挙を二段にした旧式の胴丸を、贅を尽くして作らせたとは思えない。また耳糸や畦目にみられる白・浅葱・紺の三色の色糸を組み交ぜた啄木打は、武田氏関係の甲冑に多くみられる。しかし、他は西国の地域性の強い遺物にしかみられない。これらのことと、本胴丸が浅間大社の胴丸①に酷似していることを踏まえると、その製作年代は天正(一五七三〜九一)の比較的早い時期とみるのが妥当ではあるまいか。つまり諏方が武田氏の傘下に属し、その影響を多分に受けていた時期のものと思うのである。

頼水は、天正十年(一五八二)に十二歳になる。本胴丸は成人用であり、とても着用できる体格とは思えない。故にその父頼忠が所用者としてふさわしいように思うのである。その後、頼水・弟の頼広を通じて子孫となる諏方大祝家に受け継がれたと考えられる。

本文の作成にあたり、下諏訪町の歴史民俗研究家の田中薫氏・諏訪市博物館館長の亀割均氏にご教授並びにご協力を頂いた。あわせて竹村雅夫氏による論文「甲武雑俎(七) 諏訪大祝家伝来―紅糸威胴丸―」（『甲冑武具研究』一二九号・二〇〇〇年）を参考にさせて頂いた。以上の三氏には、この場にてお礼を申し上げる次第である。

【註】（1）宮崎隆旨『奈良甲冑師の研究』（吉川弘文館 二〇一〇年）
（2）懸通＝押付板から肩上の先端まで通す高紐の取り方。
（3）当世袖＝袖の一種。当世具足に付く上下同寸でやや湾曲した形状を示す小型の袖。
（4）佐藤邦俊氏によるご教授より。

むすびに

以上、甲斐武田氏とそれに関わる軍団の武具として、著者が確認した限りを述べてきた。しかし、この他にもいろいろな話を耳にする。東北地方の某家には、武田軍の将として長篠合戦に参加した岡林四郎右衛門（隆茂）が、後になって作らせた突盔《とっぱい》形兜があり、自らの体験をもとに鉄砲の威力を試した弾痕が認められる。また米国メトロポリタン美術館には、八双鋲に花菱紋の紋鋲を用いる胴丸があり、その詳細は不明であるが、形式や形態から室町時代の末期のものと判る。故に甲斐・若狭・安芸のいずれかの武田氏に関わるものとして実に興味深い。さらに甘南備寺（島根県江津市）に伝わる大鎧は、その重厚な作柄から、これこそが真の「楯無」であるという説もある。甲斐源氏の一党である小笠原家に伝来し、平安時代の後期を代表する優品であり、これもまた興味深い一品である。

本章の作成にあたっては、実に多くの遺物を調査した。中でも諏方大祝家の胴丸は、その最たるものである。以前からこの地域は注目していたが、織田信長の侵攻という難を逃れ、平成の世まであれほどの名品が隠れていたとは、まさに信じ難い話である。

次いでは望月家の所蔵品である。県下唯一の信玄の年代までさかのぼることができる戦国時代の甲冑資料であろう。これが残された地が穴山領河内ということから、徳川家康の関与もあったと想像される。著者も、難を逃れた遺物がある可能性を視野に入れていた。故に今後の調査にも十分に期待ができよう。

両者は共に他に流出することなく、地元に残った貴重な資料であり、この点においても文化財としての高い評価がなされることを期待したい。

第二章　武田軍団の軍装

はじめに

武田三代（信虎・信玄・勝頼）と呼ぶ年代は、我国において中世から近世に移行する過渡期にあたり、いわば激動の年代といえよう。群雄割拠の戦乱の世にあって、武田氏は戦国大名各氏と抗争を繰り広げ、その戦歴には輝かしいものがある。鉄炮《てっぽう》の伝来、槍《やり》の多用化という攻撃兵器の大変革、攻城戦の発展と増大化、大軍を擁しての団体戦の増加等々、武田氏を取り巻く戦況は激化の一途をたどる。その中で武田軍団は、いかなる軍装をし、いかなる戦闘を行っていたのであろうか――。

これまでにも武田氏の研究は盛んに行われ、名著と呼ぶものが数多く出版された。しかし、そのほとんどが文献・古文書を中心にした研究であり、軍装あるいは戦闘法について、今一つ掴みきれない感があるように思う。そこで著者は、武田家当主あるいはその軍団が用いた、武具の研究に着目したのである。

前章では「甲斐武田氏関係武具の調査と研究」と題し、これまで著者が確認した遺物をすべて紹介した。本章では、これら豊富な資料の研究をもとに、信憑性《しんぴょうせい》が高いとされる文献・古文書と照合することにより、その実相に迫ることにする。

戦国最強とうたわれた武田軍団。その軍装あるいは戦闘法がいかなるものか。遺物の最も有効な使用法を考慮しながら検証を進めていきたい。

一　兜の立物

兜を見るときに、武具を研究する者であれば、兜鉢《かぶとばち》や𩊱《しころ》の形状や作技を重視する。しかし、立物《たてもの》を大いに語るのが一般の方々ではあるまいか。古くは鍬形《くわがた》と呼ぶ左右一双の角状の前立《まえたて》が主流であった。戦国時代以降になると、所用者の哲学や神仏への信仰を象徴する、様々なものがみられるようになる。そこで武田家当主あるいはその軍団が、どのような形状の立物を用いていたのか。残存する遺物から検証を試みることにしたい。また『集古十種』甲冑一に「或家蔵武田信玄前立物図」とみられ、そこには獅噛《しがみ》が描かれている。それは、顔や角を大きく立体的に描き、その形状から木彫であると思われる。しかし、所在・由来等の詳細は書かれていない。ふつうみられる近世（江戸時代）の獅噛と、形状がかなり異なることから、この伝承にも興味をそそる。

前章で武田家当主の四頭の兜を紹介したが、これらに共通していえることは、いずれも並角元《ならびつのもと》を設けていることである。浅間大社の兜②（三一頁参照）は、当時の南都系の兜には珍しく、また上州系や相州系の兜にしても、並角元と祓立《はらいだて》を併用することは他に類例が少ない。故に武田氏関係の兜の特徴として捉えてきた。祓立は、もともと鍬形台の中央にあり、剣形《けんなり》の前立や小旗《こばた》等を立てるためのものであった。室町時代の後期になると、東国において祓立が鍬形台から独立し、共鉄《ともがね》で作ることがはじめられた。これに対して角元は、西国系の兜に多くみられる。この両者を併用することは、武田氏が東西文化の交じり合う位置にあることを示している。

寒川神社の兜（四六頁参照）には、繰半月《くりはんげつ》の前立が残され、一本足の構造であることから、祓立に立てられていたことが想像される。この前立が、兜と一体とは限らないが、古色を示すことから、必ずしも無視できない。また浅間大社の兜②には、並角元に立てる輪貫《わぬき》(2)の前立が残されている。しかし、この輪貫の形状や寸法から、兜②の並角元にはふさわしくないように思われる。また、このかたちの立物を、徳川家康が合印《あいじるし》(3)として用い、軍勢を統制するのに役立てた。

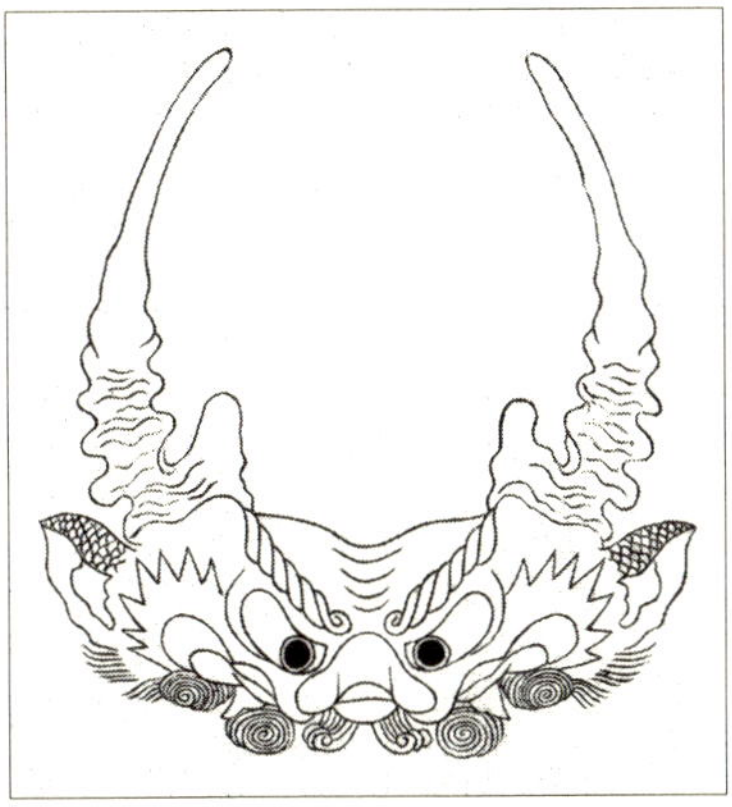

武田信玄前立図（『集古十種』甲冑一）

元亀四年（天正元・一五七三）十一月朔日付の勝頼の軍役定書（宛名を欠く）には(4)、「立物不可有二様之事、付、非一衆而同類之立物禁制之事」とあり、この時点で従者に対して立物を二つ用いることと、一つの衆（部隊）の中で同じ類いの立物を用いることを禁じている。また同日付の浦野宮内左衛門尉宛の軍役定書には(5)、「別而馬廻衆、立物如定可為団事、付小立物禁法之事」とあり、馬廻りの衆に立物を用いることを定め、さらに小さな立物を禁じている。この場合、どの程度の大きさの立物を小さいとするのか、悩むところである。また「団」の一字には「丸い」という意味があり、日輪や日の丸等のような丸いかたちの立物が想像される。長岳寺（長野県下伊那郡阿智村）には、武田氏にまつわる遺物として日の丸の前立（七五頁参照）が残されている。裏に設けた添木の構造から並角元《ならびつのもと》で立てられていたことは明らかである。直径を七寸八分とし、この類いのものとしては大型の方である。また浅間大社の兜②の並角元の形状や構造から、大型でしかも軽い立物がふさわしいように思われる。そこで推理を進めると、実に興味深いことに気付く。つまり兜②に形状が似た兜が他にも認められたのである。

それは、真田宝物館（長野県長野市）蔵の茶糸威突盔形兜《ちゃいとおどしとっぱいなりかぶと》である。松代藩十万石真田家の祖信幸（信之）の父昌幸所用と伝えられ、仏胴《ほとけどう》(6)をはじめ小具足《こぐそく》(7)類を皆具《かいぐ》(8)している。多くの所蔵甲冑の中で最も古様を示し、その胴に描かれた図案から「昇《のぼ》り梯子《ばしご》の鎧《よろい》」と呼ばれている。浅間大社の兜②より年代が下り、やや簡素に作られているものの、兜鉢の形状・威毛《おどしげ》・並角元等に類似点が認められる。

真田氏は、昌幸の父一徳斎（幸綱）の代から信玄に仕え、信濃先方衆の筆頭として多大な業績を挙げた。昌幸は、長篠合戦で二人の兄を失った後、真田家を継いで勝頼の側近となり、その信頼を大いに集めた。さらに、大坂の陣の折に徳川方を散々に苦しめた真田信繁（幸村）の父としても知られている。

伝 真田昌幸所用兜

この兜には、並角元に立てる前立が残されている。それは、天衝《てんつき》と呼ぶ角状のかたちのものであり、天に高く突き上げるという意味から勢いを象徴したものである。天衝は、ふつう桧の板を先ほど極薄く作り、和紙を張った上に漆を塗って補強し、金箔あるいは銀箔を押して作られている。

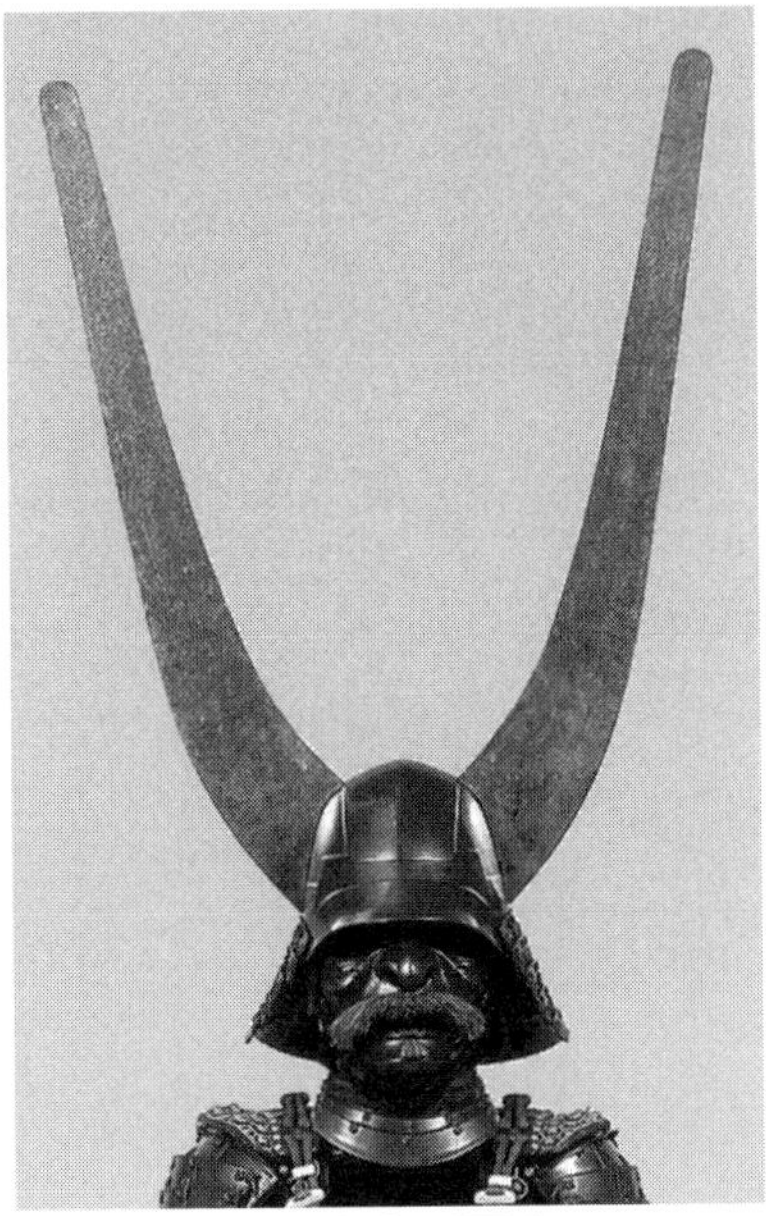
井伊直孝所用兜

このため大きな立物ではあるが、見た目よりはるかに軽く作られている。

室町時代の末期以降、兜の立物は前立のみに止まらず、いろいろな形態のものが現れる。つまり兜に設けた角元の位置から脇立《わきだて》[9]・頭立《ずだて》[10]・後立《うしろだて》[11]と呼ぶものがそれである。天衝も同様であり、脇立として用いた例も少なくない。また団体戦の様相が色濃くなると、徳川軍の輪貫のように合印を多く用いるようになる。そこで、天衝の合印で知られるのが彦根藩三十五万石の井伊家である。

井伊氏は、もともと遠江国の一土豪として今川家に仕えていたが、桶狭間合戦に義元がたおれると徳川家康の傘下に加わった。以後、藩祖となる直政は武勇・知謀のいずれにも優れ、本多忠勝・酒井忠次・榊原康政等と共に徳川四天王と呼ばれた。井伊氏が、いつごろから天衝を合印としたかは定かではない。しかし、その遺物[12]から想像して、江戸時代のはじめごろではないかと思われる。さらに井伊家の場合は、その身分によって天衝の色や形態を定めている。歴代の藩主は、三尺ほどの金箔押の天衝を脇立として用いている。これに対して臣下は、一尺五寸程の前立とし、直臣[13]は金箔押、陪臣[14]は銀箔押としている[15]。

井伊家にみられるこうした軍制が、どこから生じたかは定かでない。しかし、武田氏滅亡後に、徳川家康に召し抱えられた旧臣の多くが、井伊家に従属したことは事実である。つまり「井伊の赤備え」は、「武田の赤備え」に倣ったものといわれ、故にその軍制にも何等かの影響を受けたことは十分に考えられる。

　武田氏に関係が深い真田・井伊両氏は、いずれも兜の立物に共通する天衝を用いている。天衝は、戦国時代以降に見栄えの良さから、大いに用いられた立物の一つである。武田氏が、天正元年（一五七三）に小さな立物を禁じたことは、前述のとおりである。天正（一五七三〜）のはじめごろに作られた浅間大社の兜②の並角元にも、大型でしかも軽い天衝のような立物がふさわしいように思う。故に武田氏においても、天衝を用いた可能性があると考えるのである。また浦野宮内左衛門尉に宛てた軍役定書にある「団」の一字から、長岳寺蔵の日の丸の前立も、その遺物として重要視すべきであろう。

　平成四年（一九九二）九月、『甲冑武具研究』第九十六・九十七合併号に「勝頼の兜・余滴」と題し、一頭の兜を追い続けた芳賀実成氏の執念ともいえる回想録が載せられた。その中で、浅間大社の兜①（二一頁参照）の並角元に巻雲の前立を立てたという説を唱えられた。さらに右吹返《ふきかえし》に残された据文《すえもん》が文殊《もんじゅ》菩薩《ぼさつ》を表すマンの梵字《ぼんじ》であることから、失われた左吹返の据文を普賢菩薩《ふげんぼさつ》を表すアムの梵字と推測された。すなわち裾野《すその》に巻雲棚引く富士山を中尊仏の釈迦《しゃか》にたとえ、文殊菩薩と普賢菩薩を従えた釈迦三尊を表すと推測されたのである。そこには富士山を中心とする自然信仰に神仏を融合させた、かつての日本人が持っていた宗教観を表している。巻雲説は、氏の宗教家としての奥深い推論に基づくものであり、敬意をもって受け入れたい。

【註】
（1）南都系＝奈良を中心に活躍した甲冑師の系統。
（2）輪貫＝円形の中央に円形を繰り抜いたドーナツ状の立物。
（3）合印＝団体戦において敵味方の識別をし易くするために色や形状を統一した旗や立物。
（4）柴辻俊六他編『戦国遺文』武田氏編 第三巻 二二〇二号（東京堂出版 二〇〇三年）
（5）柴辻俊六他編『戦国遺文』武田氏編 第三巻 二二〇三号（東京堂出版 二〇〇三年）
（6）仏胴＝当世具足の胴の形態の一種。継ぎ目が判らないように漆で塗りつぶした胴。あるいは一枚の鉄板や練革《ねりかわ》を打ち出して作られた胴。
（7）小具足＝三物《みつもの》以外の甲冑の付属物の総称。
（8）皆具＝三物から小具足に至るすべてが揃っていること。
（9）脇立＝兜鉢の左右に掲げる立物。
（10）頭立＝兜鉢の上に掲げる立物。
（11）後立＝兜鉢の後に掲げる立物。
（12）滋賀県彦根城博物館の所蔵品。
（13）直臣＝直属の臣。
（14）陪臣＝直臣に仕える臣。
（15）中村達夫編『彦根藩軍制秘録』（彦根藩史料研究普及会 一九七六年）

二　躑躅ケ崎館跡出土の馬骨

平成元年（一九八九）七月、躑躅ケ崎館《つつじがさきのやかた》(1)の敷地内から戦国時代の馬骨が発見された。全国初の中世馬の全身骨格の発掘は、当時一躍ニュースとなった。

馬骨が発掘された当時、出土した馬が小柄であるが故に、地元では落胆された人が多かったと聞いている。しかし、それに肉を付けて蹄《ひづめ》の高さを加えると、肩の高さで四尺二、三寸にはなろうか。

この馬は、十四歳前後の大人の雄馬で、死因は自然死と推定される。歯並びがよく、磨耗が少ないことから、良質の飼料によって育てられていたことが判る。総体に筋肉質で、がっしりした馬体であることから、駄馬や農耕馬ではなく、軍馬として育てられた可能性が高いという鑑定がなされた(2)。また中世における軍馬の大きさの最低基準値が、四尺といわれているから、この馬は大型といえる(3)。

馬骨が出土した場所は、西曲輪《にしぐるわ》の南側の枡形虎口《ますがたこぐち》前面に設けた馬出《うまだし》の空間であり、武田軍の出陣に際して重要な場所にあたる。この西曲輪と馬出は、信玄の長子である義信が、駿河の今川義元の女《むすめ》を妻に迎えるにあたって、本郭の西側に増築したもので、天文二十一年（一五五二）に完成している。故に、この馬は一家臣や土豪・地侍のものではなく、武田一族のいずれかの愛馬である可能性を視野に置きたい。

馬を埋めるために掘られた穴は、東西二メートル、南北一・四メートルの隅丸方形で、深さ〇・七メートルとし、底には藁《わら》が敷き詰められていたようである。故にこの穴は墓坑としての体裁を十分に示しているといえよう。馬の埋め方は、右体側を下にして、頭を北にし、顔は西を向かせ、前後の足を折

出土馬骨のレプリカ

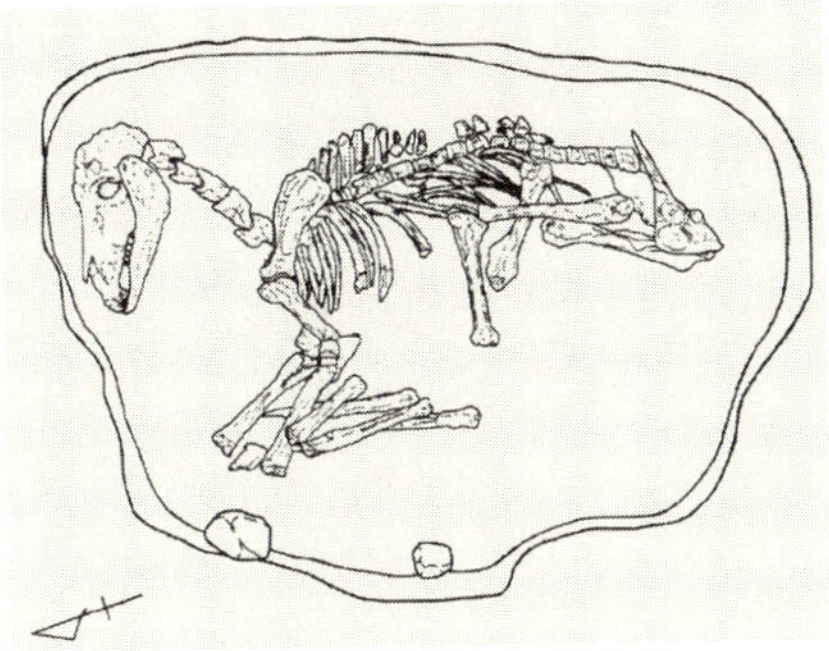

馬骨の出土状況

り曲げ、筵《むしろ》で覆われていたようである。北枕あるいは西方浄土の思想からみても、実に丁重な埋葬の仕方といえよう。このため単に馬を埋めたということだけでなく、何等かの意図をもって埋葬した可能性があるように思われる。

この馬の埋葬には、曲輪の造成工事の安全と、その後の造成地の安寧を祈願して生贄《いけにえ》にしたとする説(4)がある。また武蔵国の忍城《おしじょう》(5)の本丸と諏訪曲輪を繋ぐ木橋の橋脚の下から、馬の頭蓋骨(6)が出土している。左目のあたりを橋脚によって打ち抜かれ、木橋を掛けたときに埋められたと考えられる。故に何等かの儀礼に関わるものとする説(7)もある。中世に馬を生贄にした可能性がある例は、管見する限りこの一例のみである。馬は、当時一種の財産であり、これを生贄にすることに、何等かの意義があるのかも知れない。しかし、躑躅ケ崎館跡から出土した馬は、自然死と推定され、このような儀礼のために殺されたとは思えない。

また馬が自然死した場合、その革は牛や鹿等の革と同じく、貴重な資源として扱われ、武具をはじめとした革製品を作る材料になるのである。故に、馬が死ねば、ただちに適切な処理が行われたはずである。(8)この処理が行われたか否かは、馬が骨になり、なおも四百余年もの間、地中に埋もれていたため判断はできない。しかし、その埋葬の仕方から想像して、馬体を傷付けることなく、葬られたとするのが妥当であろう。そこには現代人では知り得ない、当時の人々の馬に対する思いがあるのであろうか。

馬という動物は、非常に統率力の強い動物と、旧日本陸軍の元軍人に聞いたことがある。先の大戦でも、日本軍は大陸で多くの馬を軍馬として用いた。大型の大砲の移動に際して、これを引くのも軍馬の役目であった。敵の砲弾が飛び交い、炸裂する中を決められた数の軍馬がこれを引く。外側の一頭が、腹部に炸裂した砲弾の破片を受け、腸《はらわた》を引きずりながらでも、他の馬と共に与えられた使命を全うしたという。馬は、主に対して健気《けなげ》なほど忠実な動物なのである。

長年にわたり戦場で生死を共にした愛馬を、粗末に葬ることができなかったのであろうか。それほどまでに、この馬は、主にとって愛《いと》おしい馬だったのであろう。故に天文二十一年（一五五二）の西曲輪と馬出の完成以降に、この馬は死に、丁重な儀式を行った後に埋葬されたのではなかろうか。思いのほか、馬の主は、西曲輪の主である義信、あるいは館の主である信玄という可能性も視野に置きたい。

このように馬を埋葬した例は他に類がなく、中世における何らかの宗教的な儀式とも考えられる。その真相の究明は、今後の大きな課題である。

この馬骨のレプリカは、甲府市北口二丁目に甲府城の一郭として復元された山手御門《やまのてごもん》に展示され、いつでも見ることができる。またその現物は、保存処理が行われた後、甲府市の文化振興課によって、パーツごとにケースに納められて保管されている。出土した馬骨は、いうまでもなく戦国時代の馬の実態を知る上で貴重な資料といえよう。

【註】（1）山梨県甲府市古府中町にある武田氏の居館。武田神社の境内とその周辺。
（2）『史跡武田氏館跡　第十四次〜第三十一次調査報告書』（甲府市教育委員会 二〇〇〇年）
鈴木健夫氏等による鑑定より。
（3）笹間良彦『図説　日本合戦武具事典』（柏書房 二〇〇四年）
（4）『史跡武田氏館　第十四次〜第三十一次調査報告書』⑸その他（甲府市教育委員会 二〇〇〇年）
（5）埼玉県行田市本丸にある平城。
（6）埼玉県行田市郷土博物館所蔵。
（7）特別展図録『秀吉襲来―近世関東の幕開け』（横浜市歴史博物館 一九九九年）
（8）永瀬康博「中世末の皮作と御具足方」（『甲冑武具研究』九五号 一九九一年）

三　武田騎馬軍団の様相

古来、甲斐国は「甲斐の黒駒」と呼ぶ名馬にみられるように馬の産地であった。これに信濃国・上野国（群馬県）などの産地を加え、中部山岳地帯をほぼ制圧した武田氏は、まさに馬の一大産地を手中に収めたといえよう。このためであろうか。武田軍が騎馬を中心にした軍団という伝説も耳にする。そして長篠合戦の直前に石川伯耆（数正）・鳥居彦右衛門（元忠）に宛てた天正三年五月十八（九）日付の家康の書状[1]には、「柵等能々可被入念（候）事肝要候、馬一筋入可来候」とあり、武田軍の侵入を防ぐ柵等をできる限り入念に作ることを指示すると共に、その騎馬を恐れる様子が読み取れる。果たして、武田軍の騎馬隊の実態とは、いかなるものなのであろうか。

そこで、武田軍の戦歴を振り返ると、意外にも騎馬が活躍したと思われる戦いがみられないのである。南北朝時代以降、室町時代になると、戦いのほとんどが攻城戦へと変わり、騎馬の用途は小さくなるのである。これは、武田軍も同じであり、その伝説とは、かなり異なるものであったと思われる。

よく競争馬のように、騎馬が全速力で疾走する光景を思い浮かべる。しかし、それは極限られた時間であり、そのまま何キロも何十キロも走れる訳ではない。馬は生物であるから、飼料さえ与えれば、自動車のようにどこまでも走れるというものではない。それに、一度に長い距離を移動すると馬の蹄《ひづめ》を痛める原因になる。一旦蹄が割れると、そこから血を流して足を引きずるようになる。当分は走るどころか、歩くことさえできなくなる。さらにこうした重労働を続けると、腹帯《はるび》や胸掛《むながい》・尻掛《しりがい》等で皮膚が擦り切れることもある。このため身分の高い者は「替え馬」と呼ぶ代用の馬を持っていた。元亀四年（天正元年・一五七三）十一月朔日付の浦野宮内左衛門尉に宛てた武田氏の軍役定書[2]には、「定納百五拾貫所務之人ハ、乗替一疋支度」とある。定納とは、領民が納める年貢のことであり、所務とは、領地から年貢を徴収することである。すなわち知行百五十貫の者に、「替え馬」一頭を用意するように指示しているのである。それでも平素は蹄を痛めないように、馬にも草鞋《わらじ》を履かせて移動した。

近代（明治以降）になると西洋馬術が本格的に導入され、蹄鉄《ていてつ》を打つことにより、蹄の保護に著しい改善をみることになる。それでも馬が一度に走れる距離には限界がある。さらに、繁殖期に多くの馬を集めると、非常に扱いにくく、また危険でもある。現に日露戦争以前には我国に去勢という技術がなかった。このため、多くの馬を扱うのに大変苦労し、負傷者さえ続発したと旧日本陸軍の元軍人に聞いたことがある。果たして四百余年前の武田軍の騎馬隊の様相とは、いかなるものだったのであろうか。

そこで、信憑性が高いとされる史料をみることにしたい。武田軍の行動を細かく示した『高白斎記』には、実に興味深い記述がみられる。特に、ここでは天文十九年（一五五〇）の砥石城攻めに関する記述をもとに検証していきたい。

五日丙刁長坂出陣。十日辛未足軽衆備ヲ立テル。会田岩出陣。和田自落。十七日落山出仕、同誓句。十九日庚辰辰刻御立。戌亥ノ刻長窪へ御着陣。廿四日乙酉砥石ノ城見積リニ今井藤左ヱ門・安田式部少輔同心申。辰刻ニ出テ酉ノ刻ニ帰ル。翌廿五日砥石ノ城見積リニ又大井上野助《ママ》・横田備中守・原美濃守被二指越一。長窪ノ陣所ノ上辰巳ノ方ニ黒雲ノ中ニ赤雲立、西ノ雲先ナビク気ニテ。廿七日戊子辰刻長窪ヲ御立。未刻海野口向ノ原へ御着陣。鹿一陣ノ中ヲトヲル。廿八日砥石ノ城際号二屋降地一ニ御陣スエラル。廿九日庚刁午刻屋形様敵城ノ際へ為二御見物一御出テ矢入レ始ル。

八月　五日　長坂が出陣する。
　　　十日　足軽衆の備えを立てる。和田城[3]が自落する。
　　十九日　信玄自ら辰の刻に出立し、戌亥の刻に長窪[4]（現在は長久保と書く）に着陣する。
　二十四日　辰の刻、今井藤左衛門・安田式部少輔を、砥石城の見積りに向かわせ、酉の刻に帰陣する。

二十五日　大井上野介・横田備中守・原美濃守が、再び砥石城の見積りに向かう。
二十七日　信玄自ら辰の刻に長久保を出立し、未の刻に海野口向ノ原に着陣する。
二十八日　砥石城ぎわの屋降(5)という地に布陣する。
二十九日　信玄自ら午の刻に砥石城の偵察をする。

八月五日に長坂が出陣したとある。長坂は、『高白斎記』の天文十一年(一五四二)九月二十五日の記述に長坂筑後守(虎房・後の釣閑斎光堅)とみられ、これと同一人物と考えられる。この後の武田軍の行動を考えると、長坂虎房は先発隊として信濃国に出撃したと想像される。同十日には、攻城戦の主戦力となる足軽隊を送る準備が整ったとある。同日、和田峠を封鎖する和田城が自落したとある。自落とは、敵(武田軍)に降伏して自ら開城する意味と考えられる。同十九日には、信玄自ら辰の刻(午前八時)に出立し、戌亥の刻(午後九時)に長久保に着陣したとある。しかし、どこを辰の刻に出立したかという記述がみられない。

同二十四日には、今井藤左衛門らが、長久保の陣営を辰の刻(午前八時)に出立し、酉の刻(午後六時)に距離にして約二十五キロメートル離れた、砥石城の「見積リ(偵察か)」の任務を終えて帰陣したとある。その任務の遂行にあたり、往復約五十キロメートルもの移動を十時間で行ったのは、機動力からみても騎馬による行動であろう。その敏速な行動から、少数の精鋭により機敏に移動したことが考えられる。躑躅ケ崎館跡から出土した馬骨にみられるように、当時の軍馬はかなり小柄であった。その体力を考えると、この行動は決して楽なものではなかったであろう。むしろ御家の一大事でもなければ、あり得ないほどの強行軍であるといえよう。(6) いうなれば、この任務は、それに相当する重大な任務なのであろう。

翌二十五日には、横田備中守（高松）・原美濃守（虎胤）らの足軽大将衆の顔ぶれとその行動がみられ、長久保の陣営に、ある程度の足軽が集結していたことが想像される。二日後の二十七日には、信玄自らが辰の刻（午前八時）に長久保を出立し、未の刻（午後二時）に海野口向ノ原に着陣したとある。しかし、この海野口向ノ原の場所が特定できないのである。また長野県南佐久郡南牧村に海ノ口という地名がある。ここは、山梨県との県境に位置し、長久保から距離にして五十キロメートル以上も離れている。このため、後の武田軍の行動から想像すると、海ノ口に移動したとは考えにくい。恐らく長久保から十七キロメートルほど離れた、北国街道の宿場である海野宿のことであり、つまり海野口とは海野宿の入口のあたりをいうのではなかろうか。そして向ノ原もこのあたりにあった地名（川原か）と考えられ、一説には千曲川の左岸ともある。(7) その移動は、六時間に十七キロメートルほどと、二十四日の移動に比べてかなりゆっくりしている。故に徒歩である足軽を率いての行軍であったと想像される。

同二十四日と翌二十五日の行動に「見積リ」という記述がみられ、これを「偵察」の意味として捉えてきた。そこで、長坂虎房に与えられた任務、あるいは和田城が降伏したという記述から想像して、「見積リ」の意味の中には、敵城に降伏を促す交渉任務の意味も含まれていると思うのである。その任務は、進路の確保という急を要することであり、武田軍にとっては御家の一大事に相当する重大な問題であったと考えられる。故に同二十四日の行動にみられるように、機動力がある騎馬による行動であったと想像される。同様に、同二十四日の今井藤左衛門らや翌二十五日の大井上野介（信常）らにも、砥石城の偵察だけではなく、降伏を促す交渉任務も与えられていたと思うのである。

さらに同十九日には、信玄自ら率いる一軍が、移動に十三時間もかけて長久保に着陣したとある。これが騎馬による行動であれば、同二十四日の行動にみられるように、五十キロメートル程度の移動も可能であろう。しかし、この場合でも、古府中を出立したとするのは、距離的に無理があるように思える。また足軽を率いての行軍であれば、同二十七日にみられるように、三十キロメートル程度の移動とみるべきであろう。これを逆算すると、同十九日の信玄の出立地点は、最も遠くて諏方のあたりと考えられる。

武田軍の戦いは、九割までが攻城戦であり、その主戦力は足軽であったと想像される。しかし、おもに中部山岳地帯を活動圏とした武田軍にとって、騎馬は最大の移動手段であったと考えられる。すなわち、その機動力を生かした奇襲・夜襲・電撃戦等の戦法が、戦歴にも多くみられるからである。ここでいう戦法とは、長坂虎房の行動にみられるように、単に武器をとって戦うことだけを意味するのではなく、むしろ敵に降伏を促す交渉が第一の目的であったと思われる。(8) 特に、初戦における交渉任務の遂行にあたり、騎馬による機動力は、他に替え難いものがあったと考えられる。また家康の書状に「馬一筋入可来候」とみられるように、武田軍の馬に対する思いは他国に比べて一入であったと考えられ、躑躅ケ崎館跡出土の馬の埋葬の仕方がこれを物語っている。

加えて穂坂路《ほさかじ》・逸見路《へみじ》・雁坂道《かりさかみち》・津久井路《つくいじ》・河内路《かわうちじ》・若彦路《わかひこじ》・中道路《なかみちじ》・御坂路《みさかじ》等と呼ぶ信濃・関東・東海へ通じる道を整備し、その間を狼煙《のろし》による伝達網で結んだ。これらのことにより、機動力のいっそうの充実を計ったと考えられる。

こうした騎馬隊は、ともすると何千何万を擁した蒙古の騎馬軍団のような様相を思い浮かべがちである。しかし、実際には長久保の在陣中に、今井藤左衛門らがみせた行動のように、少数精鋭により敏速に行動したと考えられる。武田軍は、半農半兵を常とした土豪や地侍の集まりであり、生産者である彼等の犠牲は直接国力（労働力に見合う穀物などの農産物の生産）の低下を招くのである。このため敵との交渉を怠り、一旦武器をとっての戦いになると、決まって多くの犠牲者を出している。これは、上田原合戦・川中島合戦・長篠合戦等の大きな戦いにみられるとおりである。こうした犠牲者を出す前、すなわち初戦における騎馬隊の活躍には、大きな役割があったであろう。

ここで挙げたように、長坂虎房の活躍により、和田城は無血の内に降伏して開城した。これに対して、砥石城は激しい攻城戦のあげく、多くの犠牲者を出すことになる。それにも拘わらず、「砥石崩れ」と言い伝えられるように、武田軍は撤退を余儀なくされたのである。

【註】（1）今泉正治他編『設楽原歴史資料館研究紀要』（新城市設楽原歴史資料館 二〇〇一年）
新行紀一氏は、「同行する家臣へ」という点に疑義があるとする。
（2）柴辻俊六他編『戦国遺文』武田氏編 第三巻 二二〇三号（東京堂出版 二〇〇三年）
（3）長野県小県郡長和町上和田にある村上方の山城。
（4）長野県小県郡長和町長久保。
（5）長野県上田市内あるいはその近隣の地名と思われるが詳細は不詳。
（6）神奈川県横浜市「馬の博物館」の見解。
（7）清水茂夫・服部治則校注『武田史料集』（新人物往来社 一九六七年）
（8）三池純正『真説・川中島合戦』（洋泉社 二〇〇三年）

四　赤備え

武田騎馬軍団の中で、最も恐れられたとされるのが「赤備え」と呼ぶ一軍である。それは、甲冑・馬具・旌旗・刀装に至るすべてを赤（朱）一色で統一し、常に突撃部隊として活躍したといわれている。『甲陽軍鑑』品第十七「武田法性院信玄公御代惣人数之事」にみる内訳は、内藤修理亮（昌秀）＝二百五十騎・山県三郎右兵衛尉（昌景）＝三百騎・浅利（右馬助昌種・信種ともある）＝百二十騎・小幡上総介（信真）＝五百騎、計千二百七十騎である。また『信長公記』巻八「三州長篠御合戦の事」に、「三番に西上野小幡一党、赤武者にて入替わりかゝり来候」とあり、その勇猛ぶりを伝えている。

しかし、この数はあくまでも「御代惣人数」であり、これが同時に存在していたという訳ではない。つまりここにみられる浅利昌種は、永禄十二年（一五六九）の北条軍との三増峠合戦で討ち死しており、その後、この一軍は内藤昌秀が引き継いだとある。すなわち内藤修理亮＝二百五十騎の中に浅利＝百二十騎も含まれているということになろう。また山県三郎右兵衛尉＝三百騎は、赤備えの元祖といわれる兄である飯富兵部少輔（虎昌）が、義信事件[1]に加担した罪を被り、自害した後に引き継いだものである。

武田氏滅亡後、その家臣の多くは徳川家康に召し抱えられた。そして「赤備え」は、こうした彼等の手により復活する。これが「井伊の赤備え」であり、その遺物の多くが彦根城博物館（滋賀県彦根市）の所蔵品として残されている。これらの中に朱塗の甲冑・朱色の旌旗はみられるが、馬具・刀装に至っては、ほとんどみられないのである。江戸時代のはじめごろのものと思われるが、槍の柄を朱色に塗ったものがある。しかし、これも極わずかであり、統制というにはほど遠いように思われる。これらのことから「武田の赤備え」の様相にも、疑わしい面があるように思うのである。

室町時代の末期から安土桃山時代になると、朱塗の甲冑は武田軍に限らず、建水分神社（大阪府南河内郡千早赤阪村）蔵「朱塗紅糸威最上腹巻」・法隆寺（奈良県生駒郡斑鳩町）蔵「朱塗突盔形兜鉢」等にみられるように、他でも使われたと考えられる。また当初は朱塗であったものを途中で塗り替えられたものを含めると、相当の数が認められるのである。このため朱塗の甲冑は、畿内をはじめ関東に至る多くの地域で作られていたと想像される。特に上野国（群馬県）で作られた兜には、朱塗の形跡が認められるものが多い。そこで、これらすべてを、武田軍が使ったとするには、あまりにも多過ぎるように思えてならない。むしろ当時の流行とみる方が妥当ではなかろうか。

「武田の赤備え」の中で、最も多くの人数を占めるのが小幡氏である。小幡氏は、もともと上野国の箕輪城[2]主長野信濃守（業正）の臣であったが、永禄五年（一五六二）ごろから武田家に身を寄せるようになった。また『甲陽軍鑑』によると、後に箕輪城代となる内藤昌秀は、これに倣って自らの部隊を「赤備え」にしたともある。これらのことから、小幡・内藤両氏と地元の甲冑師との何らかの繋がりが想像できないであろうか。

その遺物にも多くみられるように、上野国の甲冑師は朱塗の甲冑を他に増して製作していたと思われる。永禄（～一五六九）のおわりごろになると、西上野を傘下に収めた武田氏は、上野の甲冑をいっそう盛んに使うようになったと考えられる。[3]そして小幡・内藤両氏が、地元の甲冑を多く使えば、その部隊は望まなくても「赤備え」になるのである。安土桃山時代以降になると朱塗の甲冑を赤具足と呼んでいるが、これ以前は赤系の威[4]の甲冑も赤具足と呼んでいたのかも知れない[5]。また『信長公記』首巻「今川義元討死の事」には、「今度家康ハ朱武者にて先駆をさせられ」とあり、家康の武装が朱（赤）であったことを示している。そして浅間神社（静岡県静岡市）には、これと同じく家康が元服のときに使ったとされる紅糸威腹巻が所蔵されている。

武田軍の騎馬隊は、『甲陽軍鑑』にみられるような派手なものではなく、むしろ戦況に応じたやむを得ない手段であったといえよう。特に「赤備え」については、かなり誇張して書かれているように思われる。その主な任務とは、地道な敵との交渉であり、戦いを回避するという、最も重要な使命が与えられていたと考えるのである。

【註】(1) 永禄八年（一五六六）に嫡男義信が信玄に謀反を企てた事件。
(2) 群馬県群馬郡箕郷町東明屋・西明屋にある平山城。
(3) 静岡県富士宮市の浅間大社・新庄藩戸沢家に武田家に関わる上州銘の兜が伝来した。
(4) 威＝甲冑の各段を上下に繋ぐ紐、あるいはその色目。
(5) 浅間大社に武田家に関わる紅糸威の甲冑が残されている。

五　土豪・地侍層の武装

前章では、主に武田家当主、あるいは親類衆の所用品と思われる武具類を中心に紹介した。これらは寺社や大名家に、その伝承と共に伝えられたものである。では、その傘下に属した土豪や地侍の武装は、いかなるものが想像されるのであろうか。そこで、軍役に関わる古文書を検証し、残存する遺物と照合することにより、彼等の武装の実態に迫ることにしたい。

1　残存する遺物の検証

山梨県都留郡の各地に伝わる元近刀は、不特定多数の社に奉納されている点、あるいは天文十七年（一五四八）という年に、奉納に値する理由がない点等から、武田氏や小山田氏等の一権力者による奉納ではないと推測した。故に緊迫する軍事的な情勢下での諸郷村の領民の手による刀奉納と考えたのである。そこで、これらには奉納品という要素と、諸郷村の共有品という要素の二つを兼ね備えていたと推測した。本来は、こうした行為の積み重ねによって、土豪や地侍に従う領民の軍備は支えられていたのではなかろうか。

山梨県南巨摩郡早川町の望月家には、腹巻《はらまき》を中心にした甲冑のほぼ一式（一〇二頁参照）が残されている。望月家は、鎌倉時代以来の土豪であり、天正十五年（一五八七）以降に帰農したと考えられる。この折に二人の従者も共に帰農したと考えられ、今も「馬別当」「鎧櫃背負い」と呼ぶ二軒が、望月家の近くに存続している。[1] 武田家当主が、すべて胴丸《どうまる》に星兜《ほしかぶと》あるいは筋兜《すじかぶと》であるのに対して、土豪である望月家には、腹巻と簡易兜《かんいかぶと》の桃形兜《ももなりかぶと》を残している。腹巻は、室町時代の後期に大いに流行し、貴賤の差はあるにせよ全国に相当数が残されている。流行の理由として、軽便で動き易いことが挙げられるが、今一つ重要なのは、体型や体格に関係なく、誰でも装着できるということである。このため一個人の所用品というよりは、用途に応じて使いまわしができるのである。

2　『武州文書』の軍役定書の検証

次に、これらの遺物と史料を照合し、土豪や地侍の武装について検証していきたい。そこで『武州文書』の二通・『市河文書』・山梨市『飯島家所蔵文書』の計四通の軍役定書をみていきたい。そこから見出される武装の形式がいかなるものかを、具体的に述べることにしたい。

『武州文書』の軍役定書は、永禄五年（一五六二）十月十日付、[2] 同七年（一五六四）五月二十四日付[3]の二通をみることにしたい。いずれも大井左馬允（高政）に信玄が宛てた竜の朱印状である。大井高政は、佐久郡岩村田の大井氏の一族で、信濃先方衆に属し、永禄三年（一五六〇）に小諸城[4]の守備に配属され、同十年（一五六七）以降は、上野国箕輪城の守備に配属された。[5]

○（竜朱印影）
定

四十五人　具足
此内
一、鑓　三十本、
一、弓　五張、付、此内五本、就在府赦免、
一、持鑓　二丁、
一、鉄放　壱丁、
一、甲持　一人、
一、小幡持　一人、
一、差物持　一人、
一、手明　四人、
已上四十五人、
右如此召連、可被勤軍役者也、仍如件、
（永禄五年）
壬戌
十月十日
大井左馬允殿（高政）

（「武田家朱印状」『戦国遺文』武田氏編 第一巻）

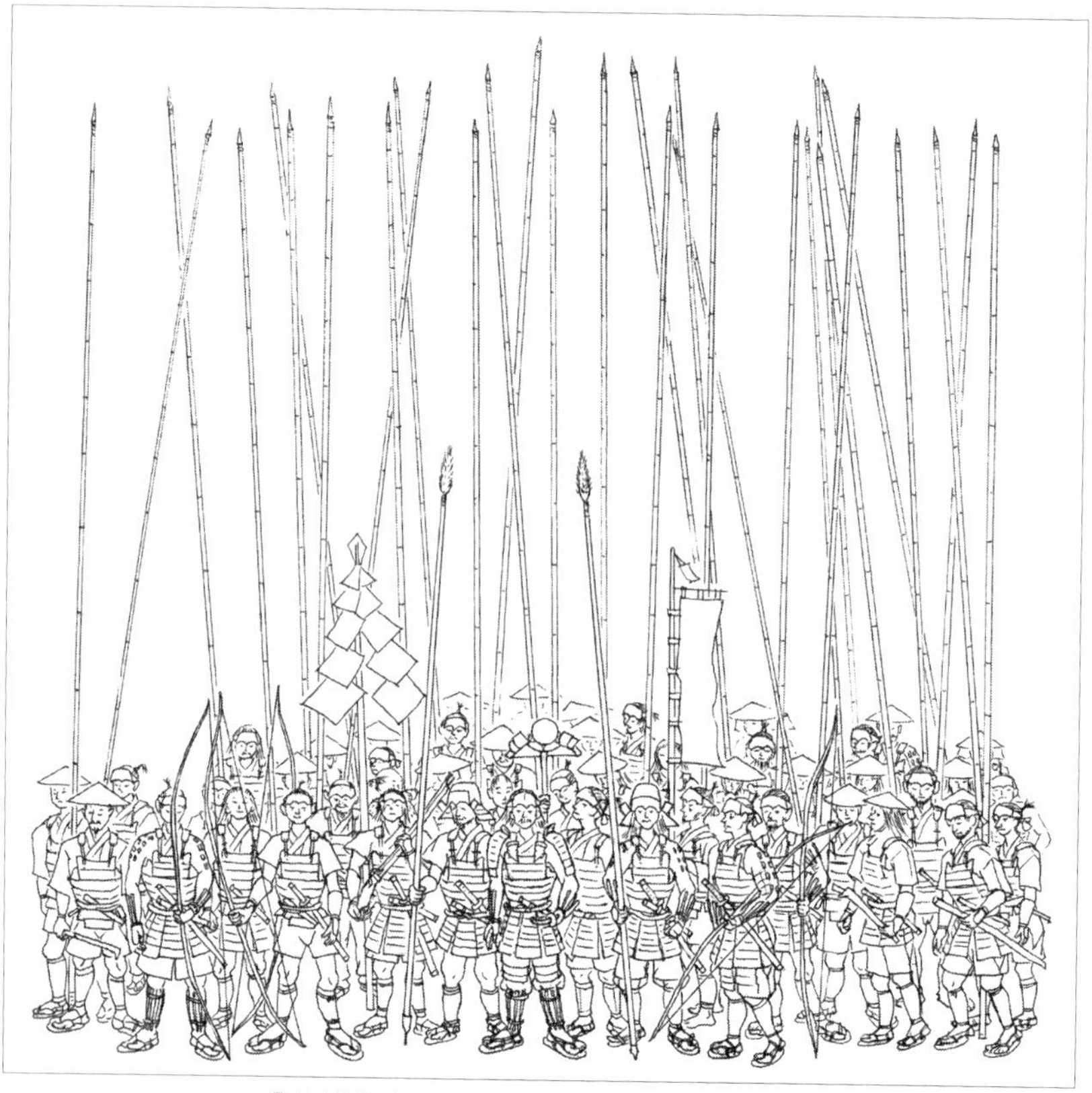

『武州文書』に基づく大井氏の軍装図

冒頭にある「具足《ぐそく》」は、甲冑《かっちゅう》の意味と考えられる。このため軍役に課した四十五人のすべてが、甲冑を装着していたことになる。佐久郡の一地侍に過ぎない大井高政ですら、従者の甲冑を四十五領も所持していたことになる。また「甲」の意味は、後々武田氏が発布する軍役定書のすべてが兜《かぶと》を意味している。故に「甲持一人」とは、主である大井高政の兜を持つ役目と考えられる。

大井高政の甲冑は、「甲持」の役目があることから、兜が付いた望月家の腹巻程度と考えられる。従者の甲冑は、当時の武装形式から、より簡素な腹巻あるいは腹当と考えられるが、それがどの程度のものか、現状で実態を掴むことは困難である。思いのほか、鉄や革以外の材料で作られていた可能性も捨てきれない。このように当時は沢山あったはずの下級士卒の甲冑が、現在ではほとんどみることができない。恐らく粗製であることと消耗品であるが故に、かえって残されることが少なかったのであろう。

三十本と定めた「鑓」は、後に述べる『市河文書』の軍役定書に、「打柄・竹柄、三間柄之鑓専用意之事」と定めた三間の長柄と考えられる。これに対して弐丁と定めた「持槍」は、後に述べる山梨市『飯島家所蔵文書』の軍役定書にもみられるが、すでに元亀三年（一五七二）八月十一日付の葛山衆宛の軍役定書に(6)「持鑓二間之中之事」とみられることから、三間の長柄に対して、二間以内（あるいは二間半）とした柄の短い槍を指すものと考えられる。

「小幡持」は、小さな旗を持つ者の意味と考えられるが、どの程度の大きさの旗を小旗とするか、悩むところである。また手長旗《てながばた》であるのか幟旗《のぼりばた》であるのかの指示もみられない。小旗が、戦時に掲げるものとは限らないが、恐らく陣営の位置を味方に示すものと考えられる。しかし、「持」という意味から、背負うものではなく、手で持つものと想像され、かなり小さな旗であったと考えられる。

「差物持」は、旗ではないことから、馬印《うまじるし》のような何等かの作物《つくりもの》を持つ者の意味と考えられる。小旗と同じく、後世にみられる大きなものではなく、小さなものであったと想像される。「手明」は、直接的に戦いに関わる者ではなく、軍勢全体の雑務に関わる者と考えられる。

（竜朱印影）

参十八人　此内三十四人具足

右之内

一、持道具　参本

一、弓　四張

一、鉄炮　一挺

一、乗馬　四騎

一、持小旗　一本

一、差物持　一人

一、甲持　一人

一、手明　五人

一、長柄　十八本

以上、此内就在府五本御免

（永禄七年）甲子

五月二十四日

大井左馬允（高政）入道

（「武田家朱印状」『戦国遺文』武田氏編 第二巻）

永禄五年（一五六二）付の軍役定書には、四十五人の人数を課しているのに対して、この年には、三十八人の人数しか課していない。装備に大きな違いはないが、課した人数が七人も減っている。この年、武田軍は上野に侵攻し、五月十七日に佐久郡平原[7]に帰還している。[8]故に帰還後、わずか七日の内に軍役を課したことになる。人数が減った理由も、このあたりにあるのではなかろうか。また大井高政が守備する小諸城は、位置からみて上野侵攻の前線基地であったと考えられる。その後、箕輪城に配属された経緯を考えると、このとき大井高政は、戦いの最前線に送られていたことが想像される。故に帰還後わずか七日の内に軍役を課すという、厳しいものになるのであろうか。

ここでは三十八人の内の三十四人に甲冑の装着を命じている。また同五年付の軍役定書にはみられなかった「乗馬四騎」を命じている。「乗馬」に用いる馬は、馬具を装着し、いつでも使える状態の馬をいうのであろう。

大井高政の生死・知行高等、いずれの詳細も不明であるため、これらの文書から読み取れることは、永禄五年（一五六二）の四十五人の人数、あるいは同七年（一五六四）の三十八人の人数に対する装備の程度に限られる。

【註】（1）竹村雅夫「甲州に遺存した新知見の古甲冑―望月家の甲冑と周辺の諸問題―」（『甲冑武具研究』一一八号一九九七年）
（2）柴辻俊六他編『戦国遺文』武田氏編 第一巻 八〇三号（東京堂出版 二〇〇二年）
（3）柴辻俊六他編『戦国遺文』武田氏編 第二巻 八九二号（東京堂出版 二〇〇三年）
（4）長野県小諸市丁字城跡にある平山城。

(5) 柴辻俊六他編『武田信玄大事典』(新人物往来社 二〇〇〇年)
(6) 柴辻俊六他編『戦国遺文』武田氏編 第二巻 一九三九号(東京堂出版 二〇〇二年)
(7) 長野県小諸市平原。
(8) 磯貝正義『定本 武田信玄』(新人物往来社 一九七七年)

3 『市河文書』の軍役定書の検証

次に『市河文書』の軍役定書をみていきたい。市河氏は、信越国境近くの山間部[1]を根拠とする土豪であり、これに信玄が宛てた永禄十二年(一五六九)十月十二日付の竜の朱印状[2]がある。また海野衆に宛てたほぼ同文の朱印状[3]があることから、複数の土豪や地侍に対し、同様の内容の軍役定書を宛てたことが考えられる。

定

一、烏帽子・笠を除て、惣而乗馬・歩兵共ニ甲之事、
　付、見苦候共、早々支度之事、
一、打柄・竹柄、三間柄之鑓、専用意之事、
　付、仕立一統之衆一様たるへきの事、
一、長柄十本之衆者、三本持鑓、七本長柄たるへし、長柄九本・八本・七本之衆者、二本持鑓、

其外者長柄たるへし、長柄六本・五本・四本・三本・二本之衆者、一本持鑓、其外者長柄、
又一本之衆者、惣而長柄たるへきの事、
　付、弓・鉄炮肝要候間、長柄・持鑓等略之候ても持参、但有口上、
一、知行役之鉄炮不足ニ候、向後用意之事、
　付、可有薬支度、但有口上、
一、鉄炮之持筒一挺之外者、可然放手可召連之事、
一、乗馬之衆、貴賤共ニ甲・咽輪・手蓋・面頬当・脛楯・差物専要たるへし、此内一物も除へか
らさるの事、
　付、歩兵も手蓋・咽輪相当ニ可被申付之事、
一、歩兵之衆、随身之指物之事、
一、知行役之被官之内、或者有徳之輩、或者武勇之人を除て、軍役之補として、百姓・職人・禰
宜、又者幼弱之族召連参陣、偏ニ謀逆之基不可過之事、
一、定納二万疋所務之輩、乗馬之外、引馬弐疋必用意之事、
　　以上
己巳（永禄十二年）
　十月十二日◯（竜朱印）土屋（昌続）奉之
　　市川新六郎（信房）殿

（「武田家朱印状」『戦国遺文』武田氏編 第二巻）

まずは、甲冑についての記述を抜粋してみていきたい。最初に「烏帽子・笠を除きて、惣べて騎馬・歩兵共に甲の事」とある。この場合、烏帽子や笠を被る者は、非戦闘員と考えられ、共に頭に被るものであるから、「甲」は兜の意味と考えられる。興味深い点は「付、見苦しく候共、早々支度の事」と付け加えている点である。

「見苦しく候」という兜が、どの程度のものか、現状でその実態を掴むことは困難である。唯一土豪の所持品として残るのが、望月家の桃形兜《ももなりかぶと》（一〇三頁参照）である。このような簡易兜の類いが主であったと思われるが、正行寺（長野県松本市）には十六間の簡素な阿古陀《あこだ》形筋兜《なりすじかぶと》（九〇頁参照）も残されている。中・近世を通じて兜鉢《かぶとばち》は鉄とは限らない。石上神宮（奈良県天理市）の所蔵品にみられるように練革《ねりかわ》で作られた練鉢《ねりばち》もある。また平安時代のはじめの文献である『日本三代実録』には、「木鉢」という語がみられ、年代的に大差があるものの木製の兜鉢も使われていたようである。[4] 元亀四年（天正元・一五七三）十一月朔日付の浦野宮内左衛門尉宛の軍役定書[5]には、「向後小者烏帽子禁之訖、一切可為金甲、若難求者革甲可着之事」とある。この時点で小者でも烏帽子を禁じて、すべて鉄の兜にするようにとあるが、それが難しい者は革の兜でもよいとある。

さらに「乗馬の衆、貴賤共に甲・喉輪・手甲・面頬当・脛楯・差物専要たるべし。この内一物も除くべからざるの事」と具体的に名称を挙げて指示し、この内の一品も欠かしてはならないとある。また「付、歩兵も手蓋・喉輪相当に申し付けるべきの事」、続いて「歩兵の衆、随身の指物の事」とある。指物とは、敵味方を識別する小旗あるいは腰指《こしざし》[6]等の合印のようなものと想像され、かなり高度な武装を求めているようにみえる。

次に主戦武器である槍についての記述をみていきたい。まず「打柄・竹柄、三間柄の槍専ら用意の事」とある。打柄《うちえ》は、裂いた竹を花弁状に組み合わせ、補強のために革や布帛《ふはく》等を巻き上げて、漆で塗り固めて作った柄である。竹柄《たけえ》は、文字どおりそのままの竹で作った柄のことであり、共に長さを三間にするようにとある。続いて「付、仕立は一統の衆一様たるべきの事」とあり、一隊ごとに仕立を統一するようにとある。さらに「長柄十本の衆は、三本を持槍、七本は長柄たるべし、長柄九本・八本・七本の衆は、二本は持槍、その外は長柄たるべし、長柄六本・五本・四本・三本・二本の衆は、一本を持槍、その外は長柄、又、一本の衆は惣て長柄たるべきの事」とある。三間の長柄と二間以内（あるいは二間半）の持槍の割合を細かく指示している。

『武州文書』の軍役定書をみると、永禄五年（一五六二）には長柄三十本に対して持槍二本とあり、同七年（一五六四）には長柄十八本に対して持槍三本とある。このように長柄に対する持槍の割合がわずかながら高くなっている。さらに『市河文書』の軍役定書をみると、最低でも長柄七本に対して持槍三本、最高では長柄一本に対して持槍一本になっている。年を追うごとに持槍、すなわち柄の長さを二間以内（あるいは二間半）と定めた短い柄の槍の割合が高くなっていることが判る。

この軍役定書からも読み取れるように、戦国時代には多くの槍が用いられた。しかし、現在では、この時期の槍をはじめとした長柄武器の遺物を、ほとんどみることができない。その点、法隆寺《ほうりゅうじ》の西円堂《さいえんどう》には、当時のままの形姿の槍と薙刀《なぎなた》が残されている。[7]

法隆寺西円堂には、十四本の槍が残されている。その中に「天正三年卯月十六日」の年紀を記した槍が一本ある。その穂先は平三角で、刃長九寸とし、粗製であるが至って鋭く作られている。柄は、長さ一間半（九尺）とし、荒く割ったままの樫で作られ、千段巻《せんだんまき》（8）も簡単に紐を巻き上げ、黒漆で塗り固めたに過ぎない。石突《いしづき》（9）は失われ、当初からのものかは不明であるが、黒漆を塗った上に熊毛を植えた鞘《さや》が残されている。また飾金物等の華美な装飾を施す珍しい槍が一本ある。その穂先は平三角で、刃長五寸二分とし、柄は、朱漆が塗られ、長さ十尺九寸とする。鍍金の飾金物は、魚子地《ななこじ》に桐紋・三巴紋・分銅紋の高彫が施され、奉納を目的にした特殊な槍と考えられる。残る十二本の槍は、「天正三年」の年紀がある槍と同じく粗製であり、これを前後する年代のものと思われる。

同所蔵の薙刀は、著しく破損しているものの刀身・柄・鞘をすべて残している。刀身は、刃長二尺四寸とし、長福寺（長野県木曽郡木曽福島町）の旧蔵品（九八頁参照）にみられるとおり、江戸時代の薙刀とはまったく異なる形姿を示し、身幅《みはば》もほぼ一定で先端ほどやや広く作られた感がある。柄は、刀身のわりに短く、長さ五尺九寸とし、四枚に割った竹を合わせて扁平《へんぺい》に作り、紙で表面を包み、黒漆を塗って作られた打柄である。鞘も柄と同じく、紙で表面を包み、黒漆を塗って作られている。

法隆寺西円堂に残る遺物は、戦国時代の槍をはじめとした長柄武器の実態を知る上で極めて貴重な資料といえよう。しかし、ふつう用いる竹柄の槍は、さらに粗製であったと考えられ、前述の下級士卒の甲冑と同じく、残されることが少なかったのであろう。

次に鉄炮についての記述をみていきたい。槍の記述の後に「付、弓・鉄炮は肝要に候間、長柄・持槍等これを略し候ても持参、但し口上あり」とある。弓・鉄炮等の飛び道具を重視していたことと、それらが長柄や持槍以上に、威力を発揮していたことが読み取れる。次に「知行役の鉄炮不足に候、向後用意の事、付、薬の支度あるべし、但し口上あり」とある。領内に鉄炮が不足しているので、この後に用意するようにとある。ここにある「薬」とは、恐らく火薬のことであろう。鉄炮に火薬は必要不可欠であり、共に当時は貴重品であったろう。さらに「鉄炮の持筒一挺の外に、然るべき放手召し連れるべきの事」とある。自ら持参する鉄炮以外の鉄炮についても、これを撃つことに適した者を連れてくるようにとある。軍役に課した以上の鉄炮を、少しでも集めたいという望みが読み取れる。

最後に馬についての記述がみられる。「定納二万疋所務の輩は、乗馬の外、引馬二疋必ず用意の事」とある。この場合の「二万疋」とは、馬の頭数ではなく、「疋」は銭十文を示す単位である。すなわち「二万疋」とは、銭二十万文のことである。故に知行二百貫文の者は、自ら乗る馬のほかに、引き馬二頭を必ず用意するようにということである。すべての馬が戦闘用の軍馬とは限らない。兵糧や武器武具を運ぶための駄馬や替え馬も、これらの中に含まれているであろう。また戦いともなれば死傷する馬も少なくないであろう。馬は、戦いに必要不可欠であり、その補給に気を配るのは当然のことである。

【註】(1)長野県下高井郡野沢温泉村のあたり。
(2)柴辻俊六他編『戦国遺文』武田氏編 第二巻 一四六一号（東京堂出版 二〇〇二年）
(3)柴辻俊六他編『戦国遺文』武田氏編 第二巻 一四六二号（東京堂出版 二〇〇二年）
(4)山岸素夫・宮崎眞澄『日本甲冑の基礎知識』（雄山閣 一九九〇年）
(5)柴辻俊六他編『戦国遺文』武田氏編 第三巻 二二〇三号（東京堂出版 二〇〇三年）
(6)腰指＝竹や木で作られ、色分け等を施して合印として腰に指す道具。
(7)末永雅雄「法隆寺西円堂奉納武具」（『日本古文化研究所報告』第八集 一九三八年）

（8）千段巻＝長柄武器の柄の茎が入った部分の補強のために巻き上げた緒や籐。
（9）石突＝長柄武器の柄の先端に補強のために取り付けた金具。

4　山梨市『飯島家所蔵文書』の軍役定書の検証

次に天正三年（一五七五）の長篠合戦以後の代表として、山梨市『飯島家所蔵文書』の初鹿野伝右衛門尉に宛てた天正四年（一五七六）五月十二日付の軍役定書(1)をみていきたい。初鹿野伝右衛門尉の所領は、同三年（一五七五）二月に山梨郡国玉郷(2)に定納九十六貫三百文を与えられ、他に三十八貫文の重恩が与えられている。(3)知行高に対して、課した軍役の程度を具体的に知ることができる貴重な史料である。

「(懸紙うわ書)初鹿野伝右衛門尉殿(竜朱印)」

㊅定　軍役之次第

一、鉄炮　可有上手歩兵之放手、一挺ニ玉薬三百放宛支度すへし　壱挺
一、弓　上手之射手、うつほ・矢根・弦、無不足支度すへし　壱張
一、持鑓　実共ニ二間之中たるへし　五本
一、小旗　壱本

已上、道具数八、
右何も具足・甲・手蓋・咽輪・指物有へし、如此調武具、可勤軍役者也、仍如件、
丙子（天正四年）
五月十二日
初鹿野伝右衛門尉殿
（「武田家朱印状」『戦国遺文』武田氏編 第四巻）

冒頭から鉄炮についての指示がみられる。鉄炮一丁に対して三百発の弾と、それに相当する火薬を用意するようにとある。長篠合戦以降、このように冒頭から鉄炮についての指示がある軍役定書が、他にも複数みられる。永禄十二年（一五六九）付の『市河文書』の軍役定書にも、鉄炮を重視する思考がみられるが、両者の差は歴然としている。長篠合戦で、いかに織田・徳川連合軍から鉄炮の威力を見せ付けられたか。その経験が、逆に鉄炮を重視する思考を高める結果となったのであろう。

次に弓についての指示がみられる。『市河文書』の軍役定書にも「弓・鉄炮肝要候間、長柄・持鑓等略之候ても持参」という指示があり、飛び道具を重視する思考がみられる。その上、「上手之射手」と付け加えるなど、鉄炮に続いて弓からも、飛び道具を重視する思考が従前より高まったことが読み取れる。

次に持槍についての指示がみられる。従前は主戦武器であったはずの長柄が、ここにはみられない。また天正五年（一五七七）五月二十六日付の岡部次郎右衛門宛の軍役定書[4]には、「持槍 拾五本」に対して

望月家に残る喉輪

「長柄　弐拾壱本」とあり、槍全体からみる持槍の割合が、『市河文書』の軍役定書よりさらに高くなっている。このように長柄より持槍を重視する思考については、すでに述べてきたとおりである。しかし、まったく長柄が必要ないとは考えにくい。これ以降のもので、岡部次郎右衛門宛の軍役定書にみられるように、長柄について指示した軍役定書は複数ある。故に長柄についての指示は、他にあるものと思われる。

　次に小旗についての指示がみられる。当時の甲冑には、背旗《せばた》[5]を立てるための装置である合当理《がったり》[6]・受筒《うけづつ》[7]・待受《まちうけ》[8]はない。故に永禄（一五五八～）前年の武装形式と大差はなく、かなり小さな旗であったと想像される。

　最後に甲冑についての指示がみられる。これに対してもいっそう具体的になり、具足《ぐそく》・甲《かぶと》・手蓋《てがい》・咽輪《のどわ》・指物《さしもの》の装着を義務付けている。当時の武装形式から、具足は腹当あるいは腹巻に壷袖程度、甲は主に簡易兜の類い、手蓋は篠籠手《しのごて》程度、咽輪は望月家に残る簡素な喉輪《のどわ》程度と想像され、まさに望月家に残る腹巻を中心にした遺物が示すとおりである。指物は、『市河文書』の軍役定書にもみられるように、敵味方を識別する小旗《こばた》あるいは腰指《こしざし》等の合印のようなものと想像される。

　天正四年（一五七六）五月十二日付の軍役定書は、他に小尾新四郎宛[9]と大久保平太宛[10]の二通が残されているが、これらも課した人数が極めて少ないのである。また以降の軍役定書をみると、すべてにおいて鉄炮や甲冑による重装備を求めている。同十九日付の市川助一郎宛の軍役定書[11]には、これに加えて兜の立物《たてもの》について定めた指示がみられる。この時点で戦闘員の装備はほぼ統一され、武田軍における近世武装の基礎が固められたことが判る。しかし、前述のとおり、これらに課した人数はどれも少なく、長篠合戦で被った人命における痛手が、いかに大きかったかを物語っている。以降も勝頼は、この痛手を引き摺りながら軍勢の増強をはかるが、運命の天正十年（一五八二）を迎えることになるのである。

【註】（1）柴辻俊六他編『戦国遺文』武田氏編 第三巻 二六四六号（東京堂出版 二〇〇三年）
（2）山梨県甲府市の南東部。国玉町の地名として残る。
（3）磯貝正義他編『山梨県 姓氏歴史人物大辞典』（角川書店 一九八九年）
（4）柴辻俊六他編『戦国遺文』武田氏編 第三巻 二八一〇号（東京堂出版 二〇〇三年）
（5）背旗＝当世具足の背に合当理や受筒等の装置を使って立てる旗。
（6）合当理＝当世具足の胴の背にある受筒を支える角枠あるいは丸枠の金具。
（7）受筒＝旗竿を支えるための木あるいは竹で作った筒。
（8）待受＝胴の背面の下部にあり、受筒を受け取る鉄で作った小さな箱。
（9）柴辻俊六他編『戦国遺文』武田氏編 第三巻 二六四五号（東京堂出版 二〇〇三年）
（10）柴辻俊六他編『戦国遺文』武田氏編 第三巻 二六四七号（東京堂出版 二〇〇三年）
（11）柴辻俊六他編『戦国遺文』武田氏編 第三巻 二六五四号（東京堂出版 二〇〇三年）

六　武田軍の戦闘法

武田軍は、半農半兵を常とした土豪や地侍の集まりであり、故に大規模な軍事行動は農閑期に集中している。また一旦戦いになると多大な犠牲者を出している。前述のとおり「騎馬隊の様相」を捉え、本来は少数精鋭の戦法を得意とした武田軍が、何故に生産者である彼等に軍役を課して、軍勢を確保する必要があったのであろうか。

『市河文書』の軍役定書には、「軍役之補として、百姓・職人・禰宜、又幼弱之族召連参陣、偏ニ謀逆之基不可過之事」とあり、軍勢を補うために百姓・職人・禰宜・幼弱の者を連れて参陣することは、反逆を起こすのと変わらないくらい良くないこととある。逆に考えれば、永禄十二年（一五六九）の段階でも、軍勢の増強をはかる中で、百姓・職人・禰宜・幼弱の者等が、当然のように含まれていたことになる。これこそが半農半兵を常とした武田軍の実態なのであろう。

現在、山梨県北杜市付近に残る、いわゆる「棒道《ぼうみち》」は、武田軍が軍用道として整備したものの一部といわれている。その真偽には、諸説様々な意見があるが、仮にここを一万人の軍勢が通るとする。その道幅から馬なら二頭、荷駄一台、歩兵であるなら五人並んで通れるであろうか。延々数千メートルにも及ぶ隊列になろう。いかに大軍の移動に困難が伴うかが想像できよう。

江戸時代に書かれた文献をひもとくと、このように大軍を動員した記述が多分にみられる。そのすべてを疑うつもりはないが、何千何万もの軍勢を動かすことは、筆で一行を書くように簡単なことではない。事実は想像を絶するものであったであろう。

信濃侵攻、川中島合戦、西上野侵攻、駿河侵攻、遠江・三河侵攻と、武田軍の戦歴を振り返ると、年を追うごとに大軍勢を動かしたという記述が目立つようになる。信玄の最晩年の遠江・三河への遠征に従った軍勢は二万とも三万ともいわれている(1)。

武田軍は、領土の拡大と共に占領地の土豪や地侍を先方衆と呼び、その傘下に加えることにより兵力の増強を計っている。またこれに対抗する勢力も信濃侵攻時の村上氏・小笠原氏等と、後に戦う上杉氏・北条氏・今川氏・徳川氏・織田氏等とでは、比較にならないほど強大である。武田軍も、これらと同じく自ら強大化していたことも事実である。

これら強大な敵に対しても、騎馬による電撃戦と足軽による攻城戦が、武田軍の戦法の基本であった。しかし、信濃侵攻時と、その後とでは攻城戦に大きな違いがある。川中島合戦以降、武田軍の活躍の舞台は関東・東海へと移り、故に戦場が山岳部から平野へと移ることになる。そこに点在する城郭は、これまでの山城とは異なる平城・平山城といった規模の大きなものであった(2)。

戦国時代における攻城戦は、城郭の規模の拡大に伴って大軍を要するようになる。小田原の陣や大坂の陣はその典型的な例である。これら巨大化した城郭を攻略するのには、大規模な包囲網の構築が必要となる。これは、武田軍に限らず、戦国時代後半における大軍の役割と考えられる。

『市河文書』の軍役定書にみられる槍に対する細かい指示は、一見すると野戦を想定したものにみえる。しかし、元来の目的は、攻城戦における包囲網を構築するためのものと考えられる。さらに「仕立一統之衆一様たるへきの事」とあることから、槍を持つ者が一土豪や一地侍の単位で行動したのではなく、一定の組織のもとに配属されていたことが想像される。いわゆる槍隊としての組織の確立である。これは、攻城戦における包囲網の構築にはじまることであり、決して野戦における陣形の構築にはじまることではないのである。長柄は、穂先を揃えていっそう密に配置する。それを掻い潜り突破してくる敵を、後方に控える持槍が討つ。所々に竹束・柵・楯等を用い、あるいはその場に陣城を築いて、万全を期した包囲網を構築するのである。[3]

永禄七年（一五六四）の『武州文書』の軍役定書と、同十二年（一五六九）の『市河文書』の軍役定書との間には五年の開きがある。この間に長柄と持槍の比率が大きく変わったことが判る。加えて『武州文書』には甲冑に関する指示が、あまりみられないのに対して、『市河文書』には細かい指示がみられる。この両者を合わせて考えると、攻城戦における戦闘が激化したことが想像できる。つまり持槍の割合が高いということは、包囲網を突破する敵の増加を意味している。そこで防具である甲冑の強化が、これまで以上に必要になったのではなかろうか。武田軍は、倉賀野城[4]や箕輪城のような平城や平山城を攻略していく中で、軍勢の新たなる編制と強化を余儀なくされたのであろう。その結果としてみられるのが、『市河文書』の軍役定書の中身なのであろう。

【註】（1）坂本徳一『武田二十四将伝』（新人物往来社　一九八〇年）他
（2）阿久津久編『日本城郭大系』第四巻・小和田哲男編　同書　第九巻（新人物往来社　一九八〇年）
（3）笹間良彦『図説　日本合戦武具事典』（柏書房　二〇〇四年）
（4）群馬県高崎市倉賀野にある平城。

七　攻城戦

武田軍の主な戦闘は攻城戦である。一部の名高き野戦のみを重視し、熱弁する人が多いようであるが、事実はそればかりではない。従って「騎馬軍団の様相」あるいは「赤備え」を前述のように捉えたのである。

そこで中世の城郭を想定してみると、これを攻略するのには、断崖や土塁をよじ登って敵と一戦しなければならない。これは山城も平城・平山城も違いはなく、この場合、騎馬は何の役にも立たないのである。そこで、攻城戦の主役は徒歩《かち》、すなわち足軽ということになる。またこれを従える者を足軽大将と呼んでいる。

『甲陽軍鑑』品第十七「武田法性院信玄公御代惣人数之事」(1)の足軽大将衆をみると、「横田十郎兵衛＝騎馬三拾騎　足軽百人」を筆頭に二十一人がみられる。この記述で興味深いことは、親類衆・譜代家老衆・先方衆等が、騎馬の数のみで人数を示しているのに対して、足軽大将だけは足軽の人数まで克明に示していることである。

これら二十一人の足軽大将の中に、配下の足軽を三十人以下とする者が、ほぼ半数の十人いる。さらに驚くことは、配下の足軽を十人とする足軽大将が五人もいることである。このわずか十人の足軽の活躍にこそ、武田軍による攻城戦の実態が潜んでいる。

攻城戦と聞くと、小田原の陣や大坂の陣のような、大規模な戦闘を思い浮かべる人が多い。しかし、武田軍が活躍した時期は、いまだ中世の戦闘法を色濃く残し、これら近世の攻城戦とは、かなり異なる様相であったと思われる。

激しい攻城戦があったとされる志賀城[2]・砥石城・葛山城[3]等といった山城はもとより、福与城[4]・倉賀野城・箕輪城・高天神城[5]・野田城[6]・長篠城[7]等の平城や平山城であっても、土塁・石積み・柵・堀切等を廻らして郭(曲輪)を形成し、雨露を凌ぐ草葺や板葺の建物が数戸、兵糧や武器武具等の貯蔵庫、物見櫓ぐらいはあったであろうか。城兵は、二、三百人を収容するのが精一杯であろう。

武田軍の攻城戦による激戦の記録は、その戦歴からみても思いのほか少ない。武田軍は、敵対する城に対して、交渉に次ぐ交渉を重ねて、降伏を促したと考えられる。次いで裏工作・内部撹乱等の策略をめぐらしながらも無血開城を望むのである。その上で、大軍をもって城を包囲し、兵糧の補給や水の手を封じながらも尚も交渉を続ける。これは、前述の『高白斎記』の記述からも十分に読み取れる。

武田軍の敵城に対する交渉は、その傘下に属すか否かが焦点であり、この点においては白熱したものが想像される。城側にとっては自領の安堵が条件で、最も具体的にいえば年貢や軍役が、どの程度課せられるかが交渉を左右したと考えられる。逆に傘下を離れて、他の勢力に属すということは、武田軍よりも年貢や軍役の条件が甘くて緩やかなのであろう。最終的には互いに譲歩し合い、どこまで妥協できるかが、攻城戦を回避する上での鍵となろう。そして、最後の交渉の決裂をもって、いよいよ攻城戦へと突入するのである。

たとえ攻城戦に突入したとしても、当時の城郭の規模や武装形式を考えると、後世にいわれるほどの戦闘を展開したとは思えない。この場合、足軽を城内へ潜入させるわけだが、敵に悟られることなく、慎重且つ敏速に行動しなくてはならない。この点において少数精鋭であることが、最も有効に任務を遂行できたと思うのである。

足軽十人を従えた足軽大将――。一見して無力にもみえる彼等こそ、武田軍の攻城戦における主役なのである。一旦、城内へ乱入するなら、配下の足軽を手足のように扱って敵を撹乱させ、瞬く間に城将の首をはねる。これこそが足軽大将に課せられた任務であり、その使命なのである。

その武装は、簡易兜《かんいかぶと》あるいは額金《ひたいがね》に腹巻《はらまき》あるいは腹当《はらあて》を装着し、小具足《こぐそく》は篠籠手《しのごて》・篠臑当《しのすねあて》(8)程度の至って軽便で徒歩に適したものが想像される。攻撃には、持槍・打刀《うちがたな》(9)あるいは大太刀《おおたち》(10)を用いて機敏に行動したと思われる。

これが、攻城戦の激化と増大に伴い、永禄(～一五六九)のおわりごろには『市河文書』の軍役定書にみられる戦闘員の武装へと変わり、さらに長篠合戦以降になると山梨市『飯島家所蔵文書』の初鹿野伝右衛門尉宛の軍役定書にみられる近世武装へと変わっていくのであろう。

望月家には、腹巻を中心にした甲冑のほぼ一式が残されている。その各部の製作における手法や時期に一貫性がみられないのである。故に最も古い時期に作られた腹巻に、後々兜や袖・小具足を足していったと思われる。その兜の製作年代は、永禄(～一五六九)のおわりから天正(一五七三～)のはじめごろと推定され、『市河文書』の軍役定書が示す戦闘員に兜の装着を義務付けた時期とほぼ一致する。すなわち、もともと所持していた腹巻に、後々発布される軍役に従って、望月家でも武具武装の強化を図ったのであろう。その結果が、帰農して以後、一度も手が加わることなく残されたかたちなのであろう。

【註】（1）磯貝正義・服部治則校注『甲陽軍鑑』上（新人物往来社　一九六五年）
（2）長野県佐久市志賀字城にある山城。
（3）長野市茂菅にある山城。
（4）長野県上伊那郡箕輪町福与字南城にある平山城。
（5）静岡県掛川市上土方にある平山城。
（6）愛知県新城市豊島にある平山城。
（7）愛知県新城市長篠市場にある平城。
（8）篠臑当＝篠竹に似た細長い板を用いる臑当。
（9）打刀＝刃を上にして腰に巻く紐に差す形式の刀剣。
（10）大太刀＝通常の太刀より長大な為、腰に佩くことはできない。

八　鉄炮

戦国時代を迎えると、攻撃兵器に一大変革が起きる。それは、槍の多用化と鉄炮の伝来である。鉄炮が、天文十二年（一五四三）に種子島に伝来したことは、あまりにも有名である。以後、戦乱の世にある我国に急速に広まり、戦いの有り様を大きく変えることとなる。中でも、その威力を発揮した戦いとして長篠合戦がよく知られている。

合戦があったのは天正三年（一五七五）であるから、鉄炮伝来から数えて三十二年後のことである。織田・徳川連合軍は、敵対する武田軍に対して、馬を防ぐための柵[1]と三千丁（一説に一千丁）[2]もの鉄炮をもって対抗した。巧みに編成された鉄炮足軽の射撃の前に、武田軍は壊滅的な痛手を被るのである。

　この折、武田軍がどれだけの鉄炮をもって、織田・徳川連合軍に対抗したかが、常に論議の的となる。武田軍の天正期（一五七三〜九二）における鉄炮の保有数を示した史料はもとより、これ以前の史料も管見する限りみられない。唯一、武田軍の鉄炮の数値を示すのが、合戦から二十年も前の天文二十四年（弘治元・一五五五）の『勝山記』の記述である。これによると、川中島第二戦の折に、旭山の砦を守る味方の栗田寛明に、三千の援兵と共に「弓八百張・鉄炮三百梃」を送ったとある。(3)あまりにも漠然とした数値であり、これを裏付ける他の史料も管見する限りみられない。

　『武州文書』の軍役定書には、四十五人あるいは三十八人の人数に対して「鉄炮壱丁」と定めている。また『市河文書』の軍役定書には、「弓・鉄炮肝要候間、長柄・持鑓等略之候ても持参」さらに「知行役之鉄炮不足ニ候　向後用意之事」とみられ、鉄炮を重視し、その確保に躍起になっている様子が読み取れる。また山梨市『飯島家所蔵文書』の軍役定書は、総知行百三十四貫三百文の初鹿野伝右衛門尉に宛てたものであり、冒頭から「鉄炮　可有上手歩兵之放手　一挺ニ玉薬三百放宛支度すへし　壱挺」と指示している。これらに対して『勝山記』に「弓八百張、鉄炮三百梃」と記したのは僧侶であり、軍事に直接関わる者ではない。故に当時の僧侶という身分や立場を考慮したとしても、この時点で弓・鉄炮の数を正確に知り得たとは思えず、恐らく本国にもたらされた情報を、そのまま記したのではなかろうか。

　著者は、この点において旭山の砦から善光寺（長野県長野市）の長尾軍を牽制するために、武田軍が発表したものを、そのまま記したと思うのである。旭山の砦に、ある程度の数の弓・鉄炮で配備し、

「弓八百張・鉄炮三百梃」もの飛び道具で備えたと発表すれば、精鋭を期した長尾軍といえども容易に手が出せなかったであろう。戦場の川中島から、遠く離れた本国甲斐の一僧侶の耳に届くほど、この発表は大きかったのであろう。この記述は、鉄炮の数を示すものとして捉えるより、信玄の演出による策略の一つとして捉えるべきであるように思う。同時に鉄炮に対する認識は、この時点で両軍とも十二分にあったといえよう。

武田軍が保有する鉄炮の数については再び謎となる。しかし、この議論は当初から成り立つものではない。なぜならば、この時期、鉄炮を含む武器武具の類いは、各々の土豪や地侍が所持し、管理していたからである(4)。このため、単に「武田軍の鉄炮保有数」というより、その傘下にどれだけ鉄炮があるか、という言い方が正しいのであって、実数を把握することは、たとえ武田家当主であっても難しかったであろう。また『市河文書』の軍役定書から、槍についてある程度統制された組織の存在が読み取れる。そこで、鉄炮についても「向後用意の事」とあり、数を集めるのと同時に、「鉄炮之持筒一挺之外者、可然放手可召連之事」とあることから、ある程度統制された組織が存在していた可能性も捨てきれない。

『武州文書』の軍役定書には、四十五人あるいは三十八人の人数に対して「鉄炮壱丁」と定めている。これに対して山梨市『飯島家所蔵文書』の初鹿野伝右衛門尉宛の軍役定書をみると、持槍五本を含むわずか八つの道具の中に鉄炮一丁が含まれている。これは『武州文書』に課した人数や道具と、比較にならない程の高い比率である。このように長篠合戦以降の軍役定書から、鉄炮に対する思考が一変したことが多分に読み取れる。長篠合戦は、当時の世の中を震撼させた戦いであり、鉄炮が必要不可欠となる近世戦の先駆けであると共に、現代人の我々が想像する以上の一大事件であったのであろう。

さらに武田軍が鉄炮の弾避けとして、竹を束にしたものを楯に使っていたことが知られている。それは、天文二十一年(一五五二)に信濃国の苅屋原城[5]を攻めたときに、敵将太田長門守(資忠・弥介ともある)等城兵が放つ鉄炮を前に、米倉丹後守(重継・正継ともある)が考案したといわれている。[6]こうした竹束の楯は、武田軍だけでなく、他でも使っていたようであり、武蔵国(埼玉県)の騎西城[7]から上杉軍が使ったと思われる竹束が出土している。[8]しかし、天文(一五三二〜五四)のころの戦いを考えると、はじめは鉄炮の弾避けというより、矢避けとして使っていた可能性の方が高いように思われる。また『当代記』[9]によると、長篠城の攻城戦のときにも、城側が撃つ鉄炮の弾を武田軍が竹束の楯を使って避けていたとある。このように鉄炮に精通していたといわれる米倉重継も長篠合戦で討ち死している。一部に大宮の戦いの折に、連合軍の柵を打ち破り、陣中に突入したところを討ち取られたとあるが定かではない。

【註】
(1)桑田忠親校注『池田本 信長公記』(新人物往来社 一九六五年)
(2)註(1)に同じ。
(3)善光寺の南西約千三百メートルの長野県長野市安茂里にある山城。
(4)元近刀や望月家に残る遺物が実証している。
(5)長野県松本市四賀村錦部にある山城。
(6)『見聞雑録』・土橋治重『武田武士の系譜』(新人物往来社 一九七二年)他
(7)埼玉県北埼玉郡騎西町根古屋にある平城。

（8）竹村雅夫『上杉謙信・景勝と家中の武装』（宮帯出版社二〇〇九年）
（9）著者・成立年不詳（国書刊行会一九一一年）戦国時代から江戸時代に至るまでの社会情勢を記した著述。

九　穴山信君甲冑注文状の検証

次に甲府市『石川家文書』の穴山信君条書と和歌山県清水町『恩地家文書』の同朱印状をみておきたい。この二通は、いずれも穴山信君の甲冑注文状といわれるものである。そこから、穴山信君がどのような甲冑を注文し、用いたかを検証していきたい。また信君は晩年に出家して梅雪斎と号し、穴山梅雪の名でよく知られている。その肖像画（県文）が静岡市清水区興津井上町の円悟山霊泉寺に伝えられている。花菱紋を織り込んだ緞子あるいは綸子の法衣をまとい、腰に黒鮫革で包んだ柄に、鍍金の草花を思わせる目貫を用いる合口拵の腰刀を差し、手に扇子と数珠を持つ姿がリアルに描かれている。

県文 穴山梅雪斎像

同 腰刀柄

1　甲府市『石川家文書』の条書の検証

まずは、『石川家文書』（甲府市石川家蔵）の条書[1]からみていきたい。

この条書は、年未詳であるが、穴山信君の花押《かおう》にみられる特徴から元亀二年（一五七一）ごろのものと推定される。(2) これは、管見する限り最も初期の甲冑注文状であり、『甲斐国志』に「吉三ハ下山村九左衛門ノ先松木吉三ナリ」とあることから、山梨県南巨摩郡身延町下山に住む甲冑師の吉三に穴山信君が宛てたものと思われる。(3) そこには、甲冑の部分名称を詳細かつ具体的にあげた指示がみられ、実に興味深い。故に注文された甲冑が、どのような形式あるいは形態のものかを検証したい。

ちうもん

一、くそく（具足）、はらまき（腹巻）、おけかハとう（桶側胴）、くさすり（草摺）十けん六さけ、

一、五ツかな物、なしちまきゑし（梨子地蒔絵）ゝ（獅子）にほたん（牡丹）、わきひきしつけ（脇引仕付）、もやう（模様）口上にあり、

一、あけまき（総角）、ひしさかなめしかけ（菱逆鞣掛）、おとしいと（威糸）むらさき、みゝむなめ（畦目）丸くミともに、いとふと（糸太）にすへし、

一、てかい（手蓋）五すち、ちやうつかい（蝶番）、かたきつこうさね（亀甲札）、すねあて（臑当）むすち、ちやうつかい、十わうかしら（王頭）むかしのことくたるへし、のとわ（喉輪）つねのことし、

一、かふと（兜）となりしころ五さけ、まみほしかふと（星兜）のことく、めんほう（面頬）とひはな、こと〳〵くしやくとう（赤銅）かな物、いつれもかねをきたい（鍛）、かねあつ（金厚）にしたく（支度）すへきなり、

以上

十月廿六日（年未詳）　信君（穴山）（花押）

吉三（松本カ）とのへ

（「穴山信君条書」『戦国遺文』武田氏編 第六巻）

穴山信君判物

はじめに「くそく（具足）、はらまき（腹巻）」とある。具足とは、前述のとおり甲冑の意味と考えられ、その形式を腹巻と指示している。中世において、右脇に引合《ひきあわせ》がある胴を腹巻と呼び、背に引合がある胴を胴丸と呼んでいた。この呼称が、近世になって反転し、右脇に引合がある胴を胴丸と呼ぶようになり、背に引合がある胴を腹巻と呼ぶようになった。すでに室町時代の末期に中央では、この反転した呼称が使われていたようである。[4] この条書にみられる腹巻が、果たしてどちらの形式を示すものなのか。また条書が、元亀二年（一五七一）ごろのものと推定されることから、この時期の甲斐国においていずれの形式を腹巻と呼んでいたのか、興味をそそるところである。

次に「おけかハとう」とある。当世具足（近世甲冑）の胴の形態を示す語に桶側胴《おけがわどう》と呼ぶものがある。これは、横に長い鉄や革の板を、縦に小鋲で留めて作られた胴のことである。また横に長い板を用いることから横矧胴《よこはぎどう》とも呼んでいる。[5] しかし、こうした形態の胴は、天正（一五七三～九二）の中ごろに、すでに発生していたと考えられる。それがいつごろまでさかのぼれるかは定かではない。

「くさすり十けん六さけ」とは、草摺《くさずり》を十間の六段下がりにするようにという指示であろう。ふつう草摺は、胴丸であれば八間、腹巻であれば七間あるいは五間である。いずれにしても、十間と細分化し、六段下がりにするのは、室町時代の末期の草摺の大きな特徴である。また浅間大社には、十一間・十二間・十三間の草摺の胴丸があるが、いずれの草摺も六段下がりであり、この条書と一致する。

「五ツかな物」とは、金具廻《かなぐまわり》の意味と考えられる。胴丸であれば、胸板・左脇板・前後右脇板・押付板の計五つであり、腹巻であれば、胸板・左右脇板・左右押付板の計五つである。しかし、注目すべきことは、この条書に「あけまき（総角《あげまき》）」の色の指示がみられることである。腹巻に総角を付けたとすると、背板《せいた》(6)が付いていたことになる。この場合、背板の金具を加えると、「五ツかな物」ではなく、「六ツかな物」とならざるを得ない。この条をみる限り、注文した甲冑の胴は、背に引合がある腹巻ではなく、右脇に引合がある胴丸の可能性が高いように思われる。

「なしちまきゑしゝにほたん」とは、金具廻を梨子地に塗り、唐獅子《からじし》と牡丹《ぼたん》の蒔絵《まきえ》を施すようにという指示であろう。浅間大社の胴丸①（二〇頁参照）の金具廻には、金梨子地に桐紋の蒔絵が施されている。また諏方大祝家の胴丸（一〇八頁参照）の金具廻には、金梨子地に一枚梶の葉紋の蒔絵が施されている。いずれもこの条書にみられる好みと似ている。

「わきひきしつけ」とは、仕付脇引《しつけわきびき》のことをいうのであろう。室町時代の後期に両脇の防御の強化のために脇引《わきびき》と呼ぶ小具足が生じる。それは、脇板より一回り大きく作られた金具に、小札板を威し下げて作られている。これを、胴を装着した上から、両脇に当てるわけだが、脇板と脇引の金具とが重なり、腕の運動に支障をきたすことになる。このため室町時代の末期になると、脇引の金具が分かれて、直接脇板として仕付けることがはじめられた。すなわち湊川神社（兵庫県神戸市）蔵「白紅段威胴丸」（重文）・大山祇神社（愛媛県今治市）蔵「紺糸威胴丸」（重文）等にみられるような、特異な形状の脇板のことであろう。

「もよう口上にあり」とは、金具廻に施す蒔絵の模様のことであろう。つまり唐獅子や牡丹の配置・葉や茎等の図案は、直接口で指示するということであろう。

「あけまきむらさき」は、前述のとおり総角の色を紫にするようにという指示であろう。総角は、中世を通して赤系のものがほとんどである。これが、室町時代の末期以降、特に近世になると様々な色のものがみられるようになる。諏方大祝家の胴丸には、この条書と同じ紫の総角を残している。

「ひしさかなめしかけ」とは、革菱《かわびし》のことであろうか。革菱には、極く薄いなめし革を用いるため、一部に猿の皮を用いたという説[7]もあり、猿菱《さるびし》とも呼んでいる。故に「さかなめし」とは、「猿なめし」のことではなかろうか。革菱は、浅間大社の兜②（三二頁参照）にみられる。

「おとしいとむらさき」とは、威糸《おどしいと》を紫にするようにという指示であろう。そこには威毛を、毛引威《けびきおどし》にするのか、素懸威《すがけおどし》にするのか書かれていない。この時期の威毛の主流は、いうまでもなく毛引威である。これに対して素懸威は、室町時代の後期に鉄炮や槍等の攻撃に対応して生まれた、新しい威の手法である。素懸威の甲冑は、当時の戦闘に適しているため、徐々にではあるが、上級武士の間にも浸透し、次第に用いられるようになった。また浅間大社旧蔵の色々威壷袖（三六頁参照）は、毛引威と素懸威を併用している。故にその可能性もあるが、総体に素懸威の可能性も十分に考えられる。しかし、条書に何の指示もないことを踏まえ、ふつうに考えれば、穴山信君の甲冑はやはり毛引威とするのが妥当ではなかろうか。奥州の新庄藩戸沢家には、この条書と同じく紫糸威の武田家にまつわる小星兜（五〇頁参照）が伝えられた。

次に「み、むなめ丸くミともに、いとふとにすへし」とある。「みみ」とは、耳糸《みみいと》のことであり、「むなめ」は、指示の内容や順序から畦目《うなめ》のことであろう。「丸くミ」とは、丸組《まるぐみ》の紐と思われ、その用途には高紐《たかひも》をはじめ袖付緒《そでつけのお》・引合緒《ひきあわせのお》・総角等がある。いずれに用いる紐も太い糸（丈夫な糸）を用いるように指示している。

「てかい五すち、ちやうつかい、かたきつこうさね」は、すべて籠手《こて》の指示と考えられる。手蓋《てがい》五筋とあり、次に「ちやうつかい」とあるから、五枚の板を蝶番《ちょうつがい》で連動した筒籠手《つつごて》[8]とも考えられる。しかし、筒籠手は、ふつう板を三枚にすることが多く、五枚にした遺例はほとんどみられない。次に肩、すなわち上腕部に亀甲札《きっこうざね》を用いるようにという指示がある。この場合の亀甲とは、六角形のかたちを意味し、札《さね》は、小片を意味すると考えられる。すなわち亀甲札は、通常の小札ではなく、亀甲金《きっこうがね》[9]のことではなかろうか。ふつう亀甲金は、家地の中に敷き詰めて用いることが多い。故に産籠手《うぶごて》[10]の可能性も捨て切れない[11]。

「すねあてむすち、ちやうつかい、十わうかしら、むかしのことくたるへし」は、すべて臑当《すねあて》の指示と考えられる。「むすち」は、「てかい五すち」と同じく、六筋の意味と思われる。ここにも「ちやうつかい」とあるから、六枚の板を蝶番で連動した筒臑当《つつすねあて》[12]とも考えられる。しかし、筒臑当は、ふつう板を前左右の三枚にすることが多く、六枚にした遺例はほとんどみられない。これは、籠手と同様の疑問であり、用いる板の数が多く、そのままのかたちを想像すると、板の幅が狭すぎるように思えてならない。そこで、「すち（筋）」を細長いという意味として捉えると、それは篠《しの》になるのではなかろうか。

つまり、ここにみられる籠手は、五本の篠籠手、臑当は、六本の篠臑当ということになろう。この場合、「ちゃうつかい（蝶番）」の意味が問題になろう。ふつう蝶番というと、心棒を入れて連動するものを思い浮かべる。元来、蝶番には、蝶の羽のように開閉を自在にし、連動するという意味がある。そこで、これと同じ意味で捉えるなら、鎖《くさり》でも同じ効果が見出せるのではなかろうか。すなわち、ここでいう「ちゃうつかい」とは、心棒を入れて連動するものではなく、鎖の意味と考えられる。故にいずれも、鎖によって連動した篠籠手・篠臑当と想像される。この件に関しては様々な意見もあろうが、著者の見解として以上のように達した。

次にある「十わうかしら」とは、前左右の三つに分かれた立挙《たてあげ》(13)のことであろう。十王頭《じゅうおうがしら》の呼称は、十王（閻魔大王《えんまだいおう》）の冠に似ているところから、名付けられたといわれている。(14)そこで、籠手の肩に亀甲金を用いることから、立挙も亀甲立挙《きっこうたてあげ》(15)の可能性があるように思われ、江戸時代の呼称でいう十王頭の三割《みつわれ》と想像される。ふつうに考えれば、十王頭の三割の立挙が、元亀年間（一五七〇〜七二）に存在していたとは考えにくい。しかし、それが六本の篠臑当であると想像される以上、鉄板で作られた三枚の立挙は、さらに考えにくいのではなかろうか。また茶道具にも十王頭茶入・十王口釜という呼称があり、室町時代からこうした例えがなされていたことが窺える。(16)

そして、十王頭の立挙に対して「むかしのことくたるへし」とあり、次に「のとわ（喉輪《のどわ》）つねのことし」と、その作意について、念を押すように指示している。その上、全体的に要点のみをかいつまんだ感があるようにも思える。さらに、ここには当時の武装に必要な袖《そで》と佩楯《はいだて》の指示がみられない。また「もよう口上にあり」とみられることから、この条書は正式な注文状ではなく、その発布の後に要点のみを念を押すかたちで、書かれたものではなかろうか。すなわち、これは、使者に口上と共に持たせたもののように思うのである。

次に「かふととなり、しころ五さけ、まみほしかふとのことく」とある。これは、すべて兜の指示と考えられる。「となり」の意味がはっきりしないが、五段下がりの𩊱を付け、「まみ（眉庇《まびさし》）」は、星兜《ほしかぶと》のようにという指示であろう。ここでいう星兜とは、上州系や相州系等のいわゆる関東型の星兜と考えられる。この時期、関東型の筋兜《すじかぶと》も星兜と同じく出眉庇《でまびさし》(17)にすることがふつうである。故に「となり」とは星兜・筋兜ではなく、簡易兜《かんいかぶと》の一種と思われる。つまり出眉庇が付いた簡易兜ということになろう。そこで「となり」であれば頭形《ずなり》あるいは桃形《ももなり》と考えられよう。

次に「めんほうとひはな」とある。面頬《めんぼう》とは、顔面を保護する小具足のことであり、ふつう顎から両頬にかけて深く覆うかたちのものが多い(18)。室町時代の後期になると、これに防御と装飾をかねた鼻が付くようになる。つまり「とひはな」とは、鳶《とび》の嘴《くちばし》のような尖った鼻を付けるようにという指示であろう。この面頬は、鼻があることから目《め》の下頬《したぼう》(19)と呼ぶべきであろう。しかし、この条書から想像される面頬は、原初的なかたちのものと考えられ、近世の目の下頬とはかなり異なる形状のものであったと思われる。

「ことことくしやくとうかな物」とは、すべての金物を赤銅《しゃくどう》にするようにという指示であろう。赤銅とは、黒っぽい銅の合金のことであり、この時期の金物によく用いられる。次に「いつれもかねをきたい、かねあつにしたくすへきなり」とある。これは、兜鉢や金具廻に用いる鉄板の指示と思われ、いずれの地金《じがね》も鍛えて、厚くするようにということであろう。

この条書では、面頬（当）と喉輪を共に指示している。永禄十二年（一五六九）に発布された『市河文書』の軍役定書にも同様の指示がみられる。ふつう面頬には須賀《すが》と呼ぶ垂《たれ》が付く。この場合、喉輪の垂と須賀とが重なり、共に装着するのは不都合に思える。しかし、室町時代には、この条書や『市河文書』の軍役定書にみられるように、面頬と喉輪を併用していたようである。つまり、この時期の面頬には須賀がなく、喉輪と併用することによって、喉まわりを保護していたと考えられるのである。(20)その遺物をみる限り、面頬に須賀が付くのは、天正（一五七三〜）のはじめごろと推定される。(21)

以上、甲府市『石川家文書』の穴山信君条書について述べてきた。ここにみられる甲冑の胴は、金具廻の形態や総角の有無等から、右脇に引合がある胴丸の可能性が高いように思われる。すなわち元亀二年（一五七一）ごろには、甲斐国において胴丸・腹巻の呼称は、反転していなかったことになろう。

そこで生じる最大の疑問が、「おけかハとう」の意味である。この条書では、まず甲冑の形式を「腹巻（現在では胴丸と呼ぶ）」と指示し、但し「おけかハとう」にするようにと付け加えた感がある。わざわざ「腹巻」と指示している以上、「胴丸（現在では腹巻と呼ぶ）」の「おけかハとう」もあるのであろう。さらに、この条書では、金具廻を胴本体と切り離し、その装飾を詳細に指示している。

これらのことから、「おけかハとう」の意味は、甲冑の形式を示すものではなく、形態を示す意味と考えられる。さらに、その記述から、いまだ中世甲冑の伝統的な製法が感じられる。つまり近世の桶側胴のように、各段を鋲で留めて固定したものではなく、金具廻が独立し、立挙と長側が従前どおりに分かれ、これを威し付けたものに思えるのである。すなわち「おけかハとう」は、中世甲冑の形式であると共に、この時期に生まれた新しい甲冑の形態ということになろう。

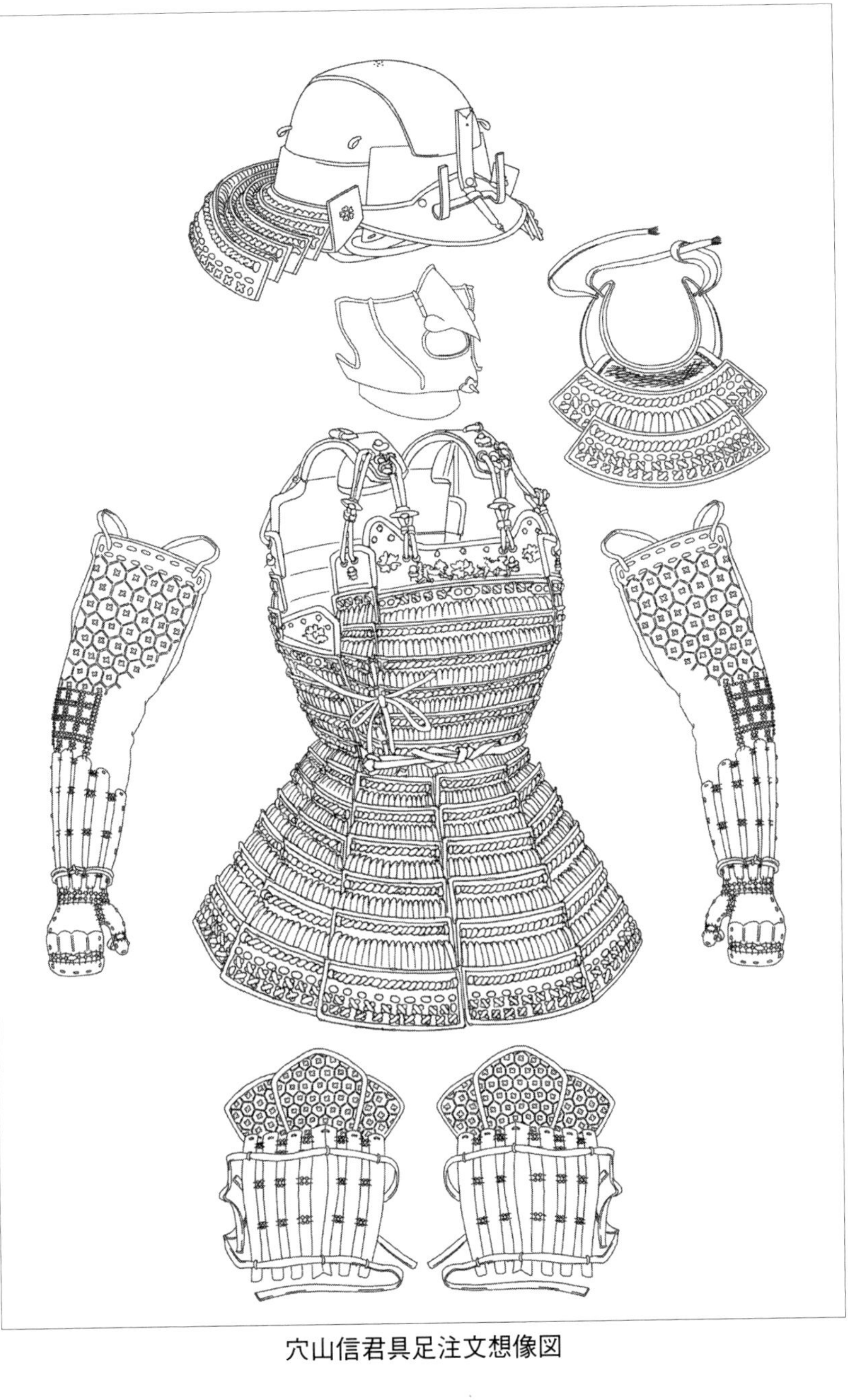

穴山信君具足注文想像図

室町時代も後期になると、個々の戦闘も激しさを増し、より殺傷性が高い槍や鉄炮が多く用いられるようになる。これらは、いずれも一点集中型の攻撃であり、従前の小札物《こざねもの》の甲冑の弱点を突くこととなった。[22]その防ぎとして、新たに開発されたのが板物《いたもの》の甲冑である。つまり板物は、小札物に比べて、一点集中型の攻撃に対しても、小札板が折れにくいからである。これらのことを踏まえて消去法を用いて考えると、この時期に生まれた「おけかハとう」とは、板物の胴以外に考えられないのである。すなわち、その意味は最上胴《もがみどう》のことであり、[23]いわゆる最上胴丸《もがみどうまる》・最上腹巻《もがみはらまき》を指すものと思うのである。

近世の桶側胴も横矧胴を呼ぶのであって、同じ形態であるはずの縦矧胴《たてはぎどう》[24]を桶側胴とは呼ばない。つまり、横に長い板を用いる胴が桶側胴といえる。そして最上胴丸・最上腹巻は、いずれも段替蝶番《だんがえちょうつがい》[25]であるため、長側の各段が横に連なる長い板になり、これを胴身に巻いて装着するわけである。このあたりに「おけかハとう」の語源もあるのではなかろうか。

最上形式の胴丸・腹巻の当時の呼称について、これを示す確実な史料がなく、異論が絶えないところである。この点、甲府市『石川家文書』の穴山信君条書の「くそく、はらまき、おけかハとう」の記述は、それを窺わせるものとして注目される。この条書の一節は、最上形式の胴丸・腹巻の呼称の研究に一石を投じるものとなろう。

また、この条書にみられる甲冑は、武田氏関係の遺物として残る甲冑に好みがよく似ている。そこで、これに最も近い遺物を挙げるなら、やはり浅間大社の胴丸①であろう。つまり、穴山信君が注文した甲冑は、梨子地に塗った金具廻に、唐獅子と牡丹の模様の蒔絵を施す紫糸威の最上胴丸と推測される。これに、出眉庇が付いた簡易兜(頭形か)、とがった鼻の目の下頬、胴が板物であるから同じく板物の喉輪、肩に亀甲金を埋めた篠籠手、亀甲立挙が付いた篠臑当等を具していたと考えられる。

ここに指示がみられない袖《そで》と佩楯《はいだて》については、以下のように想像される。袖は、兜・胴と共に三物として捉え、作意を統一するのは当然のことであろう。故に冠板は梨子地に塗られ、唐獅子と牡丹の蒔絵を施したと思われ、胴が最上胴であるから、板物で紫糸威の広袖あるいは壷袖と考えられる。また佩楯も、籠手・臑当と共に三具として捉え、作意を統一するのは当然のことであろう。そこで籠手の肩に亀甲金を用いることから、産佩楯《うぶはいだて》[26]の可能性があるように思われる。

【註】

（1）柴辻俊六他編『戦国遺文』武田氏編 第六巻 三九三一号（東京堂出版 二〇〇六年）

（2）身延町誌編集委員会編『身延町誌』（身延町役場 一九七〇年）

（3）宮崎隆旨『奈良甲冑師の研究』（吉川弘文館 二〇一〇年）

（4）鈴木敬三編『有職故実大辞典』（吉川弘文館 一九九六年）

（5）斎藤慎一「桧原村出土の古甲冑・定形化以前の当世具足」（『多摩のあゆみ』一九九〇年）

（6）背板＝腹巻の背の隙間をふさぐ板。押付板・胴・草摺を腹巻の作意と同じに作る。臆病板とも呼ぶ。

（7）山上八郎『日本甲冑の新研究』（歴史図書社 一九二八年）

（8）筒籠手＝鉄板あるいは革板を筒状に作り、蝶番で開閉させて下腕部を包み込むように装着する籠手。

（9）亀甲金＝中央を高く打ち出し、四つ穴をあけた径が二センチ程の正六角形の鉄板あるいは練革。

（10）産籠手＝座盤・鎖・手甲等を家表と中込の間に包んで作られた籠手。

（11）山形県上杉神社に、これと類似する遺例がある。

（12）筒臑当＝鉄あるいは革の板を筒状に作り、臑を包み込むように装着する臑当。

（13）立挙＝臑当の膝を保護する部分。

(14) 山上八郎『日本甲冑の新研究』(歴史図書社 一九二八年)
(15) 亀甲立挙＝亀甲金を家地で包んで這縫を行って作った臑当の立挙。
(16) 林屋辰三郎他編『角川茶道大事典』(角川書店 一九九〇年)
(17) 出眉庇＝共鉄で作られた三光鋲で、かしめて取り付けられた突き出た形の眉庇。
(18) ふつう半頬あるいは頬当と呼ぶが、本文中は条書に従って面頬で統一する。
(19) 目の下頬＝鼻があり目から下全体を覆う面具の一種。
(20) 三浦一郎・高柳俊之「面具の発生とその変遷」(『甲冑武具研究』一二三号 一九九八年)
(21) 清水神社(岐阜県揖斐郡揖斐川町)蔵「茶糸威胴丸 頭形兜・壷袖・半頬付」(県文)
(22) 小札物の甲冑は、槍や鉄炮のような一点集中型の攻撃に対して、小札板が折れ易く不利である。
(23) 藤本正行『鎧をまとう人びと』(吉川弘文館 二〇〇〇年)
(24) 縦矧胴＝縦に長い鉄や革の板を、横に小鋲で留めて作った当世具足の胴。
(25) 段替蝶番＝長側の各段ごとに個別に設けた蝶番。
(26) 産佩楯＝佩楯の一種。座盤・鎖等を家表と中込の間に包んで作った佩楯。

2　和歌山県有田川町『恩地家文書』の朱印状の検証

次に、和歌山県有田郡有田川町(旧有田郡清水町)『恩地家文書』の天正六年(一五七八)拾月七日付の、穴山信君を示す「栄」の朱印状(1)をみることにしたい。これは、短い文面であり、恐らく本文を差し出した後に、追って右衛門尉に宛てたものと思われる。敬称が略されているものの、穴山信君が佐野文書かれたものと想像される。しかし、その内容には、実に興味深いものがある。

立物鍬形、手蓋ハきん馬帽子
脛楯ハ銀たるへし
（「栄」朱印）□
（天正六年）寅拾月七日
同のと輪金　佐野文右衛門尉
（「穴山信君朱印状」『戦国遺文』武田氏編 第四巻）

はじめに「立物鍬形」とある。これは、兜の立物《たてもの》を鍬形《くわがた》にするようにという指示であろう。次に「手蓋ハきん」とあり、籠手《こて》に金箔押《きんぱくおし》あるいは金溜塗《きんためぬり》[2]を施して、金色にするようにという指示と思われる。穴山領河内《かわうち》の望月家（山梨県南巨摩郡早川町）にある桃形兜《ももなりかぶと》にも、眉庇《まびさし》と吹返《ふきかえし》に金箔を押した痕跡が認められる。この時期になると、甲斐国でも小札《こざね》だけでなく、兜鉢《かぶとばち》や小具足《こぐそく》まで金色に塗った甲冑があったということになろう。

次に「馬帽子」とあるが、これが示す語が認められず、恐らく類似する文字の形から「烏帽子」の誤りではなかろうか。すなわち、これは兜のかたちを烏帽子《えぼし》にするようにという指示であろう。上杉神社[3]（山形県米沢市）には、上杉謙信所用と伝わる「金箔押風折烏帽子形兜」「金箔押唐草透烏帽子形兜」があり、いずれも天正（一五七三～）のはじめごろの烏帽子形兜《えぼしなりかぶと》の遺物として知られている。これらは、ふつうにみられる烏帽子形兜より、はるかに技巧をこらしている。故に、この時期、甲斐国にも烏帽子を模した兜があったとしても、何の不思議もないのではなかろうか。むしろ烏帽子形兜は、変わり兜[4]の一種ではあるが、構造的あるいは機能的にみれば桃形兜と同じである[5]。このことから、思いのほか早い時期に作られるようになったとも考えられる。ここにみられる「烏帽子」とは、上杉神社の所蔵品をみる限り、眉庇《まびさし》を眉形《まゆなり》にし、桃形兜を頭高にしたような、原初的な形の烏帽子形兜であったと想像される。

その兜の形状を考えると、立物の鍬形も眉庇《まびさし》に鍬形台《くわがただい》を打ち付け、左右の鍬形を差して立てる、いわば中世からの形態のものとは思えない。むしろ、鍬形と鍬形台を一体に作り、これを一つの立物として眉庇に設けた角元に差して立てる、近世にみられるような鍬形の前立《まえたて》に思えてならない。

次に「脛楯ハ銀たるへし」とある。これは、臑当《すねあて》を銀色にするようにという指示であろう。室町時代には磨白檀《みがきびゃくだん》の臑当が用いられ[6]、永青文庫（東京都文京区）にも、これを思わせる臑当を装着した「細川澄元画像」（重文）がある。磨白檀は、地鉄《じがね》を光るまで磨き上げ、その上に防錆のため透漆《すきうるし》を塗って仕上げたもので、望月家の桃形兜（一〇三頁参照）の鞠のように赤くメタリック状にみえる。このため銀白色にはみえず、臑当が銀色でなければならないという指示と必ずしも一致しない。やはり、籠手を金色に塗ったのと同じく、銀箔押《ぎんぱくおし》[7]あるいは銀溜塗《ぎんためぬり》[8]であったと考えるのが妥当であろう。

最後に「同のと輪金」とある。これは、同じく喉輪《のどわ》も金色にするようにという、念を押した指示と思われる。そこから想像される甲冑は、兜の形状あるいは小具足の塗り色等から、前述の甲府市『石川家文書』の注文における甲冑に比べて、近世甲冑（当世具足）の特徴をより色濃く備えているといえよう。長篠合戦以降、武田軍の軍装が大きく変わったことは、山梨市『飯島家所蔵文書』の軍役定書から十分に読み取れる。そして、この二通の甲冑注文状からも、長篠合戦を跨《また》ぐかたちで、武装形式が変わったことが判るのではなかろうか。

また、山梨県南巨摩郡身延町下部（旧西八代郡下部町）の『門西家文書』に、穴山信君が文右衛門という人物に宛てた、天正八年（一五八〇）正月二十六日付の棟別諸役免許の折紙がある。(9) 棟別《むなべつ》とは、屋敷の家屋にかかる租税のことであり、これを免除するという内容である。この折紙がある門西家は、中世において佐野の姓を名乗っていた。故にここにみられる文右衛門は、佐野文右衛門尉と同一人物と考えられる。(10) そこには「於河内谷中、私宅壱間棟別諸役、令免許之者也、仍如件」とあり、「湯之奥之(11)文右衛門」と続く。このことから、佐野文右衛門尉は、穴山氏から、この地の代官および関守を任ぜられ、さらには湯之奥金山(12)の奉行を務めた佐野縫殿右衛門尉(13)の一族と考えられ、在地の住人であることは明らかであろう。

この折紙も、天正六年（一五七八）拾月七日付の甲冑注文状と同じく、敬称が略されている。そして同日（天正八年正月二十六日）付の山造(14)の職人である大崩(15)の孫三郎に宛てた棟別諸役免許の折紙(16)も敬称が略されている。このことから、佐野文右衛門尉も、職人程度の身分であったと考えるのが妥当ではなかろうか。すなわち穴山信君は、在地の職人と思われる人物に甲冑を注文したことになろう。

そこで、湯之奥の置かれた環境から孫三郎が従事した山造の内容を想像すると、金属・皮革・漆等の材料をそろえることができたのではなかろうか。そして、これに関連する物資を作る工房もこの地にあったと考えられ、その中で甲冑も作られていたのではなかろうか。また先述の甲府市『石川家文書』の条書にみられる甲冑師吉三が住む下山は、湯之奥から直線にして数キロメートルしか離れていない。故にこのあたりに穴山氏が軍事物資を調達する工房が集中していたのではなかろうか。

永禄十二年（一五六九）以降、駿河を領地として治めた武田氏は、東海道に面することにより、甲斐・信濃への物資の流れを大きく変えたと想像される。その中に南都（奈良）の甲冑も含まれていたと思うのである。それが、すなわち「天正三年　春田光定父子」の年紀と作銘がある浅間大社の色々威大袖、あるいは「大」の符号が刻まれた諏方大祝家の紅糸威胴丸と考えられるからである。次いで浅間大社の胴丸③（二七頁参照）もこれに随従した年代のものであり、小札・彫金金物等の作技から同派の系統の作者であると想像される。つまり天正三年（一五七八）という年が、武田氏にとってかつてない戦果と領土拡大をもたらした、まさに絶頂期であることを意味している。その異常ともいえる雰囲気の中で、これらの甲冑は中央（奈良）に発注され、製作されたと思うのである。その目的は、現存する遺物から、奉納祈願あるいは実用の両面にあったと考えられ、それは織田・徳川連合軍との決戦を企図してのものであったのではなかろうか。

そして、この戦いの結果は周知のとおり、まさに天国から地獄への急降下となり、故に穴山氏が東海道に面した江尻[17]を根拠としながらも、再び山間の地である湯之奥に甲冑を注文せざるを得なくなったのではなかろうか。そこに、長篠合戦以降の物流の変化を物語っていると思うのである。

【註】（1）柴辻俊六他編『戦国遺文』武田氏編 第四巻 三〇三九号（東京堂出版 二〇〇三年）
（2）金溜塗＝漆の塗り色の一種。薄く漆を塗った上に金粉を蒔き、金色にした塗り色。
（3）第三章「川中島合戦」4 謙信所用の武具を参照。
（4）変わり兜＝鉢の上に練革や和紙を張り懸け、あるいは兜鉢自体のかたちを変えて様々な造形を作り上げた兜の総称。
（5）笹間良彦『図録 日本の甲冑武具事典』（柏書房 一九八一年）
（6）山上八郎『日本甲冑の新研究』（歴史図書社 一九二八年）
（7）銀箔押＝漆の塗り色の一種。漆を薄く塗った上に銀箔を押して、銀色にした塗り色。
（8）銀溜塗＝漆の塗り色の一種。薄く漆を塗った上に銀粉を蒔き、銀色にした塗り色。
（9）柴辻俊六他編『戦国遺文』武田氏編 第五巻 三三三九号（東京堂出版 二〇〇四年）
（10）柴辻俊六他編『戦国遺文』武田氏編 第五巻 人物索引（東京堂出版 二〇〇四年）
（11）山梨県南巨摩郡身延町（旧西八代郡下部町）湯之奥。
（12）毛無山腹にある中山・内山・茅小屋の三つの金山の総称。
（13）磯貝正義他編『山梨県 姓氏歴史人物大辞典』（角川書店 一九八九年）
（14）詳細は不詳であるが、鉱山・林業・狩猟等に携わる仕事ではなかろうか。
（15）山梨県南巨摩郡身延町（旧西八代郡下部町）大崩。
（16）柴辻俊六他編『戦国遺文』武田氏編 第五巻 三三四〇号（東京堂出版 二〇〇四年）
（17）静岡県静岡市清水区江尻町。

十　浄真寺所蔵の武将画にみる甲冑

本章の最後に、東京都の浄真寺にある武将画をみておきたい。この寺では、その武将画を吉良頼康の肖像として伝えている。吉良頼康は、室町時代の後期の武将であり、清和源氏足利氏支族（義継流）

の奥州吉良氏の一族である。頼康の父成高は、鎌倉公方である足利持氏から武蔵国（東京都）荏原郡世田谷の地を与えられ、世田谷殿と呼ばれていた。そして頼康が北条氏綱の女《むすめ》を娶った後、その庇護のもとで武蔵国蒔田（横浜市南区）に移り、蒔田の吉良と呼ばれるようになった。ところが、この肖像を吉良頼康と伝える根拠は、管見する限りみられないのである。(1) 恐らく地元に縁が深いという理由から、このようにいわれるようになったのではなかろうか。

しかし、これに酷似する武将画が、近江国国友（滋賀県長浜市国友町）の鉄炮鍛冶である助太夫家に伝わり、その上部の右に「信玄公像　逍遙軒筆」、左に「高野山成慶院什物」とみられるのである。逍遙軒は、信虎の三男信廉のことであり、信玄の実弟である。また信廉は、画家としても知られ、大泉寺（山梨県甲府市）蔵「信虎像」をはじめ長禅寺（山梨県甲府市）蔵「大井夫人像」「渡唐天神像」などの絵画を残している。このため近年になって鈴木敬三氏や藤本正行氏らは、その肖像を「信廉が描いた武田信玄像」の写しと唱えるようになった。(2)

ところで武田信玄の肖像で最も著名なのは、現在高野山成慶院（和歌山県伊都郡高野町）にある肖像画であろう。これは、髭《ひげ》をたくわえた恰幅《かっぷく》のいい老将を描いたもので、どっしりと身構える風貌《ふうぼう》から、信玄のイメージを彷彿させるものといわれている。それは、『集古十種』古画肖像四にも「武田（源）晴信像　高野山成慶院蔵」とみられ、信玄の肖像として古くから知られてきた。これを描いた信春（後の長谷川等伯）は、室町時代のおわりから安土桃山時代にかけて活躍した画家である。彼は、能登国（石川県）七尾城主の畠山氏に仕えた奥村宗道の子として生まれ、後に染物業を営む長谷川宗清（道浄）の養子になり、絵師長谷川派の祖となった。(3) その活躍の舞台は、画歴から主に故郷である能登と隣接する越中（富山県）、あるいは京都あたりであったと推定され、信玄との接点がどこにもみられないのである。そこで、この肖像にみられる「二引紋」から、信春の実家である奥村家が仕えた畠山家のいずれかの人物とする説[4]が浮上した。

その点、浄真寺の肖像は、国友助太夫家に伝わる肖像より鮮明に描かれ、武田家の家紋である「花菱紋」が幾つもみられる。また平成十七年（二〇〇五）に尾州甲友会[5]が浅間大社に奉納するために、日本画家である永都康之氏に「勝頼公像」の制作を依頼した。その際、著者が監修にあたり、参考にした高野山持明院（和歌山県伊都郡高野町）の勝頼像の骨格に、浄真寺の肖像が似ていることに気が付いた。そこで、浄真寺と国友助太夫家の肖像を合わせて考えると、かつて信廉が描いた原本となる信玄の肖像が、高野山成慶院の什物にあったのではなかろうか。それが、いつの間にか信春が描いた畠山氏の肖像と、入れ替わってしまったのではなかろうか。そして『集古十種』が刊行された寛政（一七八九〜一八〇〇）ごろになると、あたかも「武田（源）晴信像」であるかのようにいわれるようになったと考えられるのである。

勝頼公像

その姿は、右足元に大きな法螺貝《ほらがい》が置かれ、左脇の心木《しんぎ》[6]には重厚な兜が置かれている。重武装に身を固め、虎の毛皮の緋毛氈《ひもうせん》をかけた床机《しょうぎ》に腰を下ろし、まさに室町時代後期の上級武士の風格を感じさせる。これらのことから、浄真寺の肖像を武田信玄とする説には十分に頷ける。

さて、そこで問われるのが、肖像が装着している甲冑が胴丸なのか、腹巻なのかという疑問である。本書では、特にこれについて集中して考えていきたい。現在では、右脇に引合《ひきあわせ》がある胴を胴丸と呼び、背に引合がある胴を腹巻と呼んでいる。しかし、中世において胴丸・腹巻の呼称が逆であったことは周知のとおりである。これが反転し、現在の呼称になったのは室町時代のおわりごろといわれている。[7]本書では、今さら言うまでもなく、一貫して現在の呼称を使っている。つまり胴丸と腹巻の違いは引合の場所にあり、それを結び留める紐（引合緒《ひきあわせのお》と呼ぶ）の有無が、これを見極める焦点になるのである。

武田信玄甲冑像

浄真寺の肖像の角度でいうと、胴丸であれば長側《ながかわ》の一段目に結び目がある紐が横になって見えるはずである。しかし、そうした紐が描かれた様子はなく、かわりに胴の右角にあたる部分の威毛の一行だけが白く色を変えて描かれている。この表現をどのように捉えるかが問題である。それは、立挙《たてあげ》の耳糸《みみいと》の延長ではないかとか。また紐ではなく、蝶番《ちょうつがい》であり、装着しているのは最上胴《もがみどう》ではないかとか。さらには八双鋲《はっそうびょう》がすべて花菱紋の単鋲《たんびょう》であることから腹巻ではないかなど、様々な説[8]がある。

これらの疑問を解く前に、武将が装着している甲冑の概要を、画面から確認できる限り捉えておく必要があるように思う。まずは胴からであるが、前立挙一段・長側五段にみえ、深い鎹撓《かすがいだめ》(9)がある五段下がりの草摺《くさずり》が四間描かれている。ふつう胴丸・腹巻を問わず前立挙一段とする遺例はほとんどみられない。恐らく長側と混同して描かれていると思われ、総段数が六段であることから、本来は前立挙二段・長側四段に描くべきところを誤って写したのではなかろうか。袖は、射向の冠板《かんむりいた》の描写に違和感があるものの、定数どおり七段下がりの大袖《おおそで》である。また心木に置かれた兜は、中央に三鈷《さんこ》を掲げた鍬形台《くわがただい》に三鍬形《みつくわがた》を立てた総覆輪《そうふくりん》の阿古陀形筋兜《あこだなりすじかぶと》で、一部に五段下がりとする説(10)もあるが、画面をみる限り四段下がりの笠䩞《かさじころ》にみえる。これら三物《みつもの》の威毛《おどしげ》は、上から萌黄・赤・白・紺の色糸《いろいと》あるいは色韋《いろがわ》を使った色々威《いろいろおどし》である。

さらに両胸には杏葉《ぎょうよう》がみられる。杏葉とは、掌大の木の葉の形の金具のことで、『平治物語絵詞』『蒙古襲来絵詞』などにみられるように、元来は胴丸の肩先に付けて袖の代用として使った。これが、胴丸に袖が付くようになると、胸部の防御の補強のために左右の胸元に下げるようになる。このため、もともと軽武装に使う腹巻には付かなかったが、室町時代のおわりごろになると名古屋市博物館（愛知県名古屋市）蔵「金小札紅糸威中萌黄腹巻」（尾張中村家伝来）のように、小型の杏葉が付くものもみられるようになる。しかし、この肖像に描かれた杏葉は大きく、ふつう室町時代の胴丸に付くものに等しいようにみえる。

次に小具足《こぐそく》をみていきたい。喉輪《のどわ》は、永青文庫（東京都文京区）蔵「細川澄元画像」にみられるように、肩上《わだかみ》の内側に付けることもあるが、この場合は外側に付けている。その威毛は、一段目の縄目と共に赤にしている。籠手《こて》は、上腕・下腕共に鎖で連動した長篠《ながしの》(11)を使った篠籠手《しのごて》である。また佩楯《はいだて》は、宝幢佩楯《ほうどうはいだて》(12)のようであり、大立挙《おおたてあげ》(13)の筒臑当《つつすねあて》と共に室町時代の形姿を忠実に描いている。

以上が画面から確認できる甲冑の概要である。そこで、順を追って先の疑問を解いていきたい。まずは胴の右角にあたる威毛を一行だけ白く変えて描いている点について考えたい。これは、決して立挙の耳糸の延長ではない。つまり長側の耳糸は必ず胴先《どうさき》(14)にあり、胴丸であれば右脇の前後の胴先、腹巻であれば背の左右の胴先にあるからである。故に胴の構造上、この部分に耳糸が入ることはあり得ないのである。では、これを蝶番として考えるとどうであろう。この場合の甲冑は板物《いたもの》であり、蝶番は装着の際の開閉に使うと考えられ、胴は最上腹巻《もがみはらまき》ということになる。しかし、最上腹巻に付く袖は、壺袖《つぼそで》あるいは広袖《ひろそで》が一般的であり、大袖が付くことはほとんどみられない。さらにこれが最上胴（板物）ではないことを決定付ける証拠もある。それは、札頭《さねがしら》に小札《こざね》の凹凸の表現をリアルに描写しているからである。この時期、当世小札は金剛寺（大阪府河内長野市）蔵の腹巻のように稀にみられるが、全体の形姿を考えると小札物の甲冑とみるのが妥当であろう。

そこで、同じ小札物の腹巻を装着した浄音寺（岐阜県可児市）蔵「斎藤正義画像」をみると、やはり胴の角の威毛を変えて描いた様子はみられない。それは、同時期の遺物である金剛寺蔵「黒韋威肩白腹巻」（重文）にみられるとおりである。このため浄真寺の肖像には、実際の胴丸のように、右脇に何等かの変化がみられたとするのが妥当ではなかろうか。

この肖像にみる武将はいかにも重武装であり、宝幢佩楯を履くなど、権威を重んじる古式が随所に見受けられる。これは、兜にもいえることである。この時期の腹巻に付く兜の鞠は、毛利博物館（山口県防府市）蔵「色々威腹巻」（重文・毛利家伝来）の兜のようにふつう三段である。これは、視野の確保と兜の軽量化をはかるために鞠を簡略化したためと考えられる。しかし、浄真寺の肖像に描かれた兜の鞠は、少なくとも四段であり、これらとは明らかに異なる意図が認められる。つまりこの兜は、単に実用性から軽量化や簡略化を求めたものではなく、権威を求めるために作られたものに思えるのである。

　そもそも信玄は、言うまでもなく当時の一級の武将であり、武田家は、武門のほまれ高き甲斐源氏を祖とする名家である。この時期、いくら腹巻に背板《せいた》や兜・袖が付き、ステータスを得ていたとしても、信玄ほどの武将が腹巻を装着していたとはどうしても思えない。数は少ないが、武田氏に関係する甲冑はすべて胴丸であり、まして肖像として描くのに、わざわざ胴丸よりランクが低い腹巻を装着していたとは思えない。唯一その軍団に関係する遺物として望月家の腹巻（一〇五頁参照）があるが、兜・袖・小具足等は、時期に応じて付け足したようである。元来、腹巻の多くはこうした実用品であり、逆に大袖や総覆輪の兜が付く方が稀であった。やはり肖像を信玄として考えると、装着している胴は腹巻より胴丸の方がふさわしいように思える。そこで、胴の右脇にみられる変化を、本来は胴丸の引合緒を描くべきところを、信廉が描いた原本から描き写す内に、誤って威毛の一部のように縦に描いてしまったか、あるいはやや奥にあるはずの後ろの胴先の耳糸を前よりに描いてしまったか、このいずれかに思えるのである。

　これらのことから、この肖像にみる武将が装着する甲冑は胴丸であると考えられる。しかし、ここで最大の問題となるのが花菱紋の単鋲である。単鋲は、この時期の腹巻に多くみられ、同時期の胴丸にみられることは少ない。しかし、春日大社（奈良県奈良市）蔵「黒韋威胴丸（一号）」[15]（国宝）の八双鋲には、入八双の座金《ざがね》に菊丸《きくまる》の単鋲がみられる。これは、南北朝時代ごろのものであり、胴丸に兜や袖が付いた極初期の遺物と考えられる。当時の正式な武装である大鎧に対して、恐らくランクが低い胴丸に単鋲が使われたのであろう。これと同じく、年代が下ると胴丸が正式な武装の主流となり、これよりランクの低い腹巻に単鋲が使われるようになったのである。ここでは、単鋲であるか否かは別にして、重要なのはそれが花菱紋の紋鋲であるということである。紋鋲は、各時代を通じてみられるが、最も流行したのは室町時代の末期以降である。

武田氏に関係する遺物として、浅間大社の胴丸①や色々威大袖、あるいは寒川神社の兜の鞆付鋲に花菱紋の紋鋲がみられる。ここにみる胴丸①は、ふつうどおり八双鋲を二つ並べて打つが、座金を略しており、そこにこの時期にみられる金物の簡略化の特徴が認められる。さらに年代が下ると、諏方大祝家の紅糸威胴丸のように、座金を略した単鋲（一枚梶の葉紋の紋鋲）もみられるようになる。こうした経緯の中で、もしかすると胴丸にも座金がある紋鋲の単鋲もみられたのかも知れない。あるいは前立挙・長側の段数や引合緒・耳糸の描写のように、原本から描き写す内に、本来は二つ並べて描くべきところを誤って一つだけ描いてしまったのかも知れない。いずれにしても著者としては、肖像の武将が装着する甲冑が胴丸であることに変わりはないように思う。

【註】（1）荻野三七彦『吉良氏の研究』（名著出版　一九七五年）
（2）鈴木敬三『古典参考資料図集』（國學院高等学校　一九八九年）・藤本正行『鎧をまとう人びと』（吉川弘文館　二〇〇〇年）

（3）黒田泰三編『長谷川等伯』（新潮社 一九九七年）他
（4）藤本正行『武田信玄像の謎』（吉川弘文館 二〇〇六年）
（5）愛知県尾張地方の同士が結成した甲冑の愛好会。
（6）心木＝兜を飾る木で作った台。兜掛・兜立とも呼ぶ。
（7）鈴木敬三編『有職故実大辞典』（吉川弘文館 一九九六年）
（8）藤本正行『鎧をまとう人びと』（吉川弘文館 二〇〇〇年）
（9）鎹撓＝草摺にみられる鎹（二つの材木を繋ぎ止める「コ」の形の釘）の形のような深い撓。
（10）註（4）に同じ。
（11）長篠＝篠籠手・篠臑当に使う長い篠。
（12）宝幢佩楯＝袴仕立の家地に小札板を下重ねにして縫い付け、大腿部に巻き付けて装着する佩楯。
（13）大立挙＝大きな臑当の立挙。
（14）胴先＝胴の引合にある先端の部分。
（15）春日大社には黒韋威の胴丸が三領あり、古い順に一号から三号の番号を付けて区別している。

むすびに

勝頼の所用品の中で、最も高級な品である浅間大社の色々威大袖には、「天正三年」という年紀が認められる。また同社蔵の胴丸③は穴山信君、諏方大祝家の胴丸は諏方頼忠と、それぞれの所用者が推測され、製作年代についてもほぼ同年代のものと考えられる。

天正三年（一五七五）、この年、勝頼は亡き父信玄から受け継いだ軍勢を率いて、各地を連戦し、その大いなる収穫の中で絶頂期にあった。加えて、近年勢いに乗る織田・徳川両氏への対抗心が相互にあいまった、異常ともいえる雰囲気の中で、勝頼をはじめ家中の多くがこぞって武具を新調した。

総覆輪の阿古陀形筋兜を被り、色々威胴丸を装着した勝頼が中心にいる。その周りを朱塗や紅糸威の胴丸・腹巻を装着した親類衆・譜代家老衆が取り囲む。織田・徳川連合軍との一大決戦を目前に、伊奈谷を南下する武田軍本営のあるべき姿であろう。

その隊列は、延々一万数千メートルに及ぶ。従者の多くは、手に三間の長柄の槍を持つ。間に四尺程度の馬に跨《またが》る者、兵糧や武器武具を積んだ荷駄を引く者、旌旗や馬印を持つ者がいる。そして腹巻や腹当を装着して、彼等を指揮する土豪や地侍の当主がいる。

戦国最強とうたわれた武田軍団――その軍装を以上のように想像する。

第三章　合戦検証

はじめに

前章では「武田軍団の軍装」と題して、第一章で紹介した遺物と軍制に関わる文献・古文書とを照合することによりその実相に迫った。本章は、「合戦検証」と題し、これに古戦場の実地調査を加えることにより、戦いの実相を検証していく。

信玄の父信虎が、本拠を古府中《こふちゅう》の躑躅ケ崎《つつじがさき》に移して以来、武田氏は甲斐国の統治権を強化し、守護大名から戦国大名へと移行する。これ以降、滅亡に至るまでの約六十年間に、勢力の拡大を求めて数々の戦いが行われた。その中で、最も重視する戦いを挙げるなら「川中島合戦」と「長篠合戦」であろう。そこで、この二大合戦に的を絞り込み、敵対する上杉・織田・徳川の各氏に関わる武具を紹介しながらその実相に迫ることにしたい。

この二つの戦いに至る経緯や事実関係については、すでに文献・古文書等の研究において語り尽くされた感がある。故に本章では、これらを簡略化して述べ、直接的且つ具体的な戦いにのみ重点を置いて述べることにしたい。その流れとしては、著者の遺物からみた考察をもとに、定説・通説とされる事実関係に従って進行していきたい。

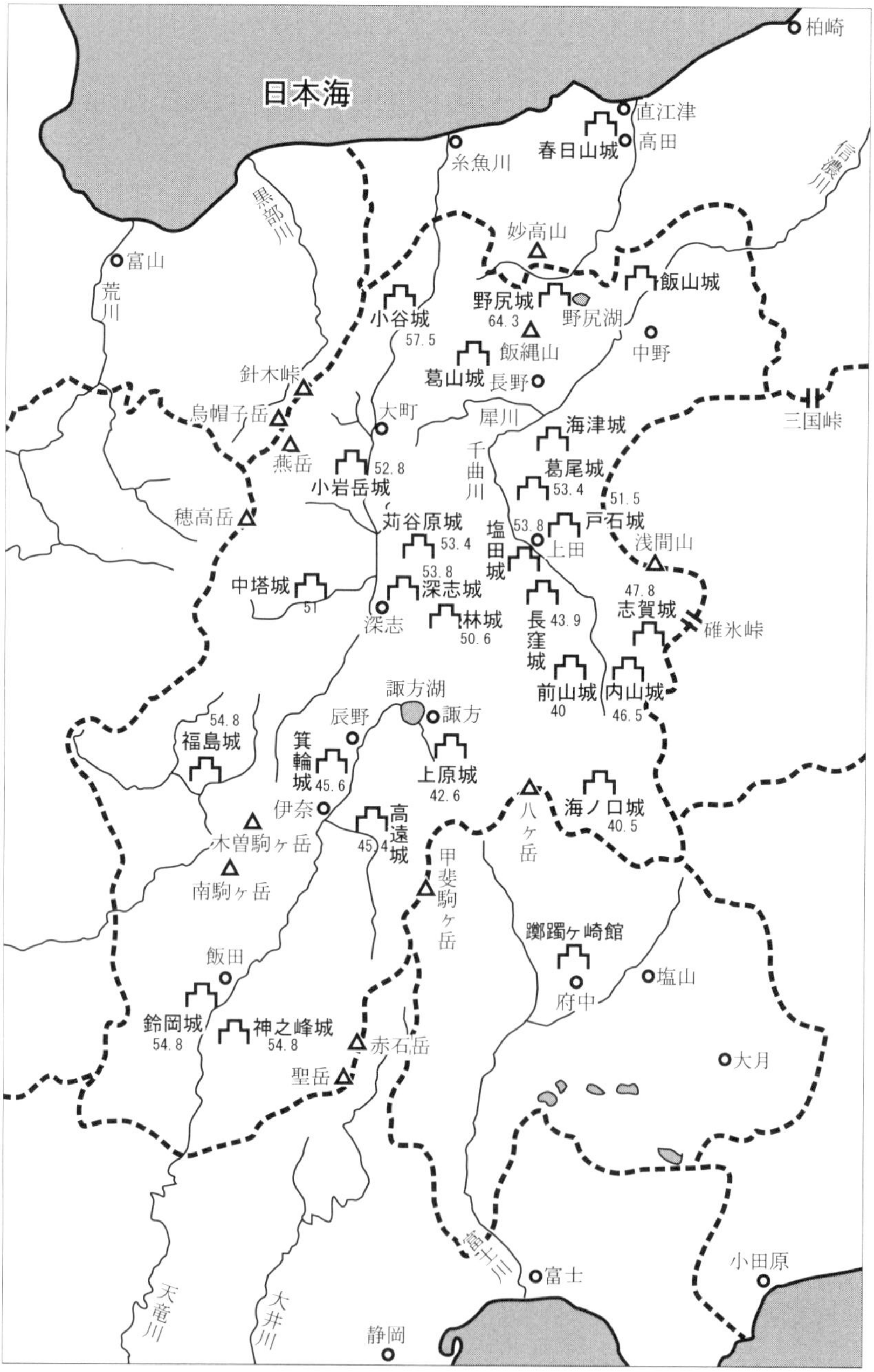

武田信玄信濃侵略図(数字は落城の西暦年･月を示す)

一　川中島合戦

甲斐国の武田信玄と越後国の上杉謙信が、北信濃の利権をめぐって抗争を繰り広げた。この一連の戦いを「川中島合戦」と呼ぶ。元来の川中島の地名は、犀川《さいがわ》と千曲川《ちくまがわ》が合流し、信濃川《しなのがわ》となる扇状地を指す。また、その地の北縁に、一光三尊の阿弥陀如来を本尊とすることで有名な善光寺（長野県長野市）があるところから、このあたり一円を善光寺平《ぜんこうじだいら》とも呼ぶ。

この抗争の最中、武田晴信は出家して信玄と号し、長尾景虎は政虎、そして輝虎と改名し、姓も上杉と改め、晩年には出家して謙信と号している。故に混乱を避けるために、両雄の最も浸透している信玄・謙信の呼称で統一し、その率いる軍団も甲州軍・越後軍の略称として甲軍・越軍に便宜上統一したい。

この戦いについては、古来様々なところで語られ、議論が重ねられてきた。『甲陽軍鑑』は、天文十六年（一五四七）から永禄四年（一五六一）に至る十四年間に、前後十二回の戦いがあったと記している。これに対抗して『川中島五戦記』は、『続本朝通鑑』の編纂資料にも提供されたが、架空の戦いを作為しており、信憑性に大いに欠ける。近年になって古文書の研究がいっそう進み、昭和三年（一九二八）に渡辺世祐氏が、『史学雑誌』三十九巻十二月号に「信濃に於ける甲越関係」を発表され、現在では川中島五戦説として通説化している。

第一戦　天文二十二年（一五五三）
第二戦　弘治元年（一五五五）
第三戦　弘治三年（一五五七）
第四戦　永禄四年（一五六一）
第五戦　永禄七年（一五六四）

以上の年に両軍が対峙あるいは衝突を繰り広げたとするものである。村上義清・高梨政頼をはじめとする北信濃の領主達が、甲軍の侵攻により自領を追われた。その利権回復を謙信にゆだねたのが事の起こりである。著者も、この五戦説に従って、その戦いの様相について分析し、検証を試みることにしたい。

1　第一戦――騎馬隊の活躍

天文二十二年（一五五三）四月九日、信玄は、宿願であった村上義清の居城葛尾城[1]を陥落させた。これに対して謙信は、越軍の信濃侵攻を速決し、同二十二日に甲軍の先発八部隊と八幡《やわた》[2]で初めて遭遇した。翌二十三日、越軍は葛尾城を奪回し、甲軍の城将・於曽源八郎が討ち死した。村上義清は、これに乗じて和田[3]・塩田[4]方面を奪回した。

信玄は、深志[5]へ一旦退却し、帰国後、軍勢を立て直し、七月二十五日に古府中[6]を出立し、内山城[7]・

望月城(8)を経て、八月一日に和田城を陥落させ、同四日には烏帽子城(9)とその出丸である鳥屋山砦を陥落させた。さらに烏帽子城から内村川の谷に通じる内村の地を陥落し、この地域は再び信玄の傘下となった(10)。

この一連の甲軍の反撃は、機動力からみられるように、騎馬による行動であったと考えられる。その各々において、少数精鋭の部隊による攻城戦、あるいは降伏を促す交渉が行われたと想像される。こうした電撃戦は、甲軍が最も得意とする戦法である。また八幡で越軍と遭遇しながら、戦うことを避けて撤退したとみられ、越軍の川中島撤退を知ると、甲軍はこの反撃に移ったのであろう。

葛尾城遠望

甲軍は、再び川中島南部に侵攻し、越軍も間もなく信濃に侵攻する。弘治三年（一五五七）三月二十八日付の大須賀久兵衛尉に宛てた信玄の感状(11)に「去癸丑八月越後衆出張之砌、於干信刕(州)布施頸壱討捕条、無比類戦功候、彌忠節可為神妙者也、仍如件」とあり、八月下旬に布施(12)で、両軍の衝突があったことが読み取れる。次いで越軍は八幡を占領し、荒砥城(13)を陥落させ、さらに筑摩郡へと侵攻した。そして九月三日に青柳(14)に放火し、翌四日には虚空蔵城(15)を陥落させ、このあたり一円を一時的に占領した。これに対して甲軍は、越軍に奪回された麻績城(16)・荒砥城に放火して反撃した。一方、越軍は、埴科郡にも侵攻し、同十七日には坂木南城(17)に放火した。

越軍の侵攻は、これら広範囲に及んでいる。この場合は、越軍といっても信濃軍との連合軍と考えられ、主に利権が関わる村上義清等のいっそう積極的な攻撃であったと想像される。そこで、かつての自領である筑摩・埴科両郡の各地に放火してまわるという、村上義清の心中に何が想像できるであろうか。その居城である葛尾城は、この戦い以降、歴史の上から一時名を消すことになる。葛尾城の奪回を試みた信濃軍と於曽源八郎以下甲軍との攻城戦以後、城としての機能がなくなったのではなかろうか。帰るべき城を失った村上義清は、早々に甲軍の傘下となった地域に対して、放火してまわったのではなかろうか。これら一連の行動は、かえって領民の人心を失う結果を招いたと想像される。村上義清は、その後も謙信と共に甲軍と戦い続けるが、この地を二度と治めることなく、元亀四年（天正元・一五七三）一月に越後春日山城[18]で生涯を閉じるのである。

これら広範囲に及ぶ信・越連合軍の反撃も、その機動力からみて騎馬によるものと思われる。故に布施における両軍の衝突は、互いに騎馬を中心にした部隊によるものと想像され、極地戦に過ぎなかったと考えられる。また戦いの規模や死傷者等の詳細についても、まったくのところ不明である。しかし、その後の越軍の行動をみる限り、甲軍の撤退によって戦いが終結したと考えるのが妥当であろう。いうまでもなく、この戦いの勝敗が大局に与えた影響は、少なかったと思われる。

謙信率いる越軍には、越後の豪雪という避けられない問題があった。故に、冬の到来を前に、川中島を九月二十日に撤退した。信玄は、塩田城[19]に在城していたが、これを知ると十月七日に深志を経て、同十七日に古府中へ帰還した。

ここに、この年の戦いは終結する。その戦場は、主に川中島以南に集中し、甲・越両軍は、互いに騎馬を中心にした部隊による電撃戦を繰り広げたと想像される。そして、甲軍の行動上の北限は、越軍との衝突があった布施と推測される。またこの戦いが千曲川の流域で行われたことから「千曲川の戦い」と呼んでいる。

【註】
（1）長野県埴科郡坂城町の千曲川の右岸にある山城。
（2）長野県千曲市八幡。
（3）長野県小県郡長和町和田。
（4）長野県上田市前山。
（5）長野県松本市。
（6）信玄の本拠。山梨県甲府市古府中町。
（7）長野県佐久市内山字城下にある山城。
（8）長野県佐久市望月町字城にある山城。
（9）長野県小県郡武石村字鳥屋にある山城。
（10）『高白斎記』の天文二十二年の記述。
（11）柴辻俊六他編『戦国遺文』武田氏編 第一巻 五五五号（東京堂出版 二〇〇二年）
（12）長野県長野市篠ノ井付近。
（13）長野県千曲市上山田町城山にある山城。
（14）長野県東筑摩郡筑北村青柳。
（15）長野県松本市四賀村会田にある山城。
（16）長野県東筑摩郡麻績村麻績にある山城。
（17）長野県埴科郡坂城町南条。
（18）謙信の居城。新潟県上越市春日山にある山城。
（19）長野県上田市大字前山字上町にある山城。

2　第二戦――総力をかけた対峙

川中島第二戦は、弘治元年（一五五五）七月の越軍の信濃侵攻にはじまる。謙信は、善光寺とこれに隣接する横山城を陣所とした。『勝山記』によると、このとき信玄は、善光寺の南方約六キロメートルの犀川をへだてた大塚[1]に布陣したとある。

ここにみられる大塚は、大堀館と呼ぶ中世の遺構を指すといわれている[2]。戦前には、東西六十八メートル、南北六十三メートルの遺構の周縁に廻らす堀がみられたが、現在ではすべて埋められて更北中学校の敷地になっている。『大塚村誌』によると、大堀館は、町田氏の館跡とみられる。町田氏は、このあたりを根拠にした武装移住民の長《おさ》という説[3]がある。また大塚の北方の綱島を本拠とし、村上氏・武田氏・上杉氏に仕えた綱島氏の館とする説[4]もある。いずれにしても、越軍が善光寺という大きな陣所を構えたのに対して、甲軍もこれに匹敵する軍勢を収容できる、この大堀館を陣所にしたと推測するのは妥当であろう。

大堀館跡の碑

ここで注目すべきことは、甲軍が越軍との戦いのないまま、軍勢を犀川まで進めたことである。これは、犀川以南がすでに信玄の傘下にあることを意味している。天文二十二年（一五五三）以降、下伊奈郡を傘下に収め、さらに木曽郡に侵攻した信玄は、北信濃においても目立った戦いもないまま、越軍との国境を犀川まで押し上げていたのである。また前回の戦いは、両軍が互いに広範囲に及ぶ電撃戦を行った。これに対して、今回の戦いは、両軍が陣所を構えて大規模な対峙を行っている。このことから、互いに軍勢を駆使した、いわば総力をあげた対峙であったと考えられる。

天文二十四年（弘治元・一五五五）七月十九日付の小島修理亮に宛てた信玄の感状[5]に、「今十九日、於信州更科郡川中島、遂一戦之時」とあり、この日に両軍の間に衝突があったことが読み取れる。またこれと同じ内容の感状が、橋爪七郎右衛門尉宛[6]・向山主税助宛[7]・内田監物宛[8]等のように数通みられる。これらを見る限り、甲軍にとって有利な戦いであったことが想像される。故に犀川以南に侵攻した越軍を甲軍が押し返したという説[9]がある。しかし、戦いがあった場所・規模等を特定する史料は管見する限りみられない。

また信玄は、犀川以北にも手を延ばし、善光寺の南西約一・三キロメートルに位置する旭山の砦の栗田寛明に対して、援兵を送ると共に弓・鉄砲で守備したと発表し、謙信を側面から牽制した[10]。さらに八月に入ると、甲軍の陣所に駿河の今川義元の援軍として、

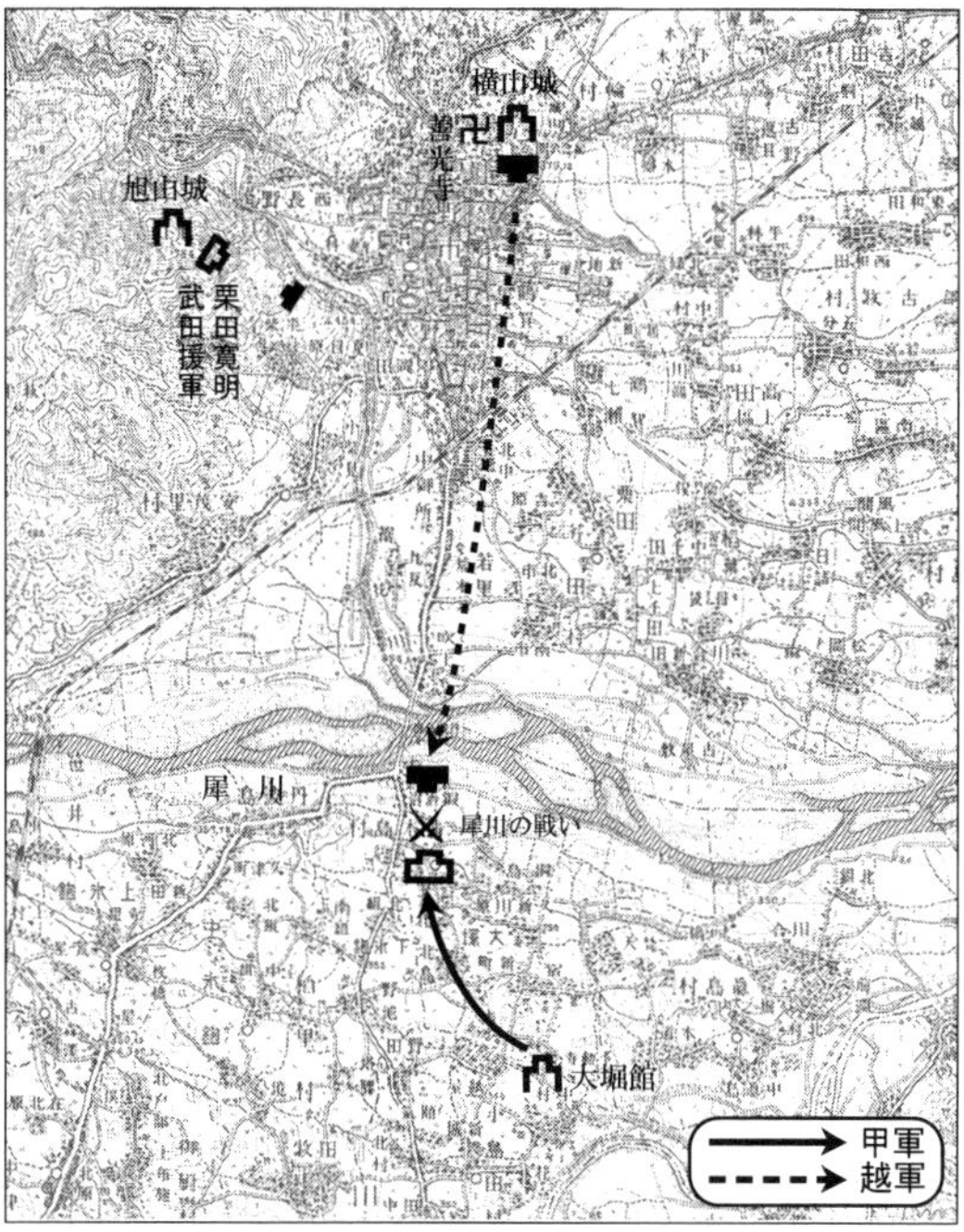

川中島第二戦図（弘治元年）

一宮出羽守（宗是）率いる富士下方の一軍が到着した。越軍は動くに動けず、冬の到来を前に撤退すれば、甲軍は総力をあげて北上してくるであろう。思いがけない長期対峙に、越軍の将士は謙信に対して動揺をみせた。これに対して謙信は、将士の士気を高めるために誓書を出させた。(11)

この間に両軍は互いに牽制し合い、小競り合いや敵陣への奇襲・夜襲等も試みられたと思われる。信玄にとっても、この長期対峙はかなり苦痛であったろう。甲・越両軍は、この対峙に総力をあげて挑んだと考えられる。両軍は共に、半農半兵を常とした土豪や地侍の集まりであるから、秋の収穫に際して一旦帰国する必要があった。これは、信玄も謙信も同様の悩みであり、戦いよりも先に互いの死活問題がかかっていたのである。五ケ月にも及ぶ対峙の末、閏十月十五日に今川義元の調停のもとで、旭山の砦の破却と北信濃の地侍を還住させることを条件に講和が成立し、両軍は早々に川中島を撤退した。(12)そしてこの戦いを、甲・越両軍が犀川を挟んで行ったことから「犀川の戦い」と呼んでいる。

【註】（1）長野県長野市青木島町大塚。
（2）湯本軍一他編『日本城郭大系』第八巻（新人物往来社　一九八〇年）
（3）註（2）に同じ。
（4）註（2）に同じ。
（5）柴辻俊六他編『戦国遺文』武田氏編　第一巻　四三七号（東京堂出版　二〇〇二年）
（6）柴辻俊六他編『戦国遺文』武田氏編　第一巻　四三九号（東京堂出版　二〇〇二年）
（7）柴辻俊六他編『戦国遺文』武田氏編　第一巻　四四二号（東京堂出版　二〇〇二年）
（8）柴辻俊六他編『戦国遺文』武田氏編　第一巻　四四八号（東京堂出版　二〇〇二年）

（9）井上鋭夫『上杉謙信』（新人物往来社　一九八三年）
（10）『勝山記』の天文二十四年の記述より。
（11）磯貝正義『定本　武田信玄』（新人物往来社　一九七七年）
（12）註（11）に同じ。

3　第三戦――犀川以北への侵攻

川中島第三戦は、弘治三年（一五五七）の甲軍による葛山城攻略にはじまる。信玄にとって初めての犀川以北への侵攻である。

葛山城は、善光寺の裏山につづき、北西約四キロメートルに位置する山城であり、このあたり一円を根拠とする葛山衆の居城であった。善光寺から戸隠、さらには越後に通じる、いわば交通の要衝の地であり、北信濃における犀川以北の防御上の拠点にあたる。

信玄は、葛山衆の中心をなす落合一族に対して、その菩提寺である静松寺（長野県長野市、葛山城中腹）を誘って切り崩しを計った。城は、激しい攻防戦のあげく陥落した。城兵はことごとく討ち死し、城内にいた女・子供はすべて断崖から身を投げたという。一方で北信濃の目ぼしい地侍に誘いをかけ、謙信の朋友である高梨政頼を根底から脅かした。葛山城の陥落は、善光寺平が信玄の傘下に落ちたことを意味している。

謙信は、この一報を聞くと、ただちに諸将に書状を送って参陣するように命じた。しかし、越後はいまだ雪深く、越軍の信濃侵攻は四月十八日となった。同二十一日に善光寺に到着した謙信は、山田城[1]・福島[2]を奪回し、二十五日に甲軍の陣数ヶ所に放火[3]するなど、北信濃一円で破竹の勢いで電撃戦を行った。その後、旭山城を再興して本陣を移した謙信は、五月十二日に高坂[4]に放火し、さらに翌十三日には、武田領に奥深く侵攻し、坂木[5]・岩鼻[6]まで甲軍を追い詰めるが、これを見失った。弘治三年五月十五日付の高梨政頼に宛てた謙信の書状[7]に、「不打捕事無念此事一候」とあり、甲軍を逃したときの悔しさが読み取れる。

葛山城跡

この越軍の猛反撃の間に信玄は、その所在を明かさず、七月五日に甲軍は意表を突いて安曇郡小谷[8]を経略し、糸魚川方面から謙信の本国である越後を牽制した[9]。八月に入ると、越軍はやむを得ず撤退を開始した。これに乗じて甲軍は、再び犀川以北に侵攻する。そして、上野原で両軍の衝突があったとあるが、具体的に特定できる場所や戦いの規模等についての詳細は不明である[10]。

こうして川中島第三戦は終結した。この年の戦いで注目すべきは、いうまでもなく犀川以北への甲軍の侵攻である。信玄は、第一戦・第二戦、そして今回の第三戦と着実に北信濃を制圧し、越軍との国境を北上させている。また第二戦が総力戦であったと想像されるのに対して、今回は第一戦と同じく広範囲に及ぶ電撃戦を双方が行っている。そこにみる謙信の行動は、ただ点と線とを結ぶ侵攻に過ぎず、元領主の利権回復のための具体的な策がほとんどみられない。これに対して信玄は、越軍が雪に閉ざされて行動できない間に、侵略の手を延ばしている。そして越軍の侵攻と共に軍勢を退くのである。冬が到来し、越軍が撤退すると、再び軍勢を北上させる。その繰り返しによって徐々にではあるが、着実に北信濃を傘下に収めていった。戦略的にみた場合、元来の目的は、この第三戦においてすでに達成され、最も注目すべき戦いといえるのではなかろうか。

【註】(1) 長野県上高井郡高山村中山田字馬場にある山城。
(2) 長野県須坂市福島。一部に福島城とあるが、伝承地に城としての痕跡は認められない。
(3) 笹本正治『武田信玄』(ミネルヴァ書房 二〇〇五年)
(4) 長野県上水内郡飯綱町。
(5) 長野県埴科郡坂城町坂城。
(6) 長野県上田市岩鼻。
(7) 新潟県編『新潟県史』資料編五(旭光社 一九八四年)
(8) 長野県北安曇郡小谷村。
(9) 磯貝正義『定本 武田信玄』(新人物往来社 一九七七年)
(10) 註(9)に同じ。

4　謙信所用の武具

これまでの順序でいけば、ここで第四戦を語るべきところである。しかし、その前に謙信所用と伝えられる武具をみておきたい。

甲斐武田氏関係の武具が、その滅亡という悲劇のもとで各地に分散しているのに対して、謙信の武具は、上杉氏が米沢藩主として残ったため、多くを上杉神社の宝物として残している(1)(一部流出したものもある)。明治五年(一八七二)に神社として創建した後、上杉家から寄進あるいは寄託された宝物は、稽照殿(宝物殿)に収められ、甲冑・刀剣・武具・絵画・仏具・陶磁器等、国宝・重文指定のものを含め、その数は一千点にも及ぶ。ここでは、謙信所用と伝えられる甲冑・刀剣・武具等について、上杉神社の所蔵品に、民間流出品を含めて紹介していきたい。

まずは甲冑からである。謙信の兜として最も著名なのは仙台市博物館(宮城県仙台市)蔵の「三宝荒神《さんぼうこうじん》張掛兜《はりかけかぶと》」であろう。仙台藩伊達家に家宝として謙信所用の伝承と共に伝えられた。この兜は、張貫《はりぬき》(2)の部分がはずれ、中に謙信の年代を思わせる頭形《ずなり》の兜鉢がみられる。しかし、その鞠は、慶長(一五九六〜一六一五)以降に流行した日根野鞠《ひねのじころ》(3)である。故に古い兜鉢を利用して、慶長(一五九六〜)のはじめごろに三宝荒神の張貫を被せて作られたと考えられる。さらにこの兜には六枚の両引胴《りょうびきどう》(4)・板佩楯《いたはいだて》(5)・筒臑当《つつすねあて》が付いている。これらをみると、すべてが当世具足(近世甲冑)の形式であり、どれをとっても謙信の年代とするのは難しいといわざるを得ない。

この甲冑は、延宝七年(一六七九)に伊達家の臣である登坂勝久が、「奇なる謙信の兜、謙信の具足」として、当時の藩主である伊達綱村に献上したものである。登坂家は、もともと上杉家の臣であった。また甲冑の各所に散らした「丸ニ大文字紋」を、同じく上杉家の臣である甘糟家が家紋として用いている。登坂家と甘糟家との間には、謙信のときから姻戚関係がある。故に近年では、この甲冑と甘糟家との

関連がいわれるようになった。(6)

その点、上杉神社の所蔵品は、謙信所用としての信憑性が高く、興味深い遺物を多く残している。その中で最も著名な「色々威腹巻《いろいろおどしはらまき》」（重文）は、室町時代後期の小札物《こざねもの》の高級品であり、六段下がりの広袖《ひろそで》と飯綱明神を前立《まえたて》（後補）とする兜が付いている。この兜は、強固な上州系の六十間筋兜鉢《ろくじゅっけんすじかぶとばち》に、三段下がりの小札物の笠𩊱《かさじころ》を付けている。しかし、胴と袖が毛引威《けびきおどし》であるのに対して、兜だけが素懸威《すがけおどし》であり、威毛《おどしげ》の色目も異なることから元来は別物であるように思われる。また笠𩊱の下に渋麻《しぶあさ》(7)の家地《いえじ》に伊予札《いよざね》を縫い付けた内𩊱《うちじころ》がみられる。その長い内𩊱は、首回りの保護と豪雪への対処を兼ねたものと考えられる。

この他にも、「浅葱糸威胴丸《あさぎいとおどしどうまる》」「薫韋威腹巻《ふすべがわおどしはらまき》」等があり、これらは共に小札物の高級品でありながら素懸威とし、装飾性より実用性を考慮したものといえよう。前者は、将軍足利義輝から拝領したものといわれ、日月文の前立の四十二間小星兜《しじゅうにけんこぼしかぶと》・目《め》の下頬《したぼう》・仕付籠手《しつけごて》(8)等が付く。その兜には、三段下がりの笠𩊱の下に、伊予札の内𩊱がみられる。また後者の胴は、すべて鉄の伊予札で作られているため、堅固であると共にかなりの重量がある。その草摺《くさずり》は八段下がりと極めて長くしている。さらに下から三段目の両端から威毛と同じ韋紐《かわひも》を出し、これをすべて結ぶとスカートのようになる。この場合、佩楯を履く必要がなくなるが、その真の用途については不明である。また現在付けられている頭形兜・喉輪・目の下頬は、作意が異なることから別物と考えられる。唯一産籠手《うぶごて》だけは、腹巻の威毛と同じく薫韋を用いているので一体のものと思われる。

謙信の兜には、「金箔押頭形兜《きんぱくおしずなりかぶと》」「金箔押風折烏帽子形兜《きんぱくおしかざおりえぼしなりかぶと》」(9)等があるが、いずれも伊予札の割𩊱《わりじころ》(10)が付き、ここにも権威や形式より実用を重んじる思考がみられる。また頭上に「無」の一字を黒く描いた「金箔《きんぱく》押唐草透《おしからくさずかし》烏帽子《えぼし》形兜《なりかぶと》」には、内鉢《うちばち》(11)や𩊱がないことから、前者の張貫部分ともいわれている(12)。兜鉢の周縁には待受状に棚が設けられ、これに烏帽子の裾を収めて、前後左右の二孔一組の小穴から取る紐で縛って固定したと考えられる。この手法は、先の「三宝荒神張掛兜」にもみられ、張掛兜の原初的な製法として注目される。

近年、新たに同社から謙信の所用を思わせる「頭形兜」が発見された。角ばった眉形《まゆなり》の眉庇《まびさし》は、先の二頭にみられるかたちと同じである。𩊱は、裾に向けてとがった三角形の八段下がりであり、四段目から下を左右後の三枚に分けた割𩊱である。各段を黄土色に塗り、萌黄糸で素懸に威し、これを装着すると𩊱の裾板が肩先まで達する。兜鉢が、黒く錆止め程度にしか漆が塗られていないことから、張掛兜の内鉢の可能性もある。この兜の発見により、これこそが、先の唐草透烏帽子形兜の内鉢という(13)説が浮上した。確かに黒塗の内鉢であれば、金の唐草の透しはよく映える。いずれが真の内鉢か、興味をそそるところである。

上杉神社に残る遺物の中で、最も謙信の武装を彷彿させるのが「亀甲綴頭巾兜《きっこうとじずきんかぶと》」であろう。半球形の鉄鉢《てつばち》を紫の綾布で覆い、亀甲金《きっこうがね》を敷き詰めて這糸《はわせいと》(14)には赤糸を用い、菱綴《ひしとじ》には萌黄糸を用いる。装着すると𩊱が背の中ほどまで達する実に華麗な頭巾兜である。

武田家当主の兜が、いずれも星兜・筋兜であるのに対して、謙信は実用性を考慮した簡易兜《かんいかぶと》が目立つ。また武田家当主が、すべて胴丸であるのに対して、謙信は胴丸と腹巻を併用している。ここから権威や形式に捉われない、謙信の戦いに対する合理的な思考が感じられる。

謙信所用との伝承を持つ甲冑として、民間に流出した一例を紹介したい。「伊予札紺糸綴胴丸《いよざねこんいとつづりどうまる》」は、東北地方の某収集家の手にあった。その形態は、上杉家にみられる特有のものであり、伝承にふさわしい遺物といえよう。

ふつう佩楯に使う伊予札で胴や草摺を作っており、同様の形態の丸胴具足《まるどうぐそく》(15)が、上杉神社に景勝(16)の所用品としてみられる。本品は、その中で胴丸の形式を示すものとして注目される。伊予札を紺糸《こんいと》で菱《ひし》と畦目《うなめ》に綴じ、紺麻《こんあさ》(17)の家地に縫い付けて作られている。前立挙《まえたてあげ》二段・後立挙《うしろたてあげ》三段・長側《ながかわ》四段とし、草摺《くさずり》は、下重ねの八間の五段下がりとする仕立である。佩楯と同じ仕立であるから耳糸《みみいと》はなく、菱縫《ひしぬい》は、赤革《あかがわ》を使った革菱《かわびし》である。金具廻《かなぐまわり》も室町時代の定形を示し、所定の位置に山銅《やまがね》の小桜鋲《こざくらびょう》を打ち、周縁に同じ覆輪《ふくりん》を廻らしている。黒皺革《くろしぼかわ》の地韋《じがわ》に藍韋《あいかわ》で小縁《こべり》をとり、白・紅・萌黄・紫・紺の五色の色糸で伏組《ふせぐみ》が施されている。八双金物《はっそうかなもの》は、山銅に唐草を透したやや小振りの出八双《ではっそう》で、八重菊《やえぎく》の八双鋲《はっそうびょう》を二点打つ。一部に後補の形跡もみられるが、原形をよく残す好資料である。

伊予札紺糸綴胴丸（某家蔵）

本品のように、伊予札で作られた胴は、製作にたいへん手間がかかる。しかし、畳胴《たたみどう》(18)であるため、胴としての安定が悪く、防御の上でも決して有効とはいえない。このため真の用途がどこにあるのか、興味をそそるところである。一部に防寒のための厚着を想定して考案されたとする説(19)がある。

次に刀剣類をみていきたい。上杉家に伝来したとされる太刀《たち》・長巻《ながまき》・脇指《わきざし》・短刀《たんとう》等は、上杉神社の所蔵品に流出品を含めると相当数が認められる。現在、上杉神社には、刃長三尺余とする「伝長船倫光」（重文）、刃長三尺四寸余とする「伝光重」（無銘・重文）等の大太刀《おおたち》をはじめ、刃長二尺五寸余とする「伝則包」（無銘・重文）、刃長二尺九寸余とする「片山一文字」（無銘・重文）等の長巻が産《うぶ》のままの形姿で残されている。

この他に、明治以降に上杉家が奉納あるいは献上したものがある。松岬神社[20]には、刃長二尺六寸余とする「助宗」（重文）の太刀がある。これは、謙信と景勝を祭る当社に奉納したものである。また刃長二尺五寸余とする「菊作」（無銘・東京国立博物館蔵）の太刀は、大正十四年（一九二五）に当時の皇太子である昭和天皇巡幸の折に献上したものである。

また上杉家から流出した著名なものに、刃長八寸八分余とする「備州長船住景光」（国宝）の短刀《たんとう》があり、その身には「秩父大菩薩」と刻まれている。『上杉家御由緒書』には、本刀について「謙信公御差料、乾第十一号一文字の御刀と御揃」とある。同家の刀剣は、乾・坤の二つに分けられているが、「乾第十一号一文字」は「姫鶴一文字」のことであり、恐らく記述の取り間違いであろう。さらに刃長二尺五寸余とする「一文字（山鳥毛）」（無銘・国宝）の太刀は、『上杉家御由緒書』によると、弘治二年（一五五六）十月に上州白井城主の長尾憲景が謙信に献上したものとある。

戦前まで上杉家には大兼光の大太刀が三口あった。それぞれ延文二年（一三五七）・同三年（一三五八）・同四年（一三五九）の年紀が刻まれていた。刃長二尺九寸余とする「備前国長船兼光」（重文・東京国立博物館蔵）の大太刀は、この内の延文四年（一三五九）の年紀を刻むものである。終戦後、しばらく行方不明になっていたが、後に米国より返還された。

これらは、鎌倉時代から南北朝・室町時代にかけてのいずれも劣らぬ名刀であり、後に改造されることもなく、産《うぶ》のままの形姿を残す貴重なものである。謙信の愛刀であると共に、長尾家あるいは上杉管領家の相伝品も含まれると考えるのが妥当であろう。

次に紹介する某家蔵の一口《ひとふり》は、上杉家の臣下のものと思われる。戦前のことであるが、米沢市の郊外から地元の古美術商によって「色々威胴丸」「紺糸威最上腹巻」（共に現在行方不明）等と共に買い出された。それは、すべて無地の素銅《すあか》の金物とする半太刀《はんだち》(21)である。その刀身は、切先から三寸ほどしか焼を入れない、俗に「元落《もとおとし》」と呼ぶ形式である。最も実用的な刀身の造りであり、戦国時代以前にはたくさん使われたようである。しかし、粗製品であると共に消耗品であるため、かえって現存品の数が少ない。現状では太刀拵《たちごしらえ》に改造されているが、刀身は産のまま残されている。

また謙信自身も、太刀だけでなく、すでに半太刀を使っていたようである。なぜならば、前述の「浅葱糸威胴丸」「薫韋威腹巻」の前面から左脇を覆う、薫韋の鐔当《つばあて》があるからである。半太刀は、打刀であるから、太刀のように刃を下にして腰に吊るのではなく、ふつう刃を上にして繰締緒《くりじめのお》(22)や胴先緒《どうさきお》(23)、あるいは上帯《うわおび》(24)に差して、下緒《さげお》(25)を巻いて固定する。このため甲冑を装着して打刀を差すと、胴の左脇に鐔があたって小札を傷めるのである。太刀を吊ることだけを想定しているのであれば鐔当は必要ない。鐔当は、従前はもとより、この時期の他の遺物にもみられない。このあたりからも、謙信が他とは違う、斬新な発想の持主であったことが想像される。鐔当は、景勝の具足にも受け継がれ、江戸時代になると小物入れを兼ねた鼻紙袋《はなかみぶくろ》へと変化する。謙信が、太刀だけでなく、打刀を戦場で使っていたということは、徒歩を重視する当時の戦況を十分に理解し、自らも率先して戦いに参加していたという

紺地日の丸扇面馬印

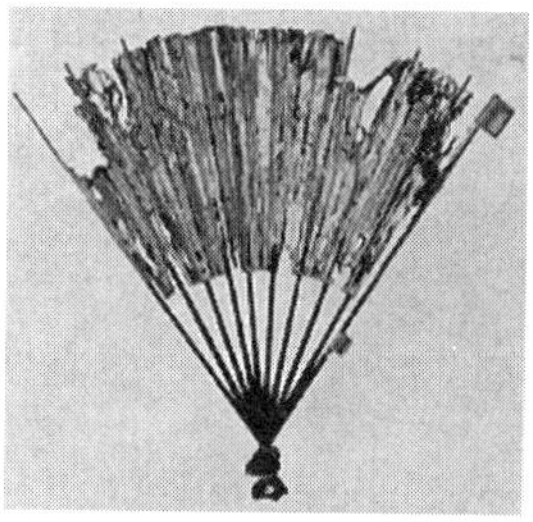
金箔押扇面馬印

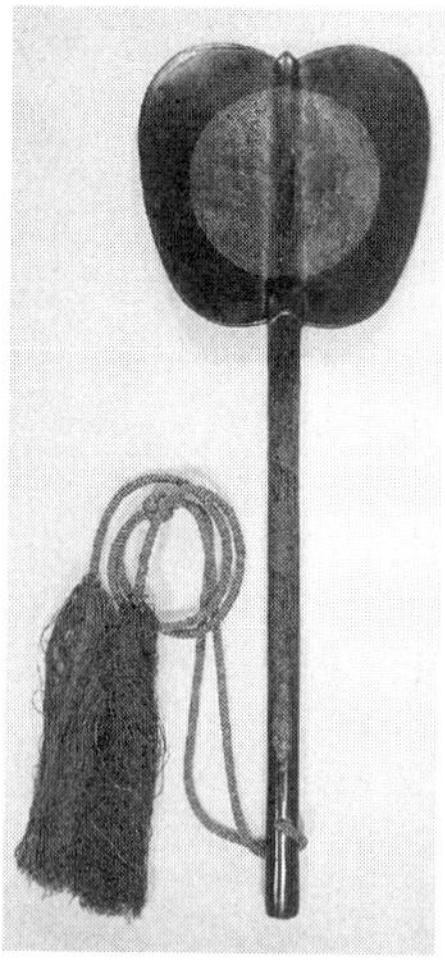
軍配団扇

証となろう。

謙信の所用品は、実に多彩且つ多数を残している。上杉神社蔵の「鎖帷子《くさりかたびら》」(26)（重文）は、実戦用の衣料として甲冑の下に着込むものである。黒染めの麻布の家地に鎖を縫い付けて作られている。要所に応じて総鎖《そうぐさり》と格子鎖《こうしぐさり》を使い分けて重量の軽減をはかっている。

また同所蔵の「紙衣胴服《かみごろもどうふく》」（重文）は、渋紙《しぶし》(27)を使って作られた陣羽織《じんばおり》(28)であり、軽くて耐水性と保温性に優れている。さらに「白熊植胴服《はぐまうえどうふく》」（重文）は、白綾に白熊《はぐま》を植えて作られた陣羽織であり、桃山文化を先駆ける華やかな一品である。

指揮具として使われた軍配団扇《ぐんばいうちわ》は、上杉神社をはじめ愛宕神社（新潟県上越市）・佐藤忠彦コレクション(29)（佐久市教育委員会蔵）等にある。また同コレクションには、上杉家に伝わった馬印《うまじるし》である「金箔押扇面馬印《きんぱくおしせんめんうまじるし》」「紺地日《こんじひ》の丸扇面馬《まるせんめんうま》印《じるし》」があり、大きなのものであるにも拘らず原形をよく残し、後者には永禄四年（一五六一）の川中島合戦に使ったことが記されている。そして「毘《び》」の旗・「龍《りゅう》」の旗は、あまりにも有名であり、「紺地日《こんじひ》の丸《まる》」の旗は、謙信の父為景以来上杉家に伝わる重宝である。

以上、謙信が所用したとされる武具について述べてきた。これらを見る限り、謙信の所用品には、極めて特異性があることが判る。特にその甲冑には、他に類例をみない斬新さがある。また徒歩《かち》のための考慮から、自らもいち早く打刀を戦場で使っている。そこには、ふつうにいわれている「古きを善し」とする謙信の姿はどこにも感じられない。むしろ、その合理主義的一面から捉えるなら、織田信長をしのぐ近世的発想の持ち主であったといえよう。これらの子細を踏まえた上で、いよいよ川中島第四戦を検証していきたい。

【註】（1）山形県米沢市丸の内にある上杉謙信を祭神とする神社。
（2）張貫＝張懸兜の革や和紙で張り懸けた作り物の部分。
（3）日根野鞠＝日根野備中守（弘就）が奨励したといわれ、肩の線に沿って大きく繰り上がった鞠。
（4）両引胴＝当世具足の胴の形式の一種。左右を引合にする二枚胴。
（5）板佩楯＝大きな伊予札を用い、革で綴じて板状に漆で塗り固めた佩楯。
（6）嘉藤美代子「朱皺漆紫糸威具足・三宝荒神形兜付について」（『仙台市博物館調査研究報告』第十二号 一九九二年）
（7）渋麻＝渋で茶色に染めた麻布。
（8）仕付籠手＝袖と一体になった籠手。毘沙門籠手とも呼ぶ。
（9）風折烏帽子形兜＝張掛兜の一種。風折烏帽子を形作る。
（10）割鞠＝左右後の三つに分割した鞠。
（11）内鉢＝張掛兜の内にある真の兜鉢。
（12）笹間良彦他『イラスト再現 武田信玄 その軍団と戦い』（世界文化社 一九八八年）
（13）竹村雅夫氏によるご教授より。
（14）這糸＝家地の中で亀甲金を固定するために周縁を六角形に縫い留める糸。
（15）丸胴具足＝当世具足の胴の形式の一種。胴丸の形態を残し、長側が一続きになった胴。
（16）謙信の嗣子。

(17)紺麻＝藍で紺色に染めた麻布。
(18)畳胴＝小さく折り畳むことができる胴の総称。
(19)佐藤敏夫氏によるご教授より。
(20)山形県米沢市丸の内にある上杉謙信・景勝を祭神とする神社。
(21)半太刀＝柄や鞘の保護のために、太刀と同じく金物を付した打刀。
(22)繰締緒＝胴の下部を引き締める繰締に用いる紐。
(23)胴先緒＝胴の下部を引き締めるために胴尻から取る紐。
(24)上帯＝胴を身軽に装着するために腰に巻く帯。
(25)下緒＝鞘にある栗形から取り、刀を固定するための平打の紐。
(26)鎖帷子＝畳胴の一種。鎖を縫い付けた帷子(服)。
(27)渋紙＝渋で染めた茶色の紙。
(28)陣羽織＝陣中で防寒のために用いる羽織。
(29)長野県中野市の佐藤病院初代院長である佐藤忠彦氏のコレクション。平成二十年(二〇〇八)に里子夫人によって同県佐久市に寄贈された。

5　第四戦——最大の激戦

ふつう川中島合戦というと、次に述べる第四戦を指す。合戦があった年が、永禄四年(一五六一)であるから、第三戦から数えて四年後のことである。これまで両軍は、一年おきに善光寺平で対峙し、何度かの衝突を繰り広げてきた。その点、永禄元年(一五五八)に将軍足利義輝が、両軍の和解をはかったため衝突までに四年もの歳月を経たのであろうか。

この間に謙信は、義輝の要請に応じて二度目の上洛を果たし、その戦場を関東や越中へと移しつつあった。一方、永禄二年（一五五九）に信濃守護職に任ぜられた信玄は、石山本願寺を通じて加賀・越中の一向衆を誘い、越後を牽制する中で海津城を築いた。

海津城は、長野市松代町に位置し、千曲川の右岸に築かれた平城である。現在、石垣や堀等の遺構がみられるが、これらは真田氏が藩主となり、松代城となってからのものである。しかし、元来は越軍の襲来を想定し、前面に犀川と千曲川の二重の防御線を張り、背後には険しい山が迫ることから堅固な城であったと想像される。このように地形を生かし、戦国時代における実戦的な築城の条件を十分に満たしているといえよう。

海津城跡の碑

『甲陽軍鑑』品第三十一によると、海津城は、天文二十二年（一五五三）に清野氏の屋敷を召し上げて、山本勘助が築かせ「海津」と名付けたとある。しかし、永禄元年（一五五八）に越軍の襲来に対して、信玄が北信濃の籠城番手衆を定めたときに海津の名はみられない。また永禄三年（一五六〇）九月二十三日付の内田監物に宛てた土屋右衛門尉（昌続か）の書状(1)に、「就海津在城、其方知行北大鹽之内弐拾三人之分、普請役之義御免許者也、仍如件」とあり、その普請の開始をうかがわせる内容が読み取れる。
海津城は、天正十年（一五八二）三月に武田氏が滅亡するまで、高井・

水内・埴科・更級の北信濃四郡（信越国境付近の一部地域を除く）を統合し、年貢や軍役等を司る、いわばこの地域における行政の中心でもあった。こうした経緯を考えると、海津城が単に軍事的な目的（越軍に対する防衛）だけで築かれた城ではないように思える。むしろその築城は、この地域の行政を束ねる機関であることを、第一の目的にしたと考えられるのである。[2] その着工は、先の書状に見られるように、永禄三年（一五六〇）九月二十三日以降と考えられ、翌四年（一五六一）には城は完成し、この年の戦いの後に改修を繰り返しながら、北信濃一強大な城郭へと成長していったと思われる。それは、信濃守護職の地位についた信玄が甲斐・信濃を統合する上で威信をかけた築城であったと考えられる。

謙信は、永禄三年（一五六〇）八月から翌四年（一五六一）にかけて、大軍を率いて関東に侵攻し、一時は北条氏の居城である小田原城を包囲する勢いをみせた。次いで鶴岡八幡宮（神奈川県鎌倉市）におむいて関東管領に就任する。これは、室町幕府下において、信濃守護職にまさる地位である。

一方、信玄は、この年（永禄四年）の四月に佐久から碓氷峠を越えて上野《こうずけ》に侵攻し、関東にいる越軍を背後から牽制した。これに対して謙信は、同六月に厩橋城[3]を発って越後に帰国し、さらに八月中旬に信濃に侵攻した[4]。信玄もただちに出陣し、ここに川中島第四戦がはじまるのである。この戦いの様子は、『甲陽軍鑑』品第三十二に次のとおり要約され、今日では通説とされている。

謙信は、善光寺を本陣とし、一万三千の軍勢の内、自ら八千を率いて川中島を横断して妻女山[5]に布陣した。八月下旬に信玄は、二万の軍勢を率いて海津城に入城した。両軍の間に対峙が続くが、九月九日の夜半に甲軍が行動を起こす。信玄は、二万の軍勢を一万二千と八千に分け、前者は妻女山の越軍に奇襲をかけ、自ら後者を率いて、川中島中央の八幡原[6]で待ち伏せ、落ち延びる越軍を迎え撃つ。

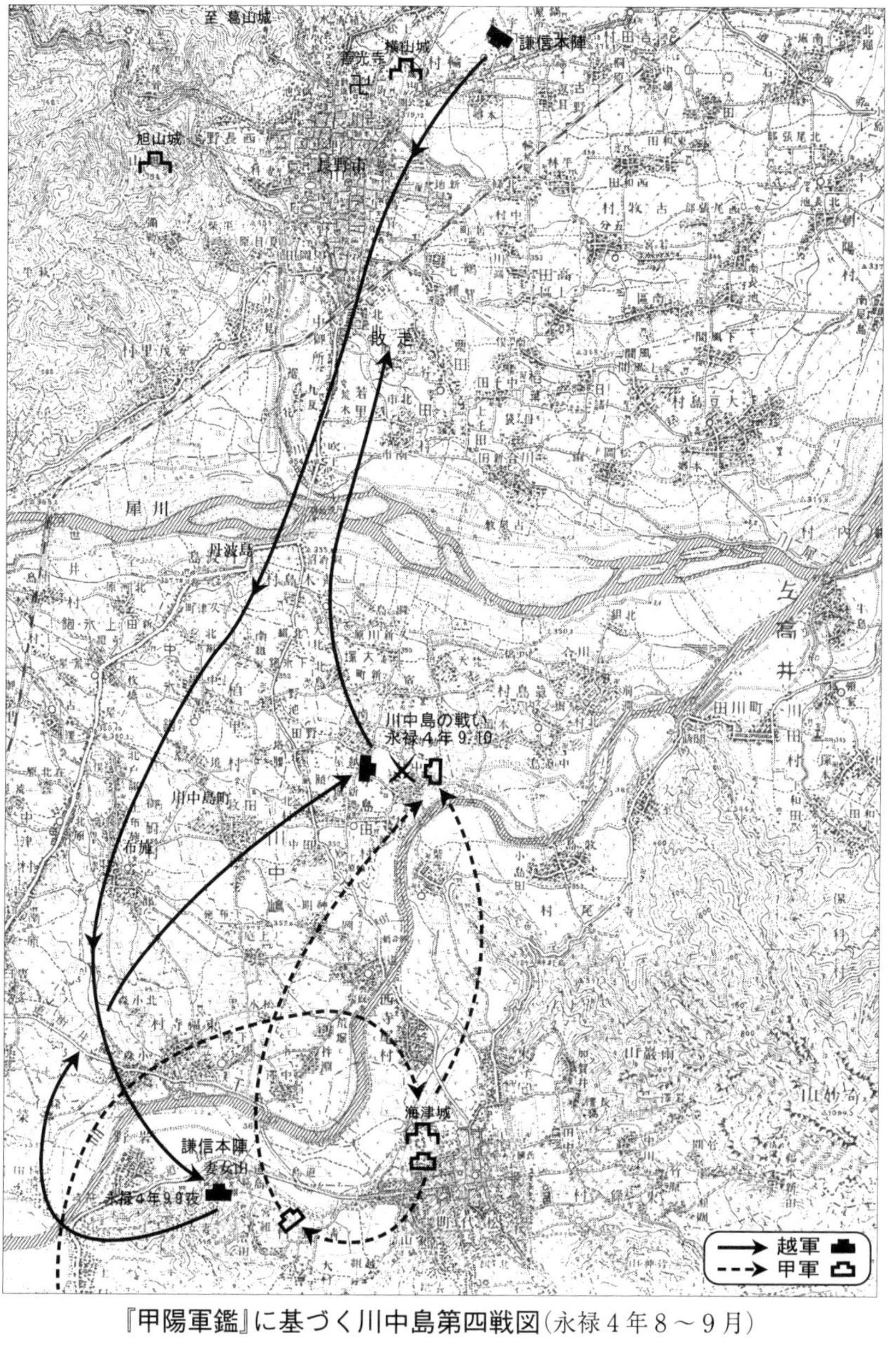

『甲陽軍鑑』に基づく川中島第四戦図（永禄４年８～９月）

世に有名な「啄木鳥《きつつき》の戦法」である。しかし、謙信は、甲軍の行動をいち早く察知し、ただちに山を下って川中島の中央で待ち伏せる信玄に決戦を挑んだ。九月十日早朝、濃霧の中で甲・越両軍は激突する。越軍は、「車懸《くるまが》かりの陣」から兵を繰り出し猛攻撃をかける。これに対する甲軍は、「鶴翼《かくよく》の陣」で防戦するが、信玄の実弟である武田典厩（信繁）をはじめ、多くの将士が討ち死した。甲軍の苦戦が続く中で、妻女山に向かった部隊が信玄のもとに到着し、甲軍はいっせいに反撃に移る。前後を敵に挟まれた越軍は、やむなく撤退を開始し、戦いはここに終結する。

甲・越両軍は、共に大軍を駆使して総力戦を挑んだとされる。同じく総力戦と思われる第二戦に比べると、何とも複雑な動きをしたものである。特に甲軍の「啄木鳥の戦法」にみられる動きは、不可解な点が多いように思える。八千の越軍に対して、一万二千もの大軍で夜襲をかけるというのはいかがなものであろうか。また越軍との激戦が想定される妻女山で、これほどの大軍を有効に扱えたのであろうか。さらには、謙信が布陣したとされる妻女山は、甲軍に味方する清野氏の居城である鞍骨城(7)の一郭であり、ここに越軍がすんなりと布陣したとするのも納得できない(8)。

もっとも第一戦・第三戦のように少数部隊の行動であれば頷けよう。もしも、そうであるなら両軍が動員したとされる人数を疑うことになろう。しかし、ここで注目すべき事実は、信玄の実弟である信繁が討ち死したことである。この時期、信繁は親類衆の筆頭に位置していたと考えられ、かの長篠合戦においても親類衆は川窪（武田）兵庫助（信実・信玄の弟）以外、すべて無事帰還している。また信実の討ち死は、徳川軍の将・酒井忠次による不意をついた鳶ケ巣山《とびがすやま》への奇襲が原因であり、設楽原《しだらはら》における決戦によるものではない。これをみるだけでも、第四戦がいかに激戦であるかが判り、そこに甲

典厩塚

典厩寺

軍の苦戦の事実が想像できよう。

　謙信にとっては、関東管領として武田信玄討伐を旨に掲げた堂々たる信濃侵攻であったろう。これに対抗すべく信玄も、甲斐・信濃の守護として両国の総力を挙げて兵力を駆使したと考えられる。やはり第四戦は、第二戦と同じく、総力戦であったとするのが妥当であろう。

　元来、謙信の信濃侵攻の宿願は、北信濃の元領主達の利権回復にある。故に第四戦に挑む謙信の心中には、信玄が領国経営を推進する上での拠点、すなわち海津城の攻略が最終目的としてあったと推測される[9]。つまりは、そのために兵力を駆使したのであろう。

　しかし、戦いの様子を具体的に知る史料は、管見する限りこれ以上何もみられない。故にこれらのことから検証し、合理的に推理を進めると次のような経緯が考えられる。

　戦いは、すでに謙信が善光寺に到着した時点に始まっていたと思われる。犀川丹波島《さいがわたんばじま》・大塚・八幡原・典厩寺《てんきゅうじ》[10]・広瀬の渡しを経て海津城。善光寺から海津城に至る最短経路であり、松代街道と呼ぶこの道沿いにこれらの激戦地とされる史跡が点在している。ふつう越軍の敗走経路といわれるこの道は、逆に海津城へと直進する進撃経路であったと考えられる。越軍は、川中島に点在する甲軍の砦《とりで》や拠点を一つ一つ攻略しながら着実に海津城に近付いた。これを甲軍は、犀川と千曲川の二つの防御線で懸命に防戦した。名だたる将士が討ち死したのもこのあたりではなかろうか。

特に信繁は、兄信玄の代役として、最後の防御線である千曲川を背にこれを死守したと考えられる。その境内に信繁を葬った塚がある典厩寺（長野県長野市）は、千曲川の左岸にあり、古くは鶴巣寺と称した。この鶴巣寺を、信繁が陣所にしたといわれ、初代松代藩主の真田信幸（信之）は、かつての主君武田家にまつわるこの寺を保護し、その名を松操山典厩寺と改めた。寺院を陣所にすることは、謙信が善光寺をたびたび陣所とするようによくみられることである。しかし、実際の戦いともなれば、堀や土塁を設けた陣所が必要となろう。しかし、典厩寺には、過去にもこうした遺構は存在しないと聞いている。

そこで、堀や土塁を設けた遺構を、典厩寺の周辺に探してみた。すると南西に約二キロメートルの地点に、これにふさわしい遺構を確認したのである。俗に杵淵館《きねぶちやかた》[11]と呼ぶこの遺構は、千曲川の左岸の微高地にあり、中世の館跡として注目される。東西七十メートル、南北七十五メートルの方形で、戦前には四方に廻らす堀が認められた[12]。現在では、人家や田畑になり、遺構としての原型はほとんどとどめていない。信繁あるいはその従者が、これを無視したとは思えない。むしろ戦いになれば、率先して利用したと考えられる。

海津城を目前に迫る勢いの越軍であったが、信玄率いる援軍が続々と到着する。妻女山とこれに連なる鞍骨城は、海津城の後詰にあたる。城主である清野氏は、北信濃の地侍の中でいち早く武田氏の傘下に属し、このとき信玄の本陣となったとみてはどうであろう。つまり、妻女山から越軍の脇腹を突き、さらには海津城から広瀬の渡しを経て、総動員で討って出る。最終的には通説どおり越軍の撤

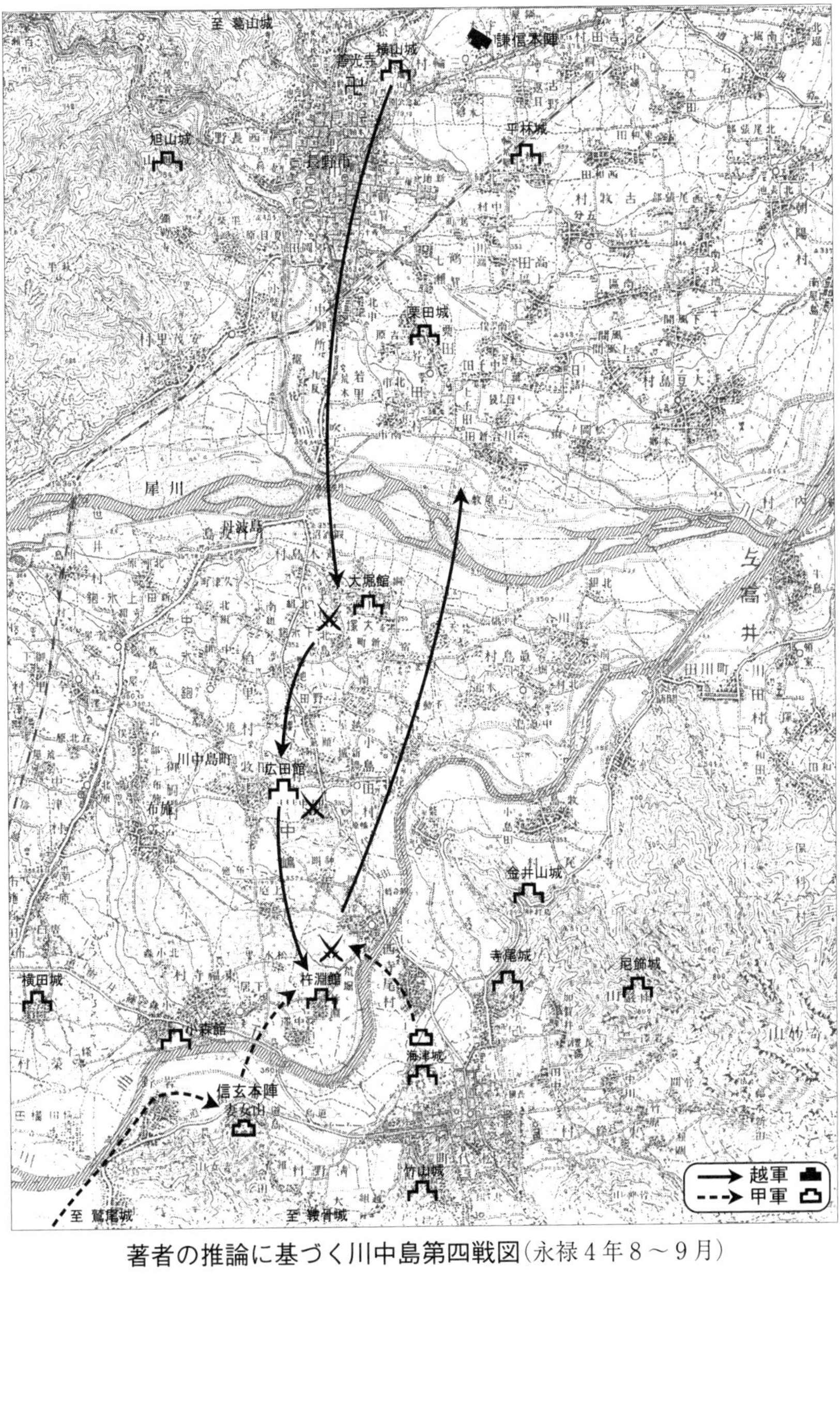

著者の推論に基づく川中島第四戦図（永禄4年8～9月）

退によって戦いは終結する。

前述の大堀館・杵淵館をはじめ、横田城[13]・広田館[14]等の遺構が、川中島の平野部に点在している。さらに鞍骨城・鷲尾城[15]・竹山城[16]・尼飾城[17]等が、海津城を取り囲むように、背後の山々に点在している[18]。これら川中島一帯に点在する多くの遺構は、海津城を中心とする甲軍の防衛網の一郭と考えられる。謙信は、その強固さをまざまざと知ることとなるのである。

【註】
(1) 小坂武雄他編『歴代古案』(信濃史料刊行会 一九六九年)
(2) 磯貝正義『甲斐源氏と武田信玄』(岩田書院 二〇〇二年)
(3) 群馬県前橋市大手町にある平城。近世には前橋城と呼ばれている。
(4) 矢田俊文『上杉謙信』(ミネルヴァ書房 二〇〇五年)
(5) 長野県長野市松代町清野と千曲市土口が境を接する東西に伸びる山。
(6) 長野県長野市小島田町。
(7) 長野県長野市松代町松代にある山城。
(8) 三池純正『真説・川中島合戦』(洋泉社 二〇〇三年)
(9) 磯貝正義『甲斐源氏と武田信玄』(岩田書院 二〇〇二年)
(10) 長野県長野市篠ノ井杵淵にある曹洞宗の寺院。
(11) 長野県長野市篠ノ井杵淵にある中世の館跡。
(12) 湯本軍一他編『日本城郭大系』第八巻(新人物往来社 一九八〇年)
(13) 長野県長野市篠ノ井会にある平城。
(14) 長野県長野市更北稲里町にある館跡。

（15）長野県千曲市倉科にある山城。
（16）長野県長野市松代町松代にある山城。
（17）長野県長野市松代町東条にある山城。
（18）註（8）に同じ。

6　第五戦――北信濃における抗争の終結

謙信の信濃侵攻は、これより三年後の永禄七年（一五六四）七月にみられる。この年の四月、甲軍は野尻城[1]を陥落し、越後にまで乱入している。故に謙信がとった行動は、その報復のためであろうか。越軍は、野尻城を奪回し、甲軍の要所を垣間見ながら南下し、同二十九日に善光寺に到着した。八月一日、更級郡八幡宮に願文を納め、武田信玄滅亡を祈願した。謙信自身も犀川を渡り、川中島へ侵攻したと自ら述べているが、詳細は不明である。この一連の越軍の行動は、大軍を率いてのものとは思えない。恐らく謙信の単発的な行動であったと考えられる。甲軍も、臨戦態勢をとるが、大事には至らなかった。謙信は、飯山城[2]まで退去し、甲軍の襲来に備えて城を改修して、十月一日に春日山に帰還した。

これ以降、両雄はしばしば関東で対峙するが、北信濃における抗争は終結する。信玄は、その後も策略をめぐらし、信・越国境に限りなく迫り、越後国内にまで策略の手を延ばしている。川中島合戦にみられる十一年間にも及ぶ北信濃の利権をめぐる抗争は、その経緯から明らかに信玄の勝利と断言

野尻城遠望

できよう。

一方、敗者となった謙信は、この間に莫大な軍費と多大な犠牲をはらい、何等の成果も得られず、ただ点と線のみの侵攻を繰り返したに過ぎない。その元来の目的である元領主達の利権回復のための得策もなく、これら一連の行動は何とも不可解でならない。故に謙信の政治的手腕を問う声すら耳にする。果たして、その実像とはいかなるものであろうか。

これまで文献・古文書等の史料でのみ、その実像を求めてきたが、今一つ掴みどころがないように思う。そこで、謙信の遺物（上杉神社の宝物他）を調査し、研究してみると、意外なほど合理主義者であったことが判る。その甲冑は独創性に優れ、近世の武装形式を思わせるものが数多くみられる。同時に、当時の戦況を的確に捉え、戦いでも太刀だけでなく、打刀をいち早く取り入れている。これらの武具の開発や生産には、莫大な資金を要したと考えられる。このように最新鋭の武装をした越軍は、肥沃な越後平野の収穫・豊富な日本海の産物・佐渡の金等から得る莫大な資金によって支えられ、これこそが謙信が大いに人心を集めた源なのであろう。

謙信は、結果的に川中島を敗退することになる。しかし、関東・北陸等では、着実に勢力圏を拡大している。全国有数の豪雪地帯として知られる越後は、一見して辺鄙《へんぴ》にもみえる地である。しかし、隣接するどこよりも肥沃であり、謙信の侵略欲がない理由がそこにあると考えられる。つまり謙信は、越後一国を統一して十分に満足してしまったのではあるまいか。その後は、大いなる国力を背景に、越後に落ち延びる者の人心をかって出陣し、勢力圏の拡大を計ったと推測するのである。

信玄が、総力をあげて掌握した善光寺平も、越後平野からみれば猫の額に見えたであろうか。謙信は村上義清等北信濃の元領主を召し抱え、安住の地を与えている。一方、信玄は、策略こそめぐらすが、春日山城を攻略して謙信の首級を挙げようなどとは考えてもいなかったであろう。信玄・謙信両雄は、誰よりも互いの国力の差を知り尽くしていたのである。

【註】(1) 長野県上水内郡信濃町野尻にある山城。
(2) 長野県飯山市飯山にある平山城。

本文の作成にあたり、磯貝正義氏・服部治則氏・岡澤由往氏のご意見を参考にさせて頂いたことをここに記す。三氏には、この場にてお礼を申し上げる次第である。

二　長篠合戦

天正三年(一五七五)五月二十一日、武田軍の精鋭を誇る騎馬隊が、三河国設楽原の地で、織田・徳川連合軍の鉄炮足軽《てっぽうあしがる》の前に壊滅する。この戦いは、ふつう中世の騎馬を主にした旧戦法が、近世の鉄炮を主にした新戦法に敗れた戦いといわれ、その初戦が長篠城の攻城戦にあることから「長篠合戦」と呼んでいる。

この戦いに関しては、実に不可解な点が多く、研究家の間でも異論が絶えないところである。これまでにも文献・古文書の研究に、名和弓雄氏・藤本正行氏等による古戦場の実地検証を加えた著書や論文も数多く発表された。本文は、これに武具の研究を加えることにより、さらに戦いの実相に迫る検証を試みるものである。

尚、本文の進行にあたり、織田・徳川連合軍が西国を主とする軍団であることから西軍、武田軍が東国を主とする軍団であることから東軍と便宜上統一して述べることにしたい。

1　決戦への序章

元亀四年（天正元・一五七三）四月十二日、武田信玄は、遠江・三河への遠征の最中に病没する。その後継者となった勝頼は、父信玄から引き継いだ一軍を率いて各地を連戦し、東濃・三河・遠江で勢力圏を拡大していった。その勢いは、次第に織田・徳川両氏にとっても脅威となった。

天正三年（一五七五）、この年、勝頼は絶頂期にあった。向かうところ敵なく、まさに破竹の勢いである。東軍の将士は、異常ともいえるこの時期に、こぞって武具を新調したと考えられる。[1] 大きく言えば、このときすでに「長篠合戦」は始まっている。勝頼の脳裏には、西軍との激突が鮮明に描かれていたのである。天正二年（一五七四）、東濃明智城[2]攻略のときも、遠江高天神城攻略のときも、西軍本隊は動くが、衝突までには至らなかった。

浅間大社の色々威大袖（「天正三年　春田光信父子」と銘記）は、同一の威毛の胴丸に付し、兜は、総覆輪《そうふくりん》の阿古陀《あこだ》形筋兜《なりすじかぶと》であったと想像される。それは、他の武田氏関係の武具に比べて、群を抜く高級品である。鍬形台《くわがただい》をはじめ、金物類にはすべて花菱紋を散らし、誰がどこからみても武田家当主の姿そのものである。天正三年（一五七五）の段階で、この大袖を装着できる人物は他に考えられず、勝頼は名実共に武田家当主の地位にあったと考えられる。これをみるだけでも、『甲陽軍鑑』を引用した勝頼の陣代説(3)は、作り話といわざるを得ないのではなかろうか。そして、来たるべき西軍との決戦を旨に、勝頼が武田家の威信をかけて新調し、浅間大社に奉納した胴丸に付していた大袖と想像されるのである。

長篠城跡

天正三年（一五七五）三月、勝頼は、自ら一万五千の軍勢を率いて三河へ侵攻した。同時に、徳川の将・大賀弥四郎を誘い、岡崎城(4)の乗っ取りを計った。しかし、事前の密告により謀反の事実が発覚し、大賀弥四郎は四月五日に家康によって処刑された(5)。勝頼は、徳川領の切断を計ったが、これにより失敗する。
そこで東軍は、四月二十一日から徐々に長篠城の包囲を固めていった。そして城の監視を続ける一方で、五月六日に二連木城(6)・牛久保城(7)に放火し、さらに吉田城(8)を攻めた(9)。このとき家康も吉田城内にいた(10)。しかし、東軍は決戦を避けて長篠に戻り、再び城の包囲を固めた。

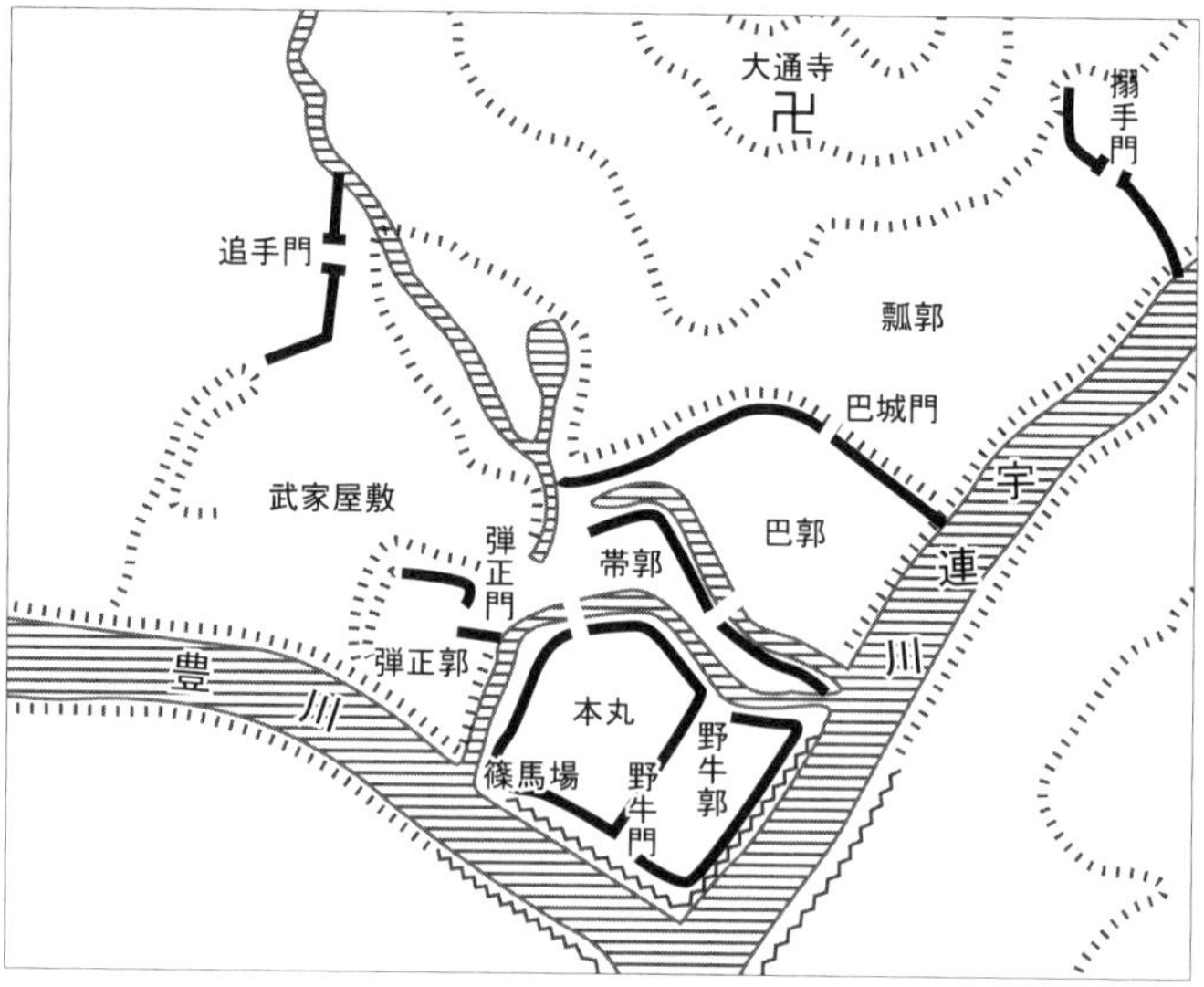

長篠城縄張図

そして五月十日以降には城兵との間に本格的な攻城戦がはじまる。

長篠城は、愛知県新城市鳳来町長篠市場にあり、豊川（古称を滝川・寒狭川と呼ぶ）と宇連川（古称を大野川と呼ぶ）が合流する地点にある。その西側から南側にかけて切り立った断崖をなし、野牛郭を経て本丸・帯郭、そして北西側に弾正郭・武家屋敷と呼ぶ曲輪が広がり、北東側に巴郭・瓢郭と呼ぶ曲輪が広がっている。城主は、同二月に家康の命により、着任したばかりの奥平九八郎（貞昌・後の信昌）である。奥平氏は、山家三方衆と呼ぶ奥三河[11]を根拠とする土豪の一党であり、もともと作手城[12]の城主であった。

元来、長篠城は、同じ山家三方衆の菅沼氏が、代々城主をつとめていた[13]。菅沼氏は、松平氏や今川氏に仕えたのち、永禄（〜一五六九）のおわりごろから、次第に東軍の傘下に加わるようになったと考えられる。このときの城主は、菅沼新九郎（正貞）であり、東軍の番将である室賀山城守（信俊）・小笠原掃部大夫（信嶺）等と共にこれを守備していた。

天正元年（一五七三）八月、家康は、東軍が東濃や遠江に気をとられている隙に、長篠城に襲いかかり、これに火をかけて強引に奪い取った[14]。菅沼正貞は、いち早く城を捨てて鳳来寺[15]に逃れた。このため菅沼正貞には、逆に家康との内通の疑いがかけられ、東軍に捕らえられて古府中に送られ、さらに信州小諸城に幽閉された[16]。この後、家康は、かねてから誘いをかけていた、奥平美作守（貞能）・貞昌父子を味方に付け、翌九月には、奥平貞昌を長篠城の城番にし、東軍の襲来に備えて城の改修を命じた。東軍が、長篠城を包囲した理由には、こうした経緯への報復の念があるのかも知れない。

東軍は、西軍との決戦を前に、約十日間の攻城戦をするのであるが、一万五千もの大軍で包囲しながら、城を落とすまでには至らなかった。その上、鳥居強右衛門尉（勝商）・鈴木金七郎（重政）の脱出まで許してしまう[17]。東軍にとって、歴戦の将を率いての攻城戦である。その戦歴を振り返る限り、過去に攻略した多くの城郭に比べても、長篠城が特に堅固な城とは思えない。さらには、落城の寸前にもかかわらず攻城戦を中断し、鳶ケ巣山《とびがすやま》の川窪（武田）兵庫助（信実・信玄の末弟）以下に城の監視をさせ、勝頼率いる東軍主力は西軍との決戦に挑んだのである。

【註】（1）静岡県浅間大社の所蔵品・諏方大祝家伝来品等。
（2）岐阜県恵那市明智町にある平山城。
（3）『甲陽軍鑑』品第三十九「信玄公逝去付御遺言之事」に基づく説。
（4）徳川家康の居城。愛知県岡崎市康生町にある平山城。
（5）『寛永諸家系図伝』青山忠門・『三河物語』他
（6）愛知県豊橋市仁連木町にある平城。
（7）愛知県豊川市牛久保町にある平城。

（8）愛知県豊橋市今橋町にある平城。
（9）『大須賀記』『譜牒余録』巻二七　松平下総守「奥平家記録」より。
（10）『当代記』巻一
（11）愛知県三河地方東部の山間部の呼称。
（12）愛知県南設楽郡作手村清岳にある平山城。
（13）丸山彭編『山家三方衆』（青陵書房　一九七九年）
（14）註（10）に同じ。
（15）愛知県新城市門谷字鳳来寺にある真言宗五智教団の本山。
（16）註（13）に同じ。
（17）丸山彭編『長篠日記』（鳳来町立長篠城址史跡保存館　一九七二年）

2　東軍の動向　勝頼の思惑

東軍一万二千と西軍三万八千が激突した設楽原《しだらはら》[1]の決戦は、東軍側から攻めない限り戦いにはなり得ない。なぜならば西軍は、東軍の二倍以上もの兵力でありながら、連吾川《れんごがわ》をへだてた柵の内にこもり、防戦の一手にまわったからでる。あえて、そこに攻めかかる東軍の戦意には、すさまじいものが感じられる。

通説によると、東軍の騎馬隊が襲いかかると、西軍は柵（一部に三重とある）[2]の内から三千丁[3]の鉄炮を三段に構えて、交互に撃って防戦したとある。[4]そこまでの連射を必要とする突撃をかけてきたとするならば、一人の鉄炮足軽が十発も撃てば、東軍は早々に壊滅して戦いは終結するはずである。[5] しかし、卯の刻(午前六時)ごろに始まった戦いが、大方の勝敗を決するのは未の刻(午後二時)ごろといわれているから、この間、実に八時間を要したことになる。では、この八時間を、両軍はどのように戦ったのであろう。恐らく、いわれているような東軍の闇雲な突撃はなかったように思われる。そこには、試行錯誤を繰り返し、粘り強く柵の内の西軍に対して、攻めかかる東軍の姿が浮かんでくる。

決戦があった旧暦の五月は、新暦に直すと七月にあたるため、連吾川を挟んだ一帯は梅雨の長雨でぬかるみ、足場が悪かったといわれている。[6] さらに古戦場を詳しく調査してみると、西軍が布陣した弾正山《だんじょうざん》(断上山とも書く)の所々に、切岸や堀切の跡と思われる遺構がみられ、『武徳編年集成』[7]にも「乾堀・土居・柵を構えること二重にして」とある。さらに天正三年八月十日付の岡修理亮に宛てた勝頼の書状[8]には、「乗其利信長至陣前押寄候處、構陣城籠居候之間、入人数之砌、當手之先衆聊失利候」とあり、西軍が陣城《じんじろ》にこもって戦いをしたことが読み取れる。これらのことから、西軍の陣営が、単に柵を廻らしただけでなく、かなりの規模の土木工事の上に構築された、陣城であったことが想像される。ふつう野戦と考えられてきた「設楽原の決戦」は、実は陣城を攻略する攻城戦であったのである。

さらに戦前に撮られた設楽原の航空写真では、東軍が陣を敷いた信玄台地《しんげんだいち》[9]にも弾正山側に向けて、こうして遺構がみられたという話を耳にしたことがある。また『松平記』[10]によると「勝頼の陣柳田の山には俄にかまへしかば、柵の一重もふらざりけり」とあり、東軍の陣はにわかに築いたので柵が一重しかなかったとある。しかし、信玄台地のオノ神と呼ばれる地の「武田勝頼観戦地」の碑の周りには、土塁や塹壕と思われる痕が現在も残され、これを見る限り実際の陣地はにわか作りではなかったと思

竹広激戦地の碑

山県昌景の碑

われる。

　では、どうして東・西両軍の陣営が完成し、用意万端ととのってから開戦したのであろう。これらの疑問について順を追って解いていくと、この決戦を真に望んだのは勝頼率いる東軍であるということが判ってくる。また連吾川沿いに激戦地と呼ぶ地が四ヶ所あり、南から北に向かって勝楽寺《しょうらくじ》・竹広《たけひろ》・柳田《やなぎだ》・大宮《おおみや》の順である。東軍は、決して南北に延びる設楽原の一帯で、攻撃を展開したのではなく、この四ヶ所に集中したと推測されるのである。

　その初戦は、設楽原の南に広がる平坦地で行われた勝楽寺の戦いである。東軍の将・山県三郎右兵衛尉（昌景）は、はじめ弾正山に築かれた陣城の南端に食い入ることを計ったと考えられる。しかし、西軍徳川の将・大久保七郎右衛門（忠世）・同治右衛門（忠佐）兄弟・内藤三左衛門（家長・信成ともある）等が、足軽を出し入れしてよく守ったため、山県昌景は、この地の突破を断念する。この後の戦いは、竹広・柳田・大宮へと北上し、信玄台地と弾正山との狭間（ぬかるみ）における、文字通りの泥沼の死闘へと移っていくのである。

　ここで一つ注目すべきことがある。山県昌景が、家康の本陣をめざして攻めかけた、竹広の戦いの最中に信長が家康本陣を見舞い、共に戦い

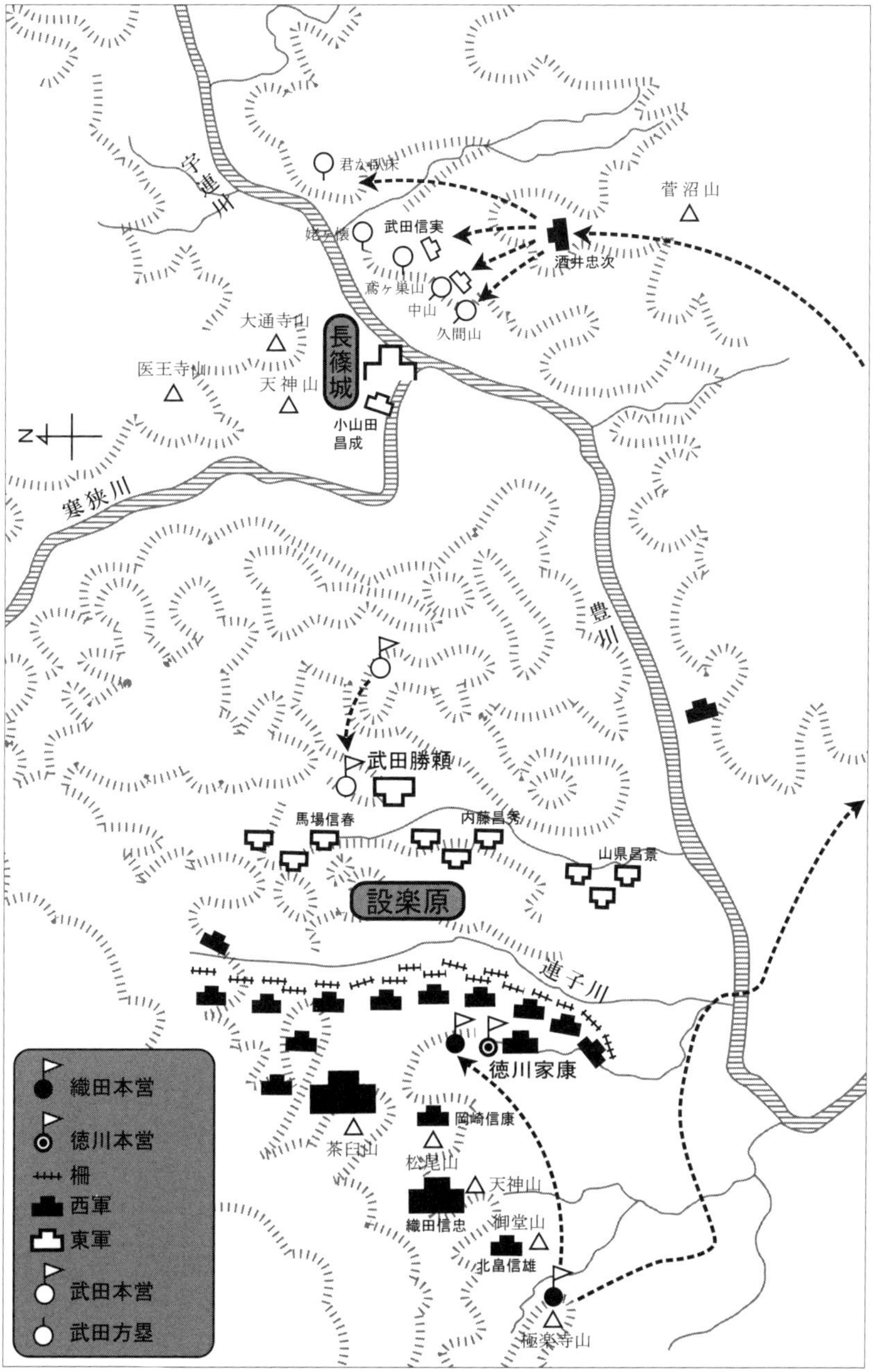

長篠設楽原合戦図（天正 3 年 5 月 21 日）

の様子を観覧したと『信長公記』にみられるのである。[11] 信長のことであるから、自らの馬印である唐傘を押し立てた、堂々たる本陣の移動であったであろうか。そこに、東軍の戦意が拡大し、暴走した第一の理由があると考えられる。

すなわち、この戦いを一番望んでいたのは勝頼であり、長篠城の陥落を延ばし、鳥居勝商・鈴木重政の脱出を見逃す。さらに西軍が弾正山一帯を要塞化することをも許し、信長と家康の着陣を確認すると同時に、背後の長篠城にわずかとはいえ敵兵を残してまで決戦に挑んだのである。勝頼の第一の目的は、信長と家康の首級《しゅきゅう》を挙げることであり、東軍にとって待ちに待った戦いだったのである。決戦前日の五月二十日付の長閑斎（長坂釣閑斎あるいは今福浄閑斎か）に宛てた勝頼の書状[12]には、「信長・家康両敵共、此度可達本意儀案之内候」とあり、そこから西軍との決戦に対する並々ならぬ決意が読み取れる。

【註】（1）愛知県新城市川路から大宮にかけての一帯。
（2）『本多家武功聞書』『甲陽軍鑑』他
（3）上野晴朗『定本 武田勝頼』（新人物往来社 一九七八年）他
（4）小瀬甫庵『信長記』神郡周校注（現代思潮社 一九八一）
（5）藤本正行『城と合戦―長篠の戦いと島原の乱』（朝日新聞社 一九九三年）
（6）長篠城址史跡保存館初代館長丸山彭氏によるご教授より。
（7）寛保元年（一七四一）に木村高敦が著した徳川幕府創業史。
（8）今泉正治他編『設楽原歴史資料館研究紀要』（新城市設楽原歴史資料館 二〇〇一年）
（9）連吾川の左岸に沿う小高い丘。合戦後に信玄の臣が多く討ち死したことから呼ばれるようになった。

（10）久曽神昇編『三河文献集成・中世編』（国書刊行会 一九六六年）
（11）桑田忠親校注『池田本 信長公記』（新人物往来社 一九六五年）
（12）柴辻俊六他編『戦国遺文』武田氏編 第三巻 二四八八号（東京堂出版 二〇〇三年）

3　東軍を駆り立てたもの

信長は、勝頼の敵意を十分に知っていて、自ら家康の本陣に移ったのではなかろうか。五月十五日付の長岡兵部大輔（細川藤孝）に宛てた信長の書状(1)には、「鉄炮放同玉薬之事、被申付之由尤候」とあり、東軍を鉄炮で迎え撃つことが、当初からの作戦であったことが読み取れる。さらにこの一文から、西軍も東軍に対して、並々ならぬ戦意を抱いていたことが読み取れる。

そして、東軍の戦意が暴走した第二の理由として、西軍の鳶ヶ巣山への奇襲が考えられる。東軍主力と西軍との決戦の間、長篠城を監視するために、宇連川の対岸の鳶ヶ巣山に川窪信実らを配備していた。このとき、鳶ヶ巣山を中心に五つの砦が築かれ(2)、そこに西軍徳川の将・酒井左衛門尉（忠次）以下四千(3)が、合戦当日の夜明けと共に奇襲をかけたのである。鳶ヶ巣山に立ち上る火の手を見たときの勝頼の動揺は、相当なものであったであろう。勝頼にとっては、思いもかけない誤算である。しかし、目の前にいる信長と家康の首級を挙げれば勝敗は決するのである。手が届くところに両名がいるのであるから、勝頼の戦意が向上するのは当然であろう。

ここまでは、信長が勝頼を陥れる作戦と考えられる。このままの状態で、いつまで東軍を引き付け

長篠城から望む鳶ヶ巣山

られるか。そして東軍が攻撃の手をゆるめたと同時に、柵を押し倒して全軍で反撃に移る。さらに信濃との国境まで追撃して、できることであれば勝頼の首級までも挙げたかったであろう。いかに、それまで東軍を引き付けられるかが、信長にとって最大の課題であったと考えられる。

この作戦はほぼ達成され、東軍の設楽原での死傷者は数千人といわれ、さらに西軍の追撃により、総戦死者は一万余ともある。[4]これに対して、西軍の死傷者は『四戦紀聞』巻二「長篠」[5]に六千余とあり、鉄炮を大量に導入した割には、多大なる犠牲者を出している。[6]この数は、勝者である信長の予想を、はるかに越えるものとなった。

そこで、東軍の戦死者を分析すると、実に興味深いことが判る。つまり設楽原での戦死者の多くが、信玄以来の宿将達に集中しているのである。これに対して、親類衆と呼ぶ武田一族の戦死者は、鳶ヶ巣山で討ち死した川窪信実のみであり、他は勝頼の近臣衆と共にほぼ無傷のまま帰還している。すなわち、設楽原で率先して西軍と戦ったのは、勝頼の近臣衆や親類衆ではなく、宿将達であったと推測されるのである。

信玄の生前であれば、彼等は常に沈着冷静であり、その意に従って適切に行動した。そこにみられる彼等の業績が、多大であることはいうまでもない。しかし、設楽原で彼等がとった行動は、常軌を逸した感がある。この両者は、まさに異質のものにさえ感じられる。それは、信長・家康はもとより、直接指揮にあたった勝頼ですら、予想もしなかった行動であったろう。果たして、彼等をそこまで駆

土屋昌次(昌続)の碑

甘利信康の碑

り立てたものに、何が考えられるであろうか。

彼等の中には、柳田の激戦の最中に、西軍に寝返った土民に怒り、立腹を切った甘利郷左衛門尉(信康)がいる。[7]さらに最後の激戦地となった大宮で、西軍の砦である丸山[8]をめぐって奮戦した馬場美濃守(信春)がいる。[9]そして、何よりも信玄の死の直後に、宿将達が止める中で、最後まで殉死《じゅんし》することを叫び続けた土屋右衛門尉(昌続)がいるのである。[10]すなわち、彼等がとった行動の奥には、亡き信玄に対する殉死の思想があったのではなかろうか。『甲陽軍鑑』によると、信玄の死を隠すために、宿将達に殉死を固く禁じたとある。この二年の間、はぐくんできた彼等のこうした思想が、かつて経験がない激しい戦いの場で、いっきに暴発したのではなかろうか。

それも、最初から死を旨に、戦いに臨んだわけではない。少なくとも山県昌景は、初戦において家康本陣に果敢に攻めかかり、より積極的に戦ったと思われる。しかし、その討ち死あたりが、殉死の思想を呼びおこす火種になったと思われる。そこには、亡き信玄に対する思いと、若き後継者である勝頼との間にできた、複雑な主従関係もあったであろう。[11]次々に信玄のもとへと旅立つ宿将達。これこそが誇り高き武田武士の戦いぶりであり、ここを自らの死に場所と決めた者も少なくなかったのではなかろうか。そして、彼等がとった道は、武田家に対する最後のご奉公として、勝頼が強く望むこの戦いで、命をかけて信長と家康の首級を挙げることだったのではなかろうか。そこにこそ、東軍の狂乱的ともいえる戦意の暴走と、東西両軍の戦死者の増大を招いた、最大の原因があると考えるのである。

【註】(1)今泉正治他編『設楽原歴史資料館研究紀要』(新城市設楽原歴史資料館 二〇〇一年)
(2)君か臥床《きみがふちど》・姥ケ懐《うばがふところ》・鳶ケ巣山・中山・久間山《ひさまやま》の五つ。
(3)桑田忠親校注『池田本 信長公記』(新人物往来社 一九六五年)
(4)註(3)に同じ。
(5)根岸直利(一六百三三〜一七四一)が「姉川」「三方原」「長久手」と共に編集した戦記。
(6)藤本正行『城と合戦―長篠の戦いと島原の乱』(朝日新聞社 一九九三年)
(7)丸山彭編『長篠合戦余話』(鳳来町立長篠城址史跡保存館 一九六九年)
(8)設楽原の北端である大宮にある小山。
(9)磯貝正義・服部治則校注『甲陽軍鑑』(新人物往来社 一九六五年)
(10)『寛永諸家系図伝』土屋昌次(昌続)。
(11)上野晴朗『定本武田勝頼』(新人物往来社 一九七八年)

4 西軍の軍装

ここで西軍の軍装について少し述べておきたい。東軍の軍装については、すでに述べたが、西軍も基本的には、それほどの違いはないと思われる。天正三年（一五七五）は、近世初頭といわれる年代に位置するものの、軍装が一度に変わったわけではない。むしろ、その速度はゆるやかであり、試行錯誤を繰り返しながら、およそ慶長（一五九六〜）のはじめごろに、ようやく定型化したと考えられる。すなわち天正三年（一五七五）ごろは、いまだ中世の武装形式を色濃く残し、それは東軍の遺物にみられるとおりである。また敗者となった東軍が、多くの遺物を残しているのに対して、勝者となった西軍の遺物が、ほとんどみられないのは何とも不思議である。

そこで、まずは徳川家康とその家臣団の武具をみていきたい。家康の甲冑は、久能山東照宮（静岡県静岡市）・日光東照宮（栃木県日光市）・紀州東照宮（和歌山県和歌山市）・徳川美術館（愛知県名古屋市）等に多数ある。しかし、その形式や形態をみる限り、長篠合戦までさかのぼるものはみられない。

紅糸威腹巻（浅間神社蔵）

唯一、その年代以前のものが、浅間神社（静岡県静岡市）蔵の「紅糸威腹巻」である。家康の元服鎧《げんぷくよろい》といわれ、その伝承どおり小型の腹巻である。しかし、これは当時の高級品であり、人質同然の立場にある家康のためだけに作られたものとは思えない。そこで、今川氏真（義元の嫡男）が所用したものを、後に拝領したとする説[1]には共感できる。

その家臣団の甲冑についても、長篠合戦以前のものはほとんどみられない。唯一、酒井忠次の所用と伝えられる致道博物館（山形県鶴岡市）蔵の「色々威胴丸」（重文）

がある。しかし、これは天正（一五七三〜）のはじめごろの高級品であり、当時の酒井忠次の身分を考えると、その所用は難しいように思える。故に中世の大名格の家から酒井家に贈られた進物の一つではなかろうか。

ここで、長篠合戦にまつわる二口《ふたふり》の太刀を紹介したい。その一口は、某法人蔵の銘「一」の福岡一文字の太刀（国宝）である。これは、天正三年（一五七五）八月に岐阜城で、長篠城の城主として武功があった奥平貞昌に、織田信長から「信」の一字と共に戦勝の褒美として与えたものである（以後は信昌と名乗る）。刃長二尺三寸五分とし、福岡一文字の最盛期である鎌倉時代の中ごろの作刀であり、後に名物「長篠一文字」と号して伝えられた。もう一口は、名物「大般若長光」と号する太刀である。長光は、古備前の長船派の光忠の子といわれ、浅間大社の太刀①（三七頁参照）を作刀した景光の父といわれている。(2)この太刀は、家康が褒美として奥平貞昌に与えたものであり、もともと足利将軍家の所蔵品で、三好長慶・織田信長を経て家康のものとなった。その後は、奥平貞昌の子であり、家康の養子となった松平忠明を通じて、武蔵国（埼玉県）忍藩主の松平家に伝えられた。大般若の異名は、室町時代の代付に(3)六百貫という破格の高値が付き、これが大般若六百巻の字音と相通じることにあるといわれている。(4)刃長二尺四寸三分の堂々たる太刀姿であり、現在は東京国立博物館（東京都台東区）の所蔵品として国宝に指定されている。(5)

次に信長とその家臣団の武具をみていきたい。ふつう信長の甲冑としてよく知られているのが、建勲神社（京都府京都市）蔵の「紺糸威胴丸」（重文）であろう。しかし、これは丹波国（兵庫県）柏原藩主の織田家が、その祖である信長を思うあまりに、江戸時代に古物を利用して、桶狭間合戦使用という伝承を捏造して作らせたものである。故に信長自身とは無関係といわざるを得ない。

しかし、この柏原藩の伝来品の中に、実に興味深い伝承を持つ兜がある。現在では、故あって信長の故郷にある総見院（愛知県清須市）の所蔵品となっている。これには、本能寺の焼け跡から織田信雄（信長の二男）が尋ね出したものという伝承がある。六枚張りの突盔形兜《とっぱいなりかぶと》で、左右の大きな角元《つのもと》と天草眉庇《あまくさまびさし》が(6)特徴的である。この種の兜は、軽便で製作が容易なことから、室町時代のおわりから安土桃山時代にかけて大いに用いられた。これは、当時の粗製品であるため、信長の所用品とは思えない。しかし、焼けただれた地鉄《じがね》と形状が示す特徴が年代や伝承と一致し、興味をそそる一品といえよう。

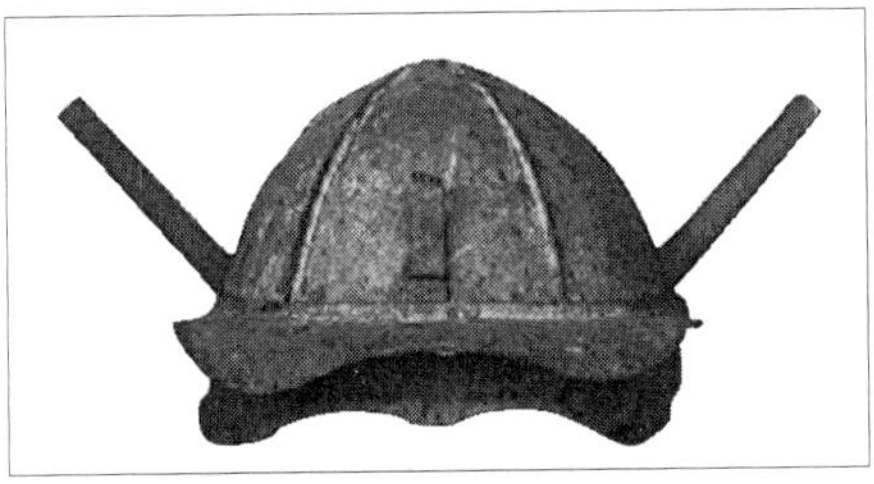
六枚張突盔形兜（総見院蔵）

天正二年（一五七四）に信長が上杉謙信に贈った「金小札色々威大袖」が、上杉神社に残され、近年になって、その胴である東京都某寺蔵「金小札色々威胴丸」（重文）が発見された。信長好みを彷彿させる華麗な胴丸である。

今一つ、上杉神社には、織田木瓜紋の紋鋲を用いる「紅糸威壷袖」があり、これにも同様の伝承がある。恐らく同毛の腹巻に付いていたと思われる。しかし、これらはすでに越後春日山城にあり、長篠合戦に使用した可能性はないであろう。

その家臣団の甲冑についても、長篠合戦以前のものはほとんどみられない。前田利家の甲冑として、前田育徳会（東京都目黒区）蔵の「金箔押白糸威丸胴《きんぱくおししろいとおどしまるどう》」（重文）がある。これは、美和神社の丸胴（一二頁参照）の原型をみるようであり、天正十二年（一五八四）の佐々成政との戦いの折に、能登国（石川県）末盛城入城に際して装着したという伝承がある。これは、当時の甲冑の変遷を知る上で、

県文 茶糸威胴丸（清水神社蔵）

天正（一五七三～九二）の中ごろの基準資料となる貴重なものである。これと同形のものに蜂須賀正勝・中村一氏等の所用品があり、ほぼ同じころのものと思われる。

豊臣秀吉が所用した唯一の甲冑が、仙台藩伊達家に伝来した「銀箔押白糸威丸胴具足《ぎんぱくおししろいとおどしまるどうぐそく》」（重文）である。天正十八年（一五九〇）の小田原の陣の折に、伊達政宗が拝領したと伝えられる。小型で非常に軽い胴は、まさに秀吉の体格をしのばせる。胴丸が当世具足化していく最終段階に位置するものと考えられ、天正（～一五九二）のおわりごろの基準資料となるものといえよう。これらは、共に長篠合戦当時のものとは形式や形態が大きく異なる。

西軍として、長篠合戦に参加した武将の中に稲葉良通がいる。後に出家して一鉄と号し、稲葉一鉄の名で知られている。美濃国（岐阜県南部）曽根城[7]の城主として、西濃の一軍を率いて、六十歳という高齢で出陣している。この一鉄の甲冑が、故郷にある清水神社（岐阜県揖斐郡揖斐川町）に伝えられている。その形式や形態から、天正（一五七三～）のはじめごろのものと思われ、紋鋲《もんびょう》にみられる「折敷三ツ引」紋は稲葉家の家紋と一致する。頭形兜・半頬[8]・壷袖を具した「茶糸威胴丸」（県文）である。恐らく西軍として参戦した武将が用いた長篠合戦当時の唯一の遺物であろう。浅間大社の胴丸①（一九頁参照）・諏方大祝家の胴丸（一〇七頁参照）は、いずれも後立挙の段数だけ一段増して四段としている。一鉄の胴丸は、これに加えて前立挙の段数も一段増して三段にしている。この段数は、浅間大社の胴丸③（二七頁参照）も同じであり、胴丸が当世具足化していく段階を示す貴重な資料といえよう。また胴が板物であるから、正確にいえば最上胴丸と呼ぶべきであろう。しかし、一鉄の胴丸は蝶番で開閉するのではなく、四隅に入れた本小札の足掻きによって開閉する特殊な例である。

【註】
（1）山上八郎『日本甲冑一〇〇選』（秋田書店　一九七四年）
（2）岡崎譲『日本刀備前伝大観』（福武書店　一九七五年）
（3）当時の売買価格ではなく、一つの価値基準を示す格付け。
（4）佐藤寒山『日本名刀一〇〇選』（秋田書店　一九七一年）
（5）牧秀彦『名刀伝』（新紀元社　二〇〇二年）
（6）天草眉庇＝大きなうねりのある棚状に突き出た眉庇。
（7）岐阜県大垣市曽根町にある平城。
（8）半頬＝中世の面具の一種。顎から両頬にかけて深く覆う面具。

5　最後の死闘

天正三年（一五七五）五月二十一日早朝。前日の内に清井田原[1]に陣を進めた勝頼は、信長・家康の両名がそれぞれの陣所に着いたことを確認する。意気揚々とした東軍の出撃である。

西軍は、鉄炮足軽に柵に近付く東軍を撃ち続けることを命じたわけだが、世にいわれる鉄炮の三段撃ちは、果たして有効なのであろうか。また長篠合戦における鉄炮の三段撃ちの初見は、小瀬甫庵の『信長記』巻八によるものであり、その基礎となった太田和泉守(牛一)の『信長公記』第八の記述にはいっさい見られないのである。この点、『信長記』は『信長公記』に多くの逸話を加えることにより、軍記物語として面白く書かれていることを視野に入れておく必要があるように思う。

そして三段撃ちを理論的に有効手段として考えると次のようになる。まず鉄炮足軽を三人一組として三段に構える。これが交互に入れ替わって撃つことにより、玉込めにかかる時間を補い、鉄炮を撃ち続けることができるということである。この場合、鉄炮を持ちながら入れ替わり立ち替わり動きまわることになる。その内には、互いが持つ鉄炮が擦れ合うことも十分に考えられる。それが、毛抜板《けぬきいた》[2]・火縄鋏《ひなわばさみ》[3]・火皿《ひざら》[4]・火蓋《ひぶた》[5]といった鉄炮のカラクリと呼ぶ機関部(平カラクリと呼ぶ)を、傷める原因になるという説[6]がある。確かにカラクリは、鉄炮の構造の中で最も複雑な部分であり、また鉄の銃身や樫の台木[7]に比べて、真鍮などを主にした銅の合金で作られているため、軟らかくて壊れ易い部分でもある。故にカラクリの一部を内装式にした、ゼンマイ内カラクリと呼ぶ機関部の鉄炮もみられる。

そこで、福井県一乗谷朝倉氏遺跡から出土した鉄炮のカラクリを見ることにしたい[8]。越前朝倉氏が、天正元年(一五七三)に織田軍によって攻め滅ぼされたことは周知のとおりである、故にそこから出土する遺物は、この時代の基準資料になるものといえよう。これらをみると、すべてが江戸時代の一般的な鉄炮と同じ平カラクリであることが判る。そこで天正期(一五七三~九二)の実戦においても、鉄炮の三段撃ちは有効とは言い難いのではなかろうか。むしろ鉄炮を連続して撃つのであれば、手を動き易くするために甲冑は装着しなかったようである[9]。いち早く玉込めの作業が行える姿勢をとるため、柵を前にして胡座《あぐら》をかくのである(10)。

西軍の陣営がある弾正山は、南北に約一キロメートルの細長い丘である。その東側に鉄炮足軽一人がおよそ一メートルの幅として配置する。すなわち弾正山の東側は、千人の鉄炮足軽でちょうど埋まることになる。鉄炮の三段撃ちが、当時の戦いにおいて有効ではないということになると、『信長公記』にみられる「鉄炮千挺計《ばかり》」の記述は、そこに配備する鉄炮足軽の数と一致する。

また『信長公記』によると、戦いの直前に佐々蔵介（成政）・前田又左衛門（利家）・野々村三十郎（幸次）・福富平左衛門（貞次）・塙九郎左衛門（直政）の五人に、鉄炮組の指揮を命じたとある。当時は鉄炮に黒色火薬を使う。このため、その白煙と銃声は、相当なものであったと想像される。恐らく陣営は白煙に覆われ、銃声が耳をつくであろう。その中で彼等五人はどのように鉄炮組を指揮したのであろうか。そして一心不乱に鉄炮を撃ち続ける足軽の耳に彼等の声が届くであろうか。こうした状況を想像すると、ふつうにいわれているような鉄炮組の指揮は無理であるように思える。事実は凄まじくも、壮絶なものであったであろう。そこで、彼等五人に与えられた真の使命に、どのようなものが考えられるであろうか。

一心不乱に鉄炮を撃ち続ける西軍の足軽。東軍の足軽は、撃たれても撃たれても柵に向かって攻めかかる。ときには柵を引き倒して陣中に乱入する。そうなると、甲冑を装着していない無防備な鉄炮足軽に死傷者が出る。そこで、暴発する足軽の逃亡を防ぐのが、先の五人の役目と考えるのである。すなわち逃亡する足軽を斬り捨て、その拡大を防ぐのである(11)。東軍によって破られたところは、瞬時に後方に控える槍組を繰り出して、乱入してくる敵を討つ。その後は、柵の破損部に槍襖《やりぶすま》を形成し、さらなる敵の侵入を防ぐのである。

一方、東軍の攻撃とは、具体的にどのようなものなのであろうか。この戦いは、ふつう野戦といわれているが、西軍の陣営の規模から想像すると、攻城戦の様相であったと思われる。そこで、東軍が攻城戦に挑むときに編成される足軽隊の規模と同じく、柵への攻撃も十人から三十人程度の少人数の部隊によって行われたと思われる(12)。東軍の将は、鉄炮の怖さも、柵のもつ意味も、十分に知り尽していたであろう。乗馬の者でも、馬を降りての参戦となり、主戦武器である三間柄の槍も使い易い長さに切られたと思われる(13)。それを小脇に抱え、泥濘《ぬかるみ》をはって連吾川を渡り、鉄炮足軽の玉込めの隙を狙って槍を突き立てる。一度に五、六人も殺傷できれば、柵に飛び付き、これを引き倒す。また鹿の角を逆さに結び付けた縄を投げて、柵に引っ掛けて引き倒したともある(14)。いずれにしてもすべてが瞬時のことであったろう。基本的には、このような攻撃の繰り返しであったと考えられるが、そこに宿将達の殉死思想が加わると、これにまして厳しい命令が、従者に下されたであろう。

弾正山の南端に本陣を構えた信長と家康。その首級を狙って山県昌景は攻撃を変更する。東軍は、攻撃を一点に集中し、西軍本陣に対して中央突破を敢行したと考えられる。撃たれても撃たれても攻撃の手をやめない。そして攻撃をためらう者は、その場で斬り捨てられた。設楽原で銃口と刃を向け合う東西両軍の足軽——。彼等は、共に前方の敵と、後方の味方の刃に脅えながら戦っていたと想像する。

東軍の宿将達が、従者や足軽と共に次々にたおれていく様は、まさに狂乱的な惨状であったであろう。それは、信長・家康はもとより、勝頼ですら予想もしなかった行動であった。

柳田激戦地の碑

内藤昌豊(昌秀)の碑

東軍の将・内藤修理亮（昌秀）の従者二十余人が、柵を打ち破って西軍本陣に斬り込んだと『本多家武功聞書』にみられる。信長と家康が、太刀に手を掛ける前で、本多平八郎（忠勝）以下の近臣衆が槍を持って、これと奮戦した。当初、内藤昌秀は、信玄台地の中央に布陣していたとされる[15]。『本多家武功聞書』の記述を事実とすると、内藤昌秀は、山県昌景が討ち死した後に左翼に移り、その従者が弾正山の南端に布陣する西軍本陣を襲ったことになろう。このため東軍の各部隊が、設楽原の南北に入り乱れて戦いをしたとする説[16]がある。

西軍による頑強な柵も、東軍の攻撃により次々に破壊され、寸断されていったと想像される。このため西軍本陣を一定の位置にとどめていたとは考えにくい。むしろ信長と家康が危険を避けるために、本陣を移動するのは当然ではあるまいか。これは、すなわち西軍本陣が、弾正山の南から北へと移動したことを意味している。そこに、東軍が群がるように襲いかかり、激戦地が竹広から柳田・大宮へと北上したと推測されるのである。

このように考えると、内藤昌秀は、中央の陣を離れることなく、柳田の激戦のときに西軍本陣を襲ったとすればつじつまが合う。それと同時に、柳田の激戦のときには、西軍本陣が弾正山の中ほどにあったという証拠に

丸山

馬場信房(信春)の碑

もなろう。内藤昌秀も山県昌景と同じく、西軍本陣に対して中央突破を敢行したと思われる。しかし、内藤昌秀を含む多くの将士が討ち死することにより、柳田の激戦は終結する。

最後の激戦地は、設楽原の北端の大宮である。それは、東軍の将・馬場信春と西軍織田の将・佐久間右衛門尉(信盛)との丸山[17]をめぐる攻防戦にはじまる。丸山は、連子川の左岸にあり、おもな西軍が布陣する弾正山の対岸に位置する。当初は、ここに佐久間信盛が布陣し、弾正山と同じく周囲に柵を廻らせ、陣城を築いていたと考えられる。丸山は、位置的にみて、西軍の最前線の砦ということになろう。本来、両軍の戦略を考えた場合、連子川の東側、つまり東軍の陣営側にある丸山の争奪が、初戦になるのがふつうではなかろうか。ところが、事実は最後の戦場になったのである。すなわち東軍は、この砦をも当初は無視したのである。

ここからも、東軍がいかに信長と家康の首級に執着していたかがよく判る。東軍は、西軍の最前線の砦に目もくれず、真っ先に西軍の本陣を襲ったからである。そして柳田の激戦を経て、最後に丸山の争奪に至るのである。この経緯も『本多家武功聞書』の記述と同じく、つまり大宮の激戦のときには、西軍本陣が弾正山の南から北に移動したことを示している。つまり大宮の激戦のときには、西軍本陣は弾正山の北端にあり、信長と家康もここに布陣していたと思うのである。

馬場信春と佐久間信盛との丸山をめぐる死闘がはじまる。東軍からみれば、連子川をへだてた向こうには、信長と家康が肩を並べて布陣している。すでに山県昌景・内藤昌秀・土屋昌続・甘利信康等の宿将達は討ち死し、南に広がる設楽原には、数千もの東西両軍の従者や足軽が屍《しかばね》をさらしている。このとき宿将達の殉死思想も最高潮に達し、馬場信春の闘志には、並々ならぬものがあったと想像される。東軍は、西軍との激戦の末、丸山を一旦は占拠する。その後、丸山に布陣した馬場信春も山県昌景・内藤昌秀等と同じく、西軍本陣に対して中央突破を敢行したと思われる。しかし、西軍の猛反撃を受けて、あえなく丸山を退去することになる。

【註】(1)愛知県新城市八束穂清井田。
(2)毛抜板＝鉄炮のカラクリの部分名称の一種。火縄鋏を作動させるバネの部分。
(3)火縄鋏＝鉄炮のカラクリの部分名称の一種。火縄を挟み、引金を引くと作動して火皿に点火する部分。
(4)火皿＝鉄炮のカラクリの部分名称の一種。銃身に点火する火薬を置く部分。
(5)火蓋＝鉄炮のカラクリの部分名称の一種。暴発を防ぐために蝶番で回転する火皿の蓋の部分。
(6)藤本正行『城と合戦—長篠の戦いと島原の乱』(朝日新聞社　一九九三年)
(7)台木＝鉄炮の部分名称の一種。銃身を乗せる土台となる木の部分。銃木とも呼ぶ。
(8)企画展図録『戦国大名朝倉氏』(福井県立一乗谷朝倉氏遺跡資料館　二〇〇二年)
(9)『長谷堂合戦図屏風』(個人蔵)に描かれた放手は甲冑を装着していない。
(10)註(6)に同じ。
(11)註(6)に同じ。

（12）『甲陽軍鑑』品第十七にみる足軽の編成組織より。
（13）長篠合戦後の武田氏関係の軍役定書には、長柄より持槍を重視する思考が強くみられる。
（14）『当代記』巻一
（15）上野晴朗『定本 武田勝頼』（新人物往来社 一九七八年）他
（16）丸山彭編『内藤昌豊公とその子孫』（青陵書房 一九八七年）
（17）設楽原の北端である大宮にある小山。

6 甲冑の変化と「味方討」

ここで、当時の甲冑の変化について確認しておきたい。室町時代のおわりに胴丸は、後立挙の段数を一段増しており、当世具足（近世甲冑）化への進展の第一歩がみられる（1）。腹巻に至っては、背板《せいた》を用いることで背にできる隙間をふさぐことが行われた。しかし、背板は装着が面倒なことから、天正期（一五七三～九二）に入ると、腹巻そのものの生産が激減する。これらは、いずれも後方からの攻撃に対する防御の強化と考えられる。

胴丸・腹巻を問わず、前方の防御に対しては、杏葉《ぎょうよう》や喉輪《のどわ》・曲輪《ぐるわ》等（2）の小具足を用いることで補ってきた。こうした防御のかたちが、南北朝時代以降長く続いた。そして室町時代の後期になって、ようやく脇引《わきびき》を用いることにより両脇の防御が強化された。ここまでは、甲冑にできる隙間を小具足の付加によってふさぐという発想である。しかし、その延長線上に、胴丸の後立挙の加増、あるいは腹巻の生産が減った理由があるとは思えない。つまり、これまでの防御の補いと、立挙の加増という胴そのものの変化とは、異なる意図があるように思えてならないのである。まして腹巻に至っては、その形式すらなくなってしまうのである。すなわち室町時代のおわりになって、後方に重大な危機感を急速に覚えるようになったのではあるまいか。

これが、敗走や後方からの攻撃への対処とも考えられる。しかし、敗走を想定して戦いに臨む将士が、この時期に急増したとは思えない。では、後方からの攻撃に対する防御についてはどうであろう。乱戦の増加に伴い、後方からの攻撃が増えたとも考えられる。しかし、基本的には、野戦であっても陣城《じんじろ》を構えて戦いをする。まして戦いの大半を占める攻城戦であれば、言うまでもなく後方はすべて味方のはずである。

室町時代において胴丸は、腹巻や腹当とは違い、身分の高い武士の着具であった。すなわち、まず後方に危機感を覚え、防御に気を配ったのは、戦いに直接かかわる下級士卒ではなく、指揮官である上級武士ということになろう。また戦場において、逃亡しようとする者や命令に従わない者を、指揮官が処罰することは、すでに述べたとおりである。これに対して、上級武士が後方に覚えた危機感とは、いったいどのようなものが考えられるであろうか。

江戸時代の軍学書には、「味方討《みかたうち》」という語がみられる。(3) その意味は、味方を討ちながら、それを敵の首級《しゅきゅう》といつわることとある。味方討は、戦場で絶対にあってはいけないことであり、発覚すれば妻子あるいは親までもが厳罰に処せられた。つまり味方討とは、戦場における同士討ちのことなのであろう。そして、この意味の捉え方を少し変えれば、乱戦にまぎれた主への謀反ともとれよう。これは、江戸時代の主従関係において、口にすらできない重罪であったであろう。すなわち後方の味方が主を襲い、戦場から逃亡するというものである。本来の味方討の意味は、これをいうのではなかろうか。世は、まさに下克上の時代であり、戦場における従者の謀反や逃亡は、指揮官である上級武士にとって深刻な問題であったろう。室町時代のおわりになると、いっそう激しい戦いが行われるようになる。その厳しい状況下で、任務を課せられた従者は、極限状態へと追い詰められ、やむにやまれず味方討に及ぶのであろう。こうした行為が、以前にも増してみられるようになり、それが、上級武士の意識の変化と、それに伴う甲冑本体の変化をもたらしたのではなかろうか。

さて、話を設楽原の決戦に戻すことにしたい。先述のように、この戦いでは東軍の宿将が多く討死している。このことから、あくまで決戦場にとどまり、必要以上に西軍と戦い続けたのは、東軍の宿将達であったと考えた。そこに、彼等の亡き信玄に対する思いと、後継者である勝頼との複雑な主従関係から生じた殉死思想を想像した。そして、宿将達は、勝頼が強く望むこの戦いで、命をかけて信長と家康の首級を挙げる道を選んだと考えたのである。これに対して、勝頼は、決戦場における思いもよらぬ宿将達の行動に、目を疑ったであろう。そこには、勝頼が思い描いていた戦いの様相はなく、その指揮は乱れ、手がつけられない状況を生んでいたと思われる。

通説によると、大宮を退去した馬場信春は、自ら殿《しんがり》をつとめ、勝頼等一行が逃れるのを見とどけた後に、豊川を背にして壮絶な最期を遂げたといわれている。(4) しかし、この段階に至るはるか以前に、勝頼は近臣衆と親類衆を引き連れて決戦場を撤退していたと思われる。すなわち宿将達の間に殉死思想が広まり、指揮に支障が生じた時点で、勝頼は撤退を決意したと想像するのである。これは、開戦から比較的早い段階と考えられ、つまり勝頼等は戦況を見計らい、戦うことなく撤退したと考えられる。故に一行は、無事に帰還できたのであろう。

最後の激戦地である大宮にとどまる馬場信春をはじめとした宿将達。このとき彼等の心中では、殉死思想が最高潮に達していた。未の刻（午後二時）ごろ、西軍がいっせいに反撃に移る。怒涛のごとく押し寄せる西軍に対しても、彼等は、信長と家康の首級を狙った攻撃を従者に命じ続けたであろう。

そこに、壮絶な味方討の惨状が、繰り広げられたと想像される。大宮の激戦は、最終的に同士討ちという凄惨な状況と化し、すなわち東軍は、殉死思想に傾倒する宿将達が、前後の判断を見失うことにより、内部から崩壊したと思うのである。敗走する東軍の将士の多くが、豊川の断崖に転落して命を落とした(5)。さらに西軍の追撃は容赦なく、無事国元に帰還した東軍の将士は、当初の二割でしかない三千人にすぎなかったといわれている(6)。

大宮激戦地の碑

勝頼が、武田上野介（信友・信玄の弟）・小原宮内丞・三浦右馬助（員久・武田信友の娘婿）等に宛てた同六月朔日付の書状(7)には、「先衆二三手雖失利候、無指義候、為始玄番(蕃)頭・左馬助（信豊）・小山田（信茂）・甘利（信頼）、諸頭諸卒無恙候」とあり、自ら無事帰還できたことと、近臣衆や親類衆が健在であることを喜んでいる。ここにみられる「玄番頭」とは、穴山玄蕃頭（信君）のことであり、さらに「玄番頭殿江尻へ相移候条、毎事相談尤候」と続く。そこには、駿河にいる武田信友等に対して、穴山信君を江尻に移すので、いつでも相談するようにとある。勝頼が、いかに穴山信君を信頼していたかがよく判る。

宿将達の殉死に付き合った一万余もの従者や足軽。生産者（労働力）である彼等の損失は、みるみる国力（農産物などの生産）の低下を招いた。浅間大社の兜②（三一頁参照）は、勝頼が晩年に奉納したものと思われる。恐らく当世具足化がいっそう進んだ、本小札製の胴丸に付いていたと考えられる。この兜、一見すると高級品にみえる。しかし、彫金金物を極力略し、武田家当主としての面子を保とうとする反面、その内情がいかに苦しいかをよく物語っている。

自らの敵は、前方にのみあるのではない。後方にこそ、真の敵が潜んでいる。そして、迎える天正十年（一五八二）三月。勝頼は、信頼しきっていた穴山信君・木曽義昌の二人の親類衆に裏切られ、それが原因で武田家は滅亡する。勝頼の真の敵は、信長や家康等の外敵だけではなかったのである。戦国乱世とは、まさに無情である。

【註】（1）浅間大社の胴丸①・諏方大祝家の胴丸等。
（2）曲輪＝小具足の一種。蝶番で開閉する立襟状の金具に二段の垂を付けた喉まわりを守る小具足。
（3）鈴木眞哉『刀と首取り』（平凡社 二〇〇〇年）
（4）丸山彭編『長篠合戦余話』（鳳来町立長篠城址史跡保存館 一九六九年）
（5）丸山彭編『長篠日記』（鳳来町立長篠城址史跡保存館 一九七二年）
（6）磯貝正義・服部治則校注『甲陽軍鑑』下（新人物往来社 一九六五年）
（7）柴辻俊六他編『戦国遺文』武田氏編 第四巻 二四八九号（東京堂出版 二〇〇三年）

本文の作成の最中、著者は、若き日にお世話を頂いた大恩人を思い出していた。それは、長篠城址史跡保存館の初代館長・故丸山彭氏である。氏は、わずか十七才の著者がなげかけた疑問を聞き入れ、初めて研究者として認めて頂いた大恩人なのである。氏には、謹んでご冥福を祈る次第である。

むすびに

以上、武田三代の二大合戦ともいえる「川中島合戦」「長篠合戦」について述べてきた。これらは、文献・古文書の研究に古戦場の実地調査と遺物の研究を加えることにより、その実相により迫ることができたと思う。この両戦においての重要なことは、敵味方が互いに陣城や砦を構えて、その間で戦いが行われたということである。

ふつう弾正山に廻らした柵を、『信長公記』に「馬防ぎの為め」とみられることから馬防柵《ばぼうさく》と呼んでいる。しかし、陣城や砦を築くにあたって、柵は単に敵の侵入を防ぐためのものであり、特に馬だけを防ぐことを目的にしたものではない。ましてや設楽原の決戦に武田軍の騎馬隊による突撃などあり得ない。故に本文中では、あえて馬防柵という言葉は使わなかった。

また、本文中に書いたように、中世の戦場において逃亡する者や命令に従わない者を処罰する行為、あるいは従者が主を襲って逃亡する行為は、当然のように行われていたであろう。むしろ、これこそが中世の戦いの実態なのかも知れない。

江戸時代の文献には、こうした戦いの様相はおろか、陣城や砦を築いて戦いをしたという記述すらあまりみられない。いわば軍勢が勇猛果敢であることを強調し、戦いを過大に書いているように思えてならない。実際に戦国時代以前の武具や刀剣をみる限り、それを何度も戦いに使ったとは思えない。いずれも一度戦いに使えば、相当の傷みが生じるはずである。それが甲冑であれば、威毛は断ち切れ、塗装は剥がれ落ち、修理をしなければ次に使うことはできないであろう。また刀剣であれば、折れるものや刃毀《はこぼれ》するものは当然のようにあったであろう。

その様相を想像するならば、敵味方が互いに見えるところで向き合い、刀槍を手にして白兵戦を行うのである。そこに、生死をかけた極限の状況が作られ、将士を追い詰めるのである。故に味方討という凄惨な状況が生まれるのであろう。真の戦いとは、現代人が脳裏に浮かべるものとは、かなり違っているように思えてならない。

文献・古文書の研究、古戦場の実地調査、そして遺物の研究。著者は、この三者の融合こそが、真の戦いの実態を解明するのに必要不可欠であると考える。真実の究明という最大の目的の前には、いかなる壁も乗り越えなければならないのである。このいずれに偏ることもなく、互いに専門とする知識を分かち合い、発展させることこそが、今後の研究のあるべき姿ではなかろうか。

付録

一 甲冑の歴史とその変遷

甲冑と書いて「かっちゅう」と読む。ふつう甲は鎧《よろい》、冑は兜《かぶと》を意味するが、甲に兜の意味を持たせることもある。またこれを作る職人を甲冑師《かっちゅうし》あるいは鎧師《よろいし》と呼ぶ。我国は島国であるため、その甲冑は他国からの影響を受けながらも、独自の形式を生み出し、刀剣・火器等の攻撃兵器と相互にあいまって変化し、発展をとげたのである。

日本甲冑の原点を辿《たど》ると、古く弥生《やよい》時代へとさかのぼる。そのころの遺跡から出土した甲冑は、徒歩《かち》に適した短甲《たんこう》と呼ぶ板甲《いたよろい》である。板甲とは、板を革紐あるいは鋲でとじて作られた甲冑のことである。当初は、木製あるいは革製であったと思われるが、古墳時代には鉄製の短甲が作られるようになる。また古墳時代になると、桂甲《けいこう》と呼ぶ甲冑が現れる。短甲が板甲であるのに対して、桂甲は札甲《さねよろい》と呼ぶ形式を示す。札（ふつう小札《こざね》と呼ぶ）とは、鉄あるいは革で作られた短冊状の小片を指し、これを紐で繋ぎ留めて作られた甲冑が札甲である。札甲は、もともと北方の遊牧民族が用い、乗馬に適した甲冑といわれることから、大陸への進出と共に導入されるようになったと考えられる。短甲・桂甲は、いずれも各地の古墳から、豪族の埋葬品として出土している。

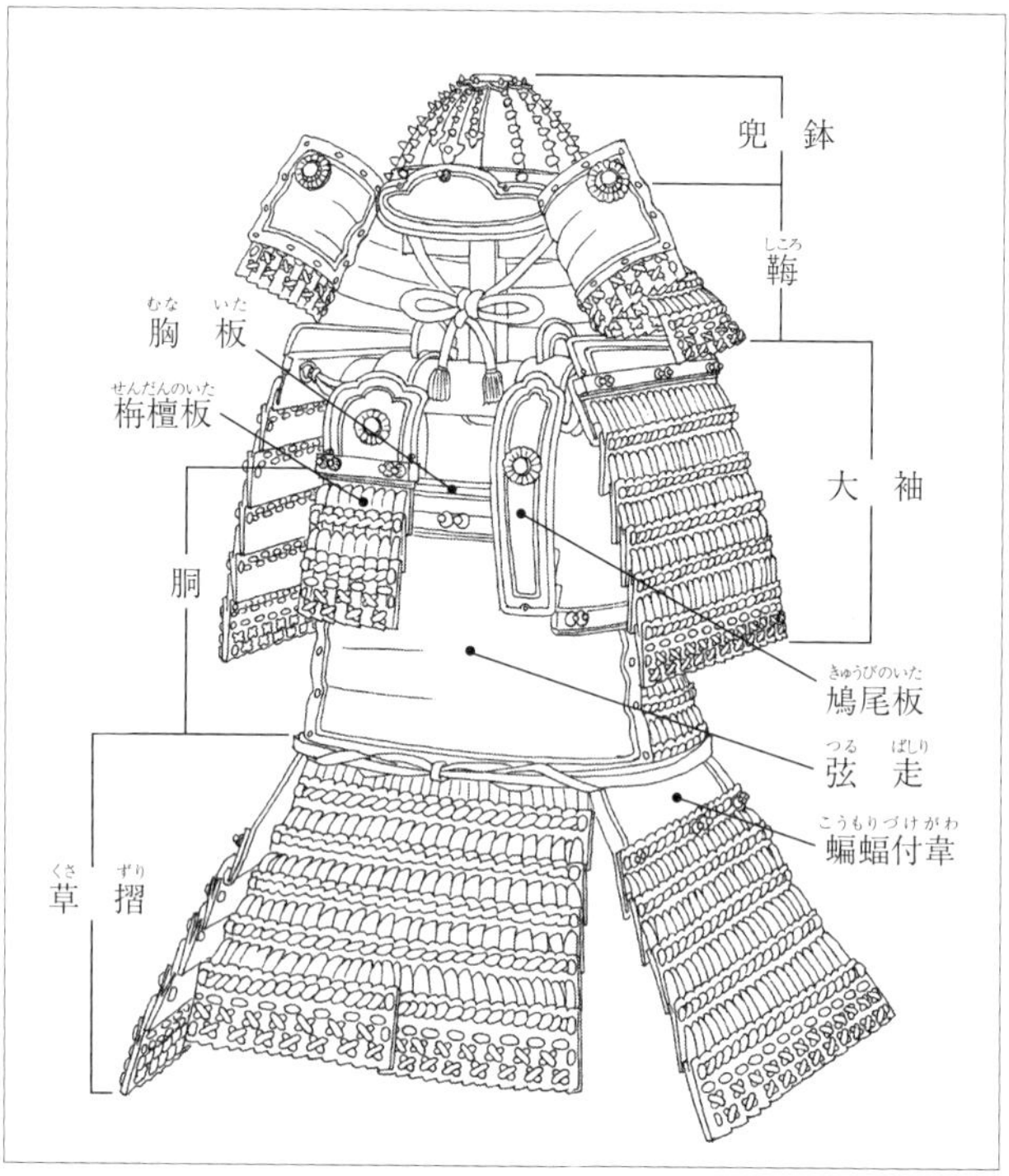

大鎧の名称図

このような上級武人に対して、下級武人は綿甲冑《めんかっちゅう》と呼ぶ甲冑を用いたことが奈良時代の文献にみられる。鉄や革の小片を、布帛に縫い付けて作られた甲冑と考えられるが、詳細は明らかではない。

平安時代の中ごろになると、次第に律令制度が崩壊し、貴族にかわって台頭した武士は、桂甲から変化し、発展した大鎧《おおよろい》と呼ぶ甲冑を用いるようになる。この形式の大きな特徴は、紐でとじた小札を漆で塗り固めて、小札板《こざねいた》と呼ぶ一枚の板にして用いることである。塗り固め式の札甲は他国に類例がなく、日本甲冑特有の形式であり、以後も主流をなすものとなる。

また古画にみられるように、当時は騎射戦《きしゃせん》(騎上で弓を使う戦い)が、盛んに行われていたようである。これは、最初に武将同士が名乗り合い、互いに騎上で弓を引きながら擦れ違い様に射る。こうした矢《や》合《あわせ》と呼ぶ、いわば形式化した戦闘法であったと考えられる。

このような騎上の上級武士に対して、下級士卒は徒歩《かち》に適した胴丸《どうまる》と呼ぶ甲冑を用いた。草摺《くさずり》を細かく分割し、胴身を小札板で丸く包んで右脇を引合《ひきあわせ》とする形式である。

平安時代の後期における源平の覇権争奪戦を経て、鎌倉に幕府が開かれ、武家政治の基礎が築かれた。甲冑は、これ以後もあまり変化をみせず、一応完成されたかたちを保っていた。しかし、元寇を境に鎌倉時代の後期に至ると、南北朝時代の争乱に向かって甲冑は大きく変化する。

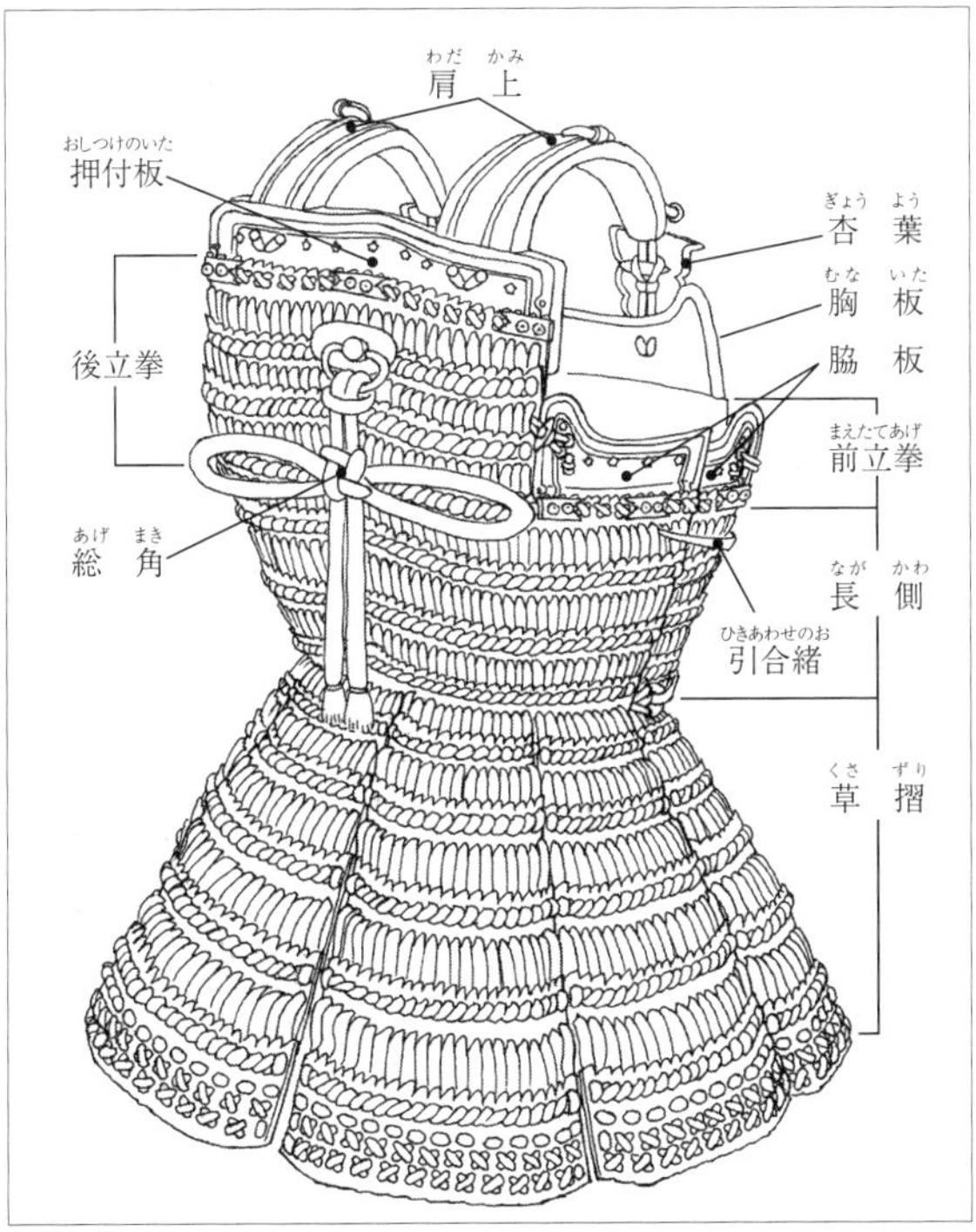

胴丸(背面)の名称図

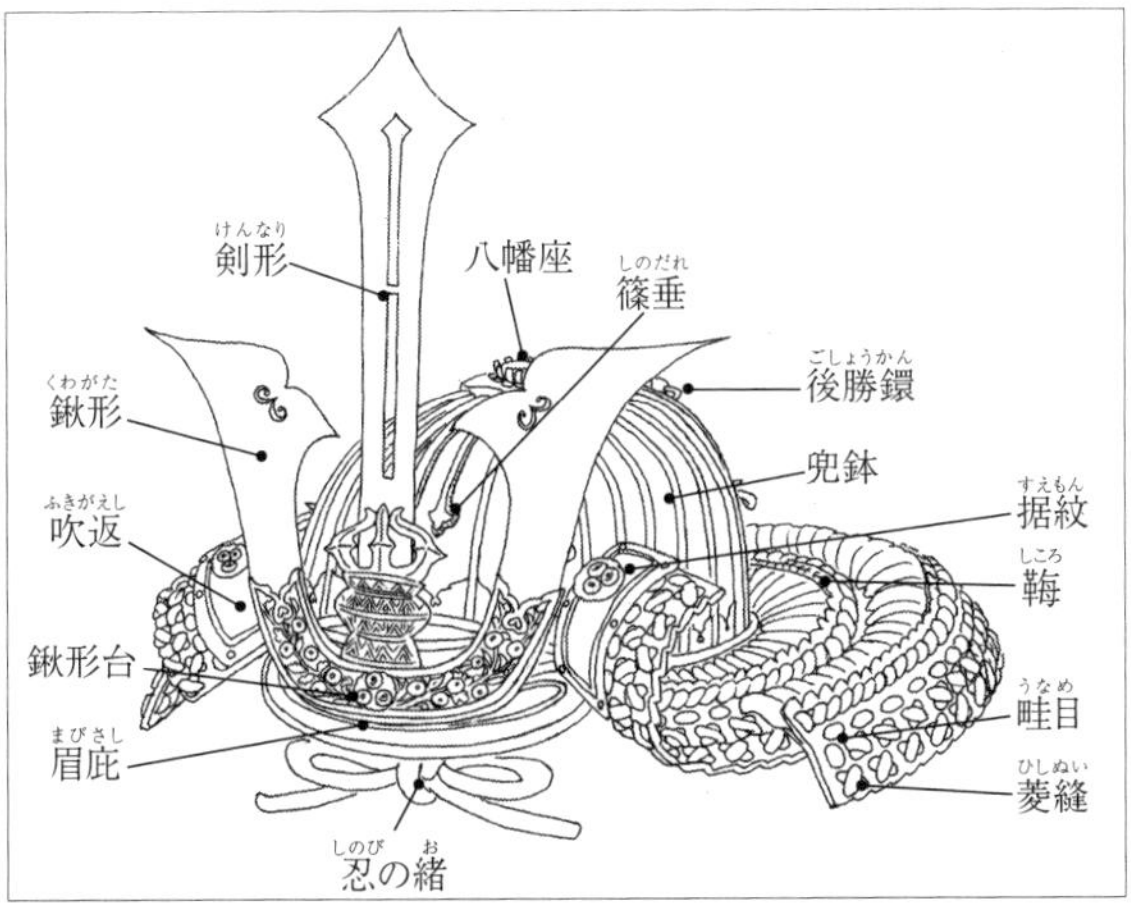

兜の名称図

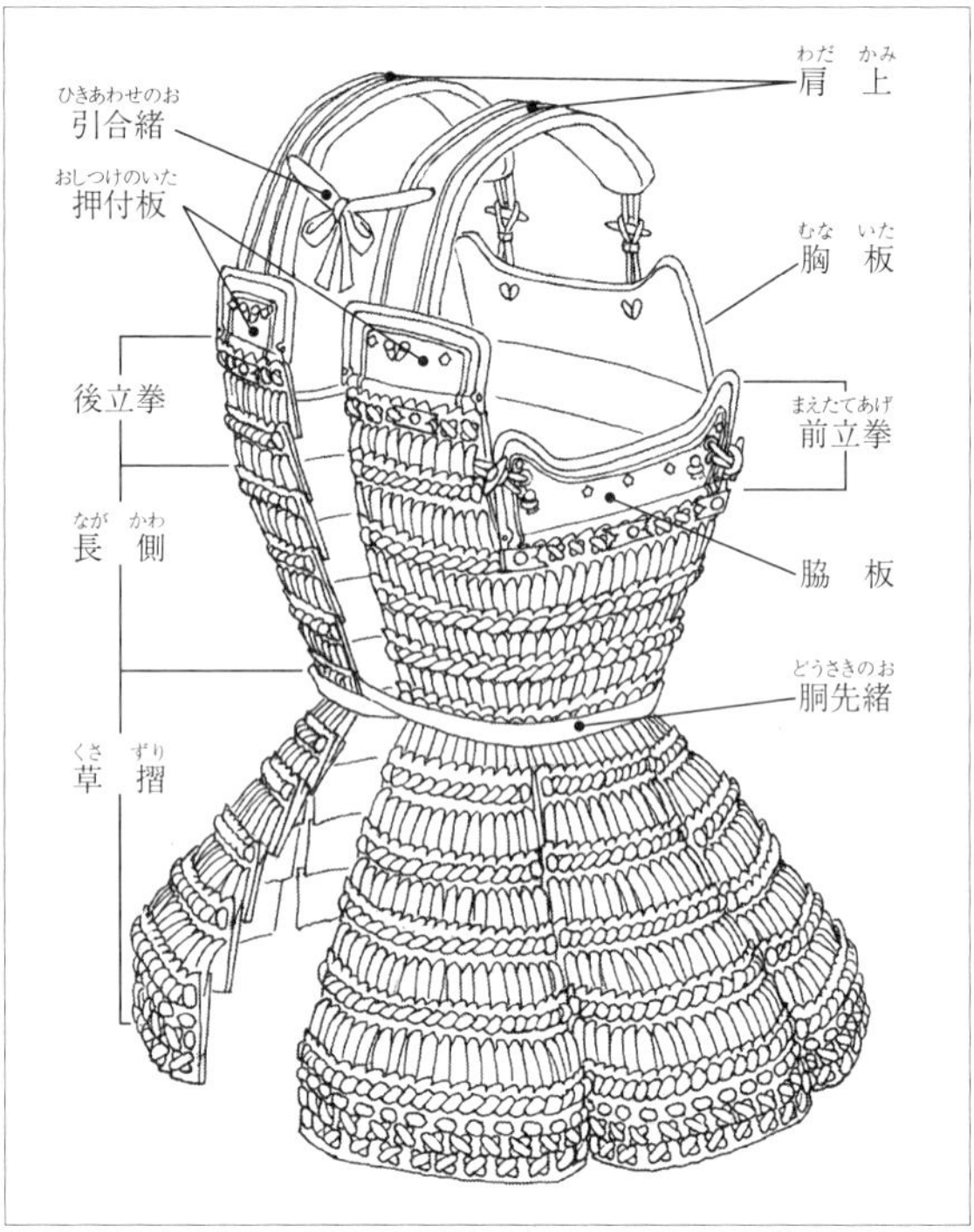

腹巻(背面)の名称図

北九州への二度にわたる元軍の襲来に、にわかづくりの日本軍は、大いに苦戦をしいられた。これまでの伝統的な騎射戦は無用となり、より激しい戦いの様相をみせるようになった。以降、弓矢より威力がまさる太刀《たち》・薙刀《なぎなた》等を用いる打物《うちもの》が盛んに行われるようになる。さらに、鎌倉幕府の衰退に伴い、各地に反乱が起こった。彼等は、奇襲・夜襲等のゲリラ戦や籠城をして、これを鎮圧する幕府軍を苦しめた。このため、乗馬に適した大鎧の用途は次第に小さくなった。これにかわって、従前は下級士卒が用いた胴丸、あるいは新たに開発された腹巻・腹当が多く用いられるようになる。腹巻は、胴丸より格下の甲冑であり、胴身を小札板で丸く包んで背を引合とする形式である。そして腹当は、腹巻よりさらに格下の甲冑であり、胸から腹までを覆う前胴のみの形式である。

鎌倉幕府が滅び、後に成立した建武の中興政治もたちどころに崩壊する。こうして再び武家政治が成立し、京都の室町に幕府が開かれ、吉野朝との間に抗争が起きる。この南北両朝の合一以後、天下は平静を取り戻すかにみえた。しかし、室町幕府下での内戦は依然として絶えることがなかった。

応仁の乱以降になると、世は群雄割拠の時代を迎え、戦国乱世へと突入する。太刀・薙刀にかわって槍の多用化が進み、鉄炮の伝来以後になると甲冑は大きく変化する。これら一点集中型の攻撃に対して、小札板は折れやすく不利である。このため伝統的な小札物《こざねもの》の甲冑にかわって、鉄や革の延べ板で作られた板物《いたもの》の甲冑が多く用いられるようになる。

室町幕府が滅び、天下統一への兆しがみられるようになると、いっそう大規模な戦いが行われるようになる。そして槍隊・鉄炮隊といった組織力をもってする団体戦の様相を色濃くする。個々の戦闘も激しさを増し、甲冑は隙間をなくすためにいろいろな工夫がなされた。こうして生まれたのが当世《とうせい》具足《ぐそく》と呼ぶ近世甲冑の形式である。「現代の甲冑」という意味であり、従前の胴丸が変化して発展したかたちである。初期の当世具足は軽量で動き易く、徒歩に適した実用本意のものが多くみられる。

本来の意味での甲冑の発展はこれまでである。以後、江戸幕府下における二百六十年の泰平の世にあって武家は退廃し、甲冑は畳具足《たたみぐそく》や鎖帷子《くさりかたびら》と呼ぶ簡易型のものを除いて、多くが実用を離れて虚飾に走る。そして幕末の動乱には、多くの火器が用いられ、甲冑の用途も限られたものとなる。討幕軍によって新政府が樹立され、西南戦争以降は戦いに甲冑の必要はなくなり、その長い歴史の幕を閉じるのである。

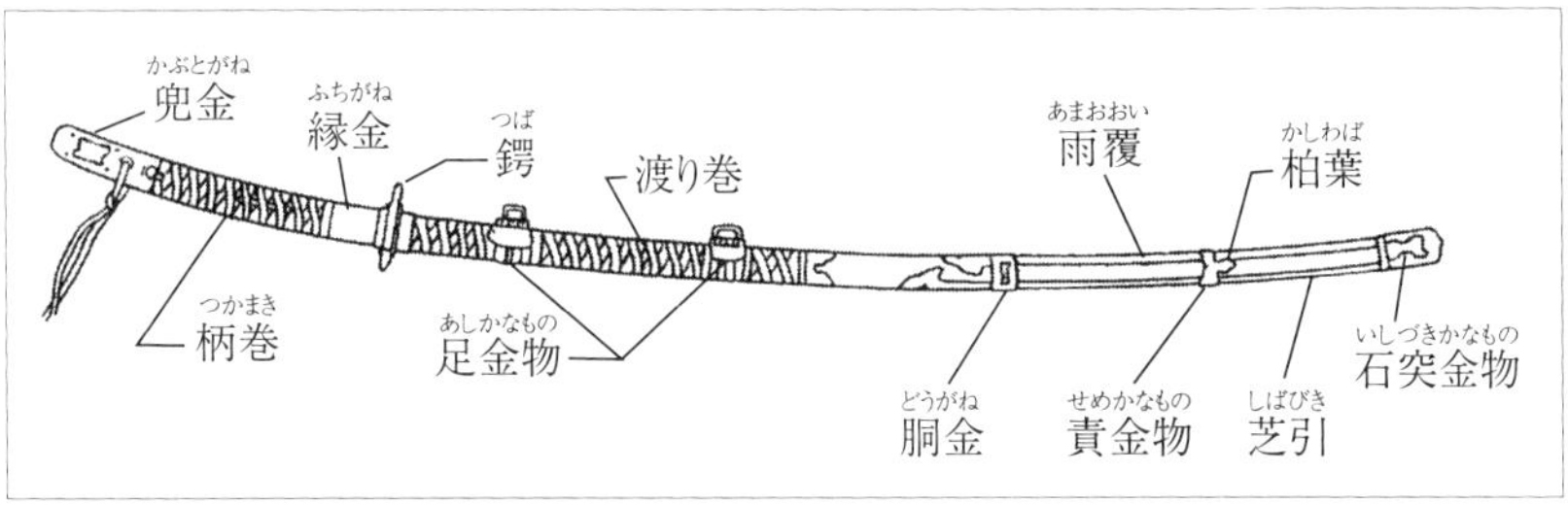

太刀の名称図

二　刀剣の歴史とその変遷

我国で鉄の刀剣が多く作られるようになったのは、四世紀ごろといわれている。当時は、大陸からの船載とその模造が主であったようである。古墳から出土する刀剣には反りがなく、両刃造《もろはづくり》あるいは切刃造《きりばづくり》の直刀が多い。これらを剣《つるぎ》あるいは中世の太刀《たち》に対して大刀《たち》と呼ぶ。

刀剣のかたちは、平安時代のはじめごろまであまり変わることがなかった。ところが平安時代の中ごろになると、御物「小烏丸《こがらすまる》」にみられるように刀身《とうしん》に反りが生まれる。いわゆる太刀へと変わっていったことが判る。

このころになると、次第に律令制度が崩壊し、武士が貴族をしのいで台頭してくるようになる。源平の争乱を経て、鎌倉時代の中ごろまで武士は主に騎射戦を行い、その主戦武器は弓矢であった。このため太刀は補助武器でしかなかった。しかし、元寇の影響から、弓矢より威力がまさる太刀が重視され、上級武士の間では太刀打《たちうち》が盛んに行われるようになる。これは、武将同士が騎上で名乗り合い、互いに太刀をふりかざして擦れ違い様に一太刀斬り付ける。その繰り返しによって勝敗を決するというものである。

こうした上級武士に対して、徒歩の下級士卒は薙刀《なぎなた》あるいは長巻《ながまき》と呼ぶ長柄《ながえ》武器を用いた。これらは、すでに平安時代から用いられ、古画にも多く描かれている。薙刀と長巻の違いは、先端の幅が広いものが薙刀、同寸のものが長巻ともいわれ、また鐔の有無の違いともいわれているが、どちらも明確な判断はつかないようである。これらはいずれも敵将の馬の足をはらうのに用いられた。

このころになると、その産地として五ケ伝と呼ぶものが成立する。備前伝《びぜんでん》・大和伝《やまとでん》・山城伝《やましろでん》・美濃《みの》伝《でん》・相州伝《そうしゅうでん》がそれであり、そこから多くの刀工を輩出した。さらに、これらは各地へと分脈し、彼等によって多くの名刀と呼ぶものが鍛えられた。

当時の太刀は、太刀打に用いることから長く作られ、樋《ひ》をきることにより軽量化を計った。騎上の戦いは、太刀を片手で振り回すことが多く、このため柄《つか》は短く作られ、刀身は反りの強いものが多い。さらに実用に際して、柄や鞘《さや》を保護するために兜金《かぶとがね》・責金物《せめかなもの》・石突金物《いしづきかなもの》等と呼ぶ金物が付けられ、そこに高度な彫金を施す太刀《たち》拵《ごしらえ》がみられるようになる。戦時には、鞘にある足金物《あしかなもの》から紐を取り、腰に巻いて左腰に吊るして用いる。

この方法は、室町時代の後期ごろまで盛んに行われた。しかし、末期になって戦乱が増すと、多少の変化がみられるようになる。それは、徒立戦の増加に伴って、胴丸・腹巻を装着する際に腰に巻く紐(帯)に、刃を上にして差して用いることが多くなったのである。この方が太刀を腰に吊るより徒歩の便に都合がよいからである。甲冑は、胴丸・腹巻から当世具足へと変わり、その特徴の一つに揺《ゆるぎ》(胴と草摺《くさずり》を繋ぐ威《おどし》)を長くとることが挙げられる。これは、刀を帯に差し易くするための考慮である。

このころになると、天正拵《てんしょうごしらえ》と呼ぶ形式がみられるようになる。さらに剣術・居合術の発達等から両手で柄《つか》を握ることが多くなる。故に刀身は短くなり、反りも弱くなる。いわゆる打刀《うちがたな》と呼ぶ形式である。また槍・鉄炮の多用化が進むにつれて、刀剣は再び補助的なものとなる。

そして江戸時代になると、武士は大小の二刀を腰に差して城の勤めに通うのである。以降、幕末に至っては火器の発達とあいまって、刀剣の兵器としての役目は次第に小さくなっていった。

刀剣にみる歴史は以上のとおりである。刀剣は、各時代の戦闘様式に応じて共に変化、発展し、改良がなされてきた。そこには、実用本意の思考があること、すなわち刀剣とは戦場でいかに合理的に敵を殺傷するかを追求した、一兵器であることを忘れてはならない。

三　手長旗と幟旗

古来、無数にひらめく紅白の手長旗《てながばた》は源平合戦の象徴ともされてきた。手長旗は、その名のとおり縦に細長く、最上部に一筋の竿を入れ、それを立てる竿と垂直に取り付けた形式である。その取り付け方は紐を用いるものの、特別な決まりはなかったようである。平素はこれを最上部の竿に巻き上げて持ち歩いた。戦場で風にひらめく幾筋もの手長旗をみるのは実に壮観なものである。

鎌倉時代の中ごろまで、源平合戦に代表されるように多くは無地であった。これが、元寇のころになると家紋や図案を染めたものがみられるようになる。これ以降、「八幡大菩薩」に代表される神号あるいは経文、さらには楠木正成が用いたとされる「非理法権天」のように自らの哲学を記すものなど、様々

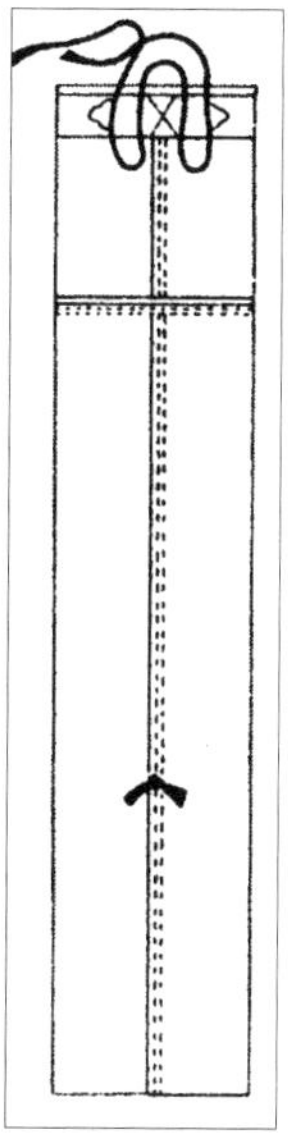
手長旗図

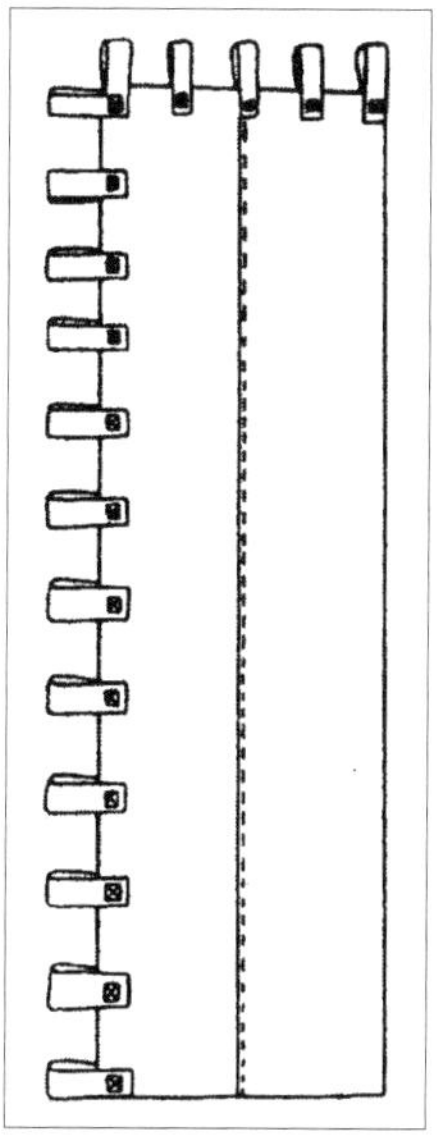
乳付旗（幟旗）図

なものがみられるようになる。
　室町時代の中期の応仁の乱のころになると、伝統的な手長旗にかわって乳付旗《ちつけばた》と呼ぶ形式が生まれる。「コ」型に作った竿を通す輪が、犬の乳首のように行儀よく並んでいることから乳《ちち》と呼ぶ。つまり乳を付けた旗が乳付旗である。また乳が旗竿を伝って上ることを形容して幟《のぼり》とも呼び、後世にみられる特に大きなものを大幟《おおのぼり》と呼ぶ。
　安土桃山時代を迎えると槍・鉄炮の多用化が進み、防具である甲冑は胴丸が変化して発展した当世具足が生じる。その多くに旗指物《はたさしもの》を立てるための合当理《がったり》・受筒《うけづつ》・待受《まちうけ》等と呼ぶ装置がみられる。団体戦に際して、各々の部隊の旗印《はたじるし》を統一することにより、その所在あるいは敵、味方の識別をいっそう明確にした。また一武将の所在を示すものを馬《うま》印《じるし》と呼び、様々な作り物が用いられた。織田信長の唐傘《からかさ》・豊臣秀吉の瓢箪《ひょうたん》・徳川家康の日の丸扇等は最も著名であり、代表的なものといえよう。
　こうした大幟や大型の馬印を立てるために旗指具足《はたさしぐそく》と呼ぶものがある。両脇に蝶番を設けた背割胴《せわりどう》の形式であり、肩上《わだかみ》が強固に作られているのが特徴である。そこに何等かの装置を付けたと思われるが、現在のところ詳細は不明である。またこれらは非常に大柄な胴が多く、着用者はかなりの体格であり、その役目にも大力を要したことが想像される。江戸時代になると各大名が競って相撲の力士をひいきした。有事の際の旗持ちに使うためといわれている。また古画をみると、一丈を越す大幟を掲げる際に、先端から紐を取って二、三人が持って支える様子が描かれている。

団体戦が多くなり、いっそう大型化する幟は、軍勢の勢いを象徴すると共に、それを用いる者の信仰や哲学を表現したものといえよう。そして、従者に勇気を与え、勝利への血気をあおいだことであろう。

四　両雄一騎打ちにみる軍配団扇

永禄四年（一五六一）九月十日、川中島第四戦の激闘の最中、その名場面ともいうべき信玄、謙信両雄の一騎打ちが行われた。陣中奥深く、床机《しょうぎ》に腰をおろす信玄めがけて斬りかかる、白馬に跨がる僧形武者こそ敵の総大将上杉謙信であった。咄嗟《とっさ》のことに太刀を抜く間もなく、右手に持つ軍配団扇《ぐんばいうちわ》でその一太刀をかわしたが、二太刀目に腕、三太刀目には肩を負傷した。主君の急に駆け付けた中間頭の原大隅守等により、信玄は九死に一生を得たのである。頼山陽の川中島にみる「流星光底長蛇を逸す」である。

これが史実か否かについては常に論議の的となる。それを裏付ける史料も多く、『甲陽軍鑑』『武田三代軍記』『北越軍記』等がある。その中でも、最も信頼性の高いものとして、当時下総《しもうさ》古河城にいた近衛前嗣（前久）が謙信に宛てた書状がある。

このたび信州表において、晴信（信玄）に対し一戦を遂げ、大利を得られ、八千余打ち捕られ候こと、珍重大慶に候。期せざる儀に候と雖も、自身太刀打ちに及ばるる段、比類なき次第、天下の名誉に候

これをみると、謙信自身が太刀打に及んだことが想像できよう。しかし、それが敵将の信玄に対してとは書かれていない。また『上杉年譜』は、この一騎打ちを一旦は認めたものの、後に否定し、信玄に斬りかかったのは家臣の荒川伊豆守であるとしている。これは、総大将が太刀を抜くことを「天下の誉」とする当時の思考と、江戸時代の思考との違いから生じたことであろう。通説によると、このとき上杉軍は武田軍本隊と別動隊とに挟まれ、すでに撤退を余儀なくされていた。故に謙信自身が太刀を抜かざるを得なかったと理解したのではなかろうか。つまり『上杉年譜』は、これを庇う目的から「荒川伊豆守云々」という説をとなえたのであろう。

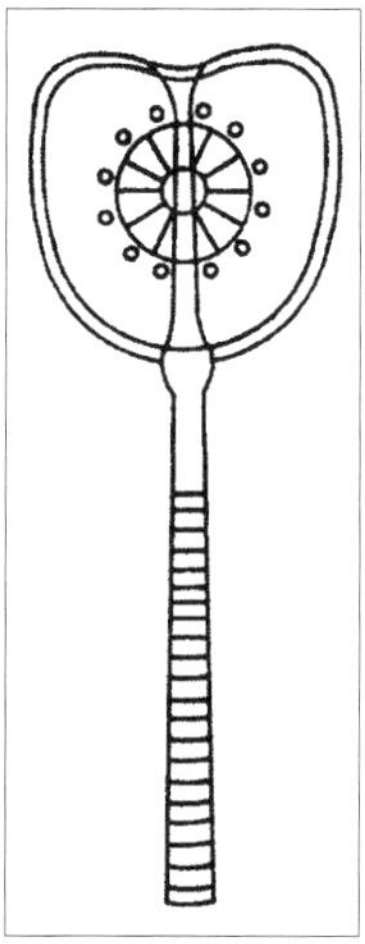
戦国時代の軍配図

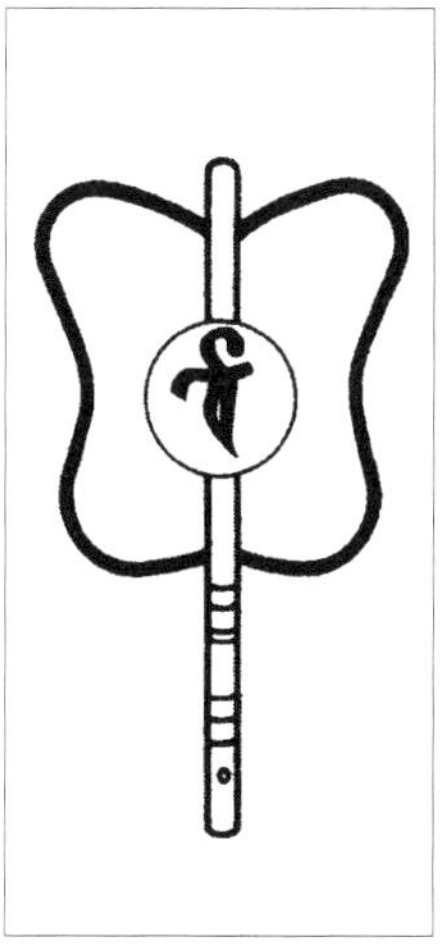
江戸時代の軍配図

　この名場面は、江戸時代に多くの錦《にしき》絵《え》に描かれた。それらに共通していえることは、両雄の視線が交わる真中に、信玄が指し出す軍配団扇があることであろう。このときに

用いた軍配団扇は鉄製で、十分に防御の役目を果たしたとされ、謙信の三太刀に対して七ケ所の太刀疵があったという伝説も耳にする。

元来、軍配団扇とは、文字どおり「軍を配る団扇」という意味であり、指揮具として用いられたものである。これを振る動作に細かい約束事があり、従者はそれに従って行動した。軍配団扇の発生年代は、室町時代のおわりごろといわれ、団体戦がみられるようになったこの時期に、指揮具が発生したとされる。その初期的遺物は全国的にも稀であり、上杉神社（山形県米沢市）・愛宕神社（新潟県上越市）・常源寺（長野県南佐久郡南相木村）等の所蔵品が代表的なものといえよう。

柄は、木や竹で作られ、やや長めのものが多い。これに対して団扇《うちわ》の部分は小さく、木や練革《ねりかわ》等を用いて作られているため非常に軽い。前述のような防御に役立つとはとても思えない。故に指揮具として以外に使うことはできないであろう。むしろ実戦ともなれば、指揮具などは捨てて早め早めに行動し、太刀を抜くか、槍を持って攻撃に転じたであろう。この点においても軽いということが合理的なのかも知れない。

江戸時代になると、その見栄えの良さから団扇の部分が大きく、楕円形あるいは瓢箪形になり、柄は短くなる。すなわち現在の相撲の行司が持つ軍配のようなかたちになるのである。そして鉄製のものまでみられるようになる。当時の兵学者の空論から、こうしたものが作られたのであろう。それを正当化するために両雄の一騎打ちはまさに絶好であった。『甲陽軍鑑』等を引用し、創作を重ねた結果が錦絵にみる名場面なのであろう。その画面の中央に描かれた軍配団扇は、信玄の命を救ったいわば川中島合戦の象徴といえよう。

五　馬具の歴史とその名称

日本馬具に対する研究は、近年になって遅れた分野の一つといわれている。その原形は、すでに古墳時代にみられ、埴輪・埋葬品等の出土品から大陸の影響を多分に受けたものであったと考えられる。我国には、馬がかなり古くからいたことが判っているが、軍馬として多く用いるようになったのは、大陸への進出以降といわれている。この時期の甲冑は、乗馬に適した桂甲を用い、少数精鋭による騎馬戦が行われていたと想像される。

武士が台頭するころになると、日本馬具の体裁が一応完成したと考えられる。以後、騎馬は戦場において大いに活躍したが、室町時代以降になると移動の手段でしかなくなる。江戸時代において馬具は次の名称で呼ぶものを必要とした。

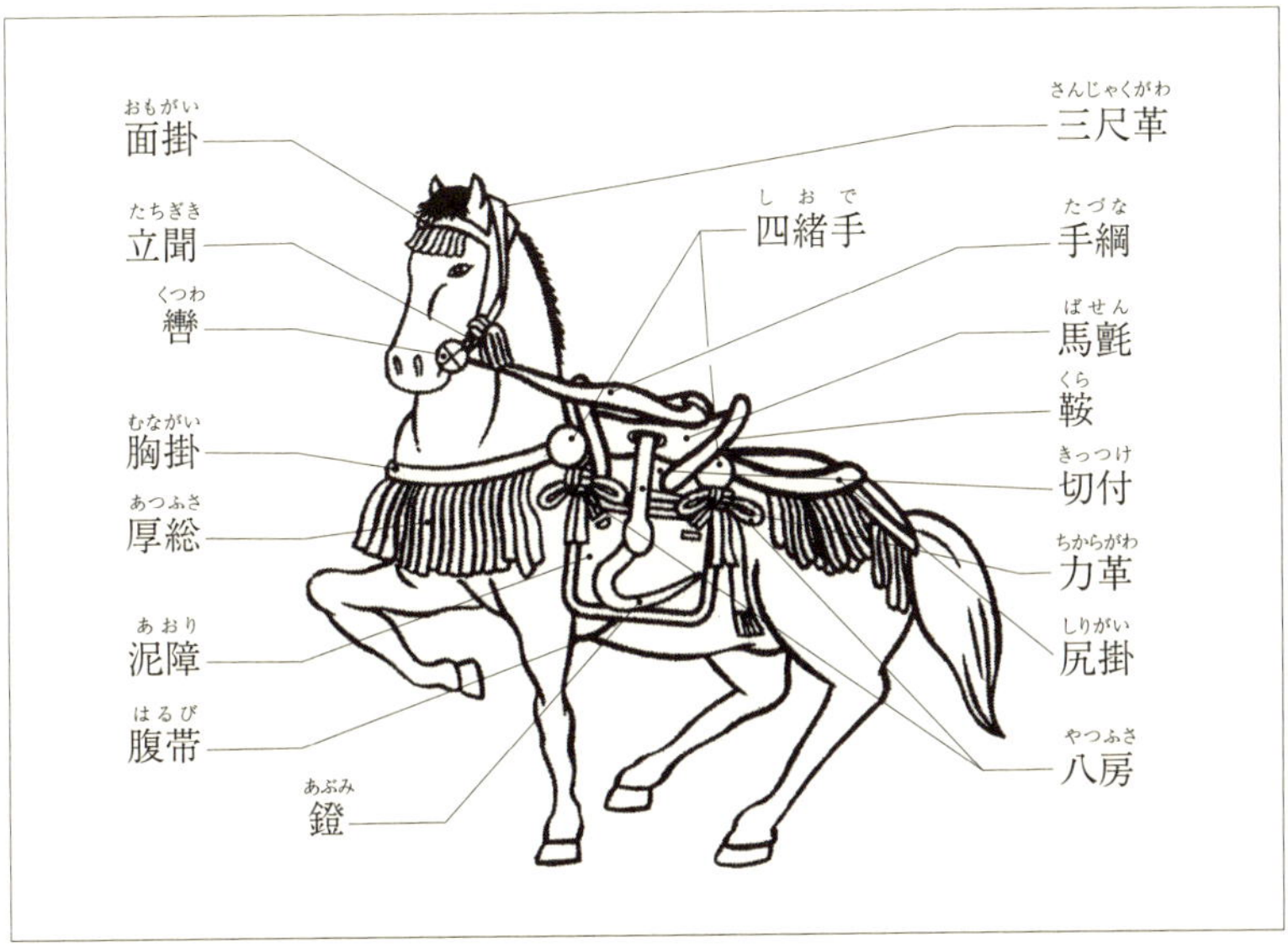

馬具の名称図

鞍《くら》　軍陣鞍《ぐんじんぐら》・布袋鞍《ほていぐら》・水干鞍《すいかんぐら》と呼ぶものがある。前二者は軍用とし、平素は水干鞍を用いた。主に前輪《まえわ》・後輪《しずわ》・居木《いき》と呼ぶ部分から形成されている。

轡《くつわ》　馬の口にくわえさせ、手綱を取るための金具。古くは杏葉轡《ぎょうようぐつわ》が多く用いられたが、後に十文字轡《じゅうもんじぐつわ》が一般化し、また各紋を透した紋轡《もんぐつわ》もみられる。

鐙《あぶみ》　鞍の左右に吊り、乗馬に際して足を掛けるための具。古くは輪鐙《わあぶみ》・壷鐙《つぼあぶみ》を用いたが、後に軍用のものとして舌長《したなが》と呼ぶものが用いられるようになる。

切付《きっつけ》　鞍から馬の背を保護する革製の具。馬の背に直接乗せる肌付《はだつき》と二重の構造をなし、緩衝材として中に藁あるいは毛氈等を入れる。

泥障《あおり》　鐙から馬の脇腹を保護する革製の具。古くは切付と一体であり、後に収納の便から二つに分かれた。当初は正方形であったが、後に実用の便と見栄えの良さから裾広がりの台形になる。

馬氈《ばせん》　鞍の上に敷く、緩衝のための革製の具。

三掛《さんがい》　面掛《おもがい》（轡を固定するために馬頭に掛ける麻製の紐）・胸掛《むながい》・尻掛《しりがい》（鞍を前後に固定し、馬の胸と尻に掛ける麻製の紐）を合わせて三掛と呼ぶ。

立聞《たちぎき》　轡と面掛を繋ぐ麻製の輪。戦国時代には鎖製のものもみられるが、江戸時代には房を付けて装飾化する。

力革《ちからがわ》　鞍の居木から取り、鐙を吊るための革製の具。

腹　帯《はるび》　鞍を固定するために馬の腹に巻く麻製の紐。

八　房《やつふさ》　泥障を四緒手に結ぶ紐。江戸時代に房を付けることが通例となり、四本の紐の両端に房があることから八房と呼ぶようになった。

四緒手《しおで》　鞍の四方に結ぶ八房・胸掛・尻掛を結ぶための三角形の金具。高級品は、鏡を装飾して鏡四緒手《かがみしおで》と呼ぶ。

手　綱《たづな》　轡から取り、馬をあやつる紐。

鞭《むち》　馬を操作するために打つ道具。本来は泥障を打つとされる。

三尺革《さんじゃくがわ》　面掛の補強のために、室町時代のおわりごろに考案された細長い革製の具。その長さが三尺ほどであることから名付けられた。

貴賤の差はあるにせよ、以上の十五品を必要とした。この他にも身分によって厚総《あつぶさ》・太覆《たおい》・尾袋《おぶくろ》・靶《はなかわ》と呼ぶ装飾の具を用いた。明治維新を迎えて、西洋馬具に押された日本馬具は、一部の祭事を除いて用いられることはなくなった。しかし、これらは西洋馬具に決して劣るものではなく、むしろ優れた面をも持ち合わせており、攻撃兵器の弓矢・刀剣や防御兵器の甲冑等と相互にあいまって、各時代の戦闘様式を確立したのである。すなわち日本馬具の研究は、我国における戦史を語る上で必要不可欠なのである。

参考文献

山上八郎『日本甲冑の新研究』(歴史図書社　一九二八年)
官幣大社浅間大社社務所『浅間大社の歴史』(名著出版　一九二八年)
奥野高広『武田信玄』(吉川弘文館　一九五九年)
尾崎元春『日本の美術―甲冑―』(至文堂　一九六八年)
丸山彭『長篠合戦余話』(鳳来町立長篠城址史跡保存館　一九六九年)
一ノ瀬義法『激戦川中島』(信教印刷株式会社　一九六九年)
尾崎元春・佐藤寒山『原色日本の美術　甲冑と刀剣』(小学館　一九七〇年)
佐藤寒山『日本名刀一〇〇選』(秋田書店　一九七一年)
丸山彭『長篠日記』(鳳来町立長篠城址史跡保存館　一九七二年)
上野晴朗「甲斐武田氏」(新人物往来社　一九七二年)
高橋賢一『武家の家紋と旗印』(秋田書店　一九七三年)
山上八郎『日本甲冑一〇〇選』(秋田書店　一九七四年)
笹間良彦『甲冑師銘鑑』(刀剣春秋新聞社　一九七五年)
岡崎譲『日本刀備前伝大観』(福武書店　一九七五年)
坂本徳一『武田信玄合戦記』(新人物往来社　一九七五年)
浅野誠一『兜のみかた』(雄山閣　一九七六年)
磯貝正義『定本武田信玄』(新人物往来社　一九七七年)
上野晴朗『定本武田勝頼』(新人物往来社　一九七八年)
磯貝正義『武田信玄のすべて』(新人物往来社　一九七八年)
丸山彭『山家三方衆』(青陵書房　一九七九年)
坂本徳一『武田二十四将伝』(新人物往来社　一九八〇年)

笹間良彦『図録日本の甲冑武具事典』(柏書房 一九八一年)
金子常規『兵器と戦術の日本史』(原書房 一九八二年)
小林計一郎『武田・上杉軍記』(新人物往来社 一九八三年)
井上鋭夫『上杉謙信』(新人物往来社 一九八三年)
土橋治重『甲州武田家臣団』(新人物往来社 一九八四年)
得能一男『日本刀辞典』(光芸出版 一九八五年)
上野晴朗「武田信玄 城と兵法」(新人物往来社 一九八六年)
丸山彭『内藤昌豊公とその子孫』(青陵書房 一九八七年)
三浦一郎『武田信玄―その武具と武装―』(私家版 一九八七年)
磯貝正義等『山梨県姓氏歴史人物大辞典』(角川書店 一九八九年)
山岸素夫・宮崎眞澄『日本甲冑の基礎知識』(雄山閣 一九九〇年)
岡澤由往『むかし戦場になった村』(銀河書房 一九九一年)
横井孝雄『戦国武将と名刀』(体育とスポーツ出版社 一九九四年)
山岸素夫『日本甲冑の実証的研究』(つくばね舎 一九九四年)
山室恭子『群雄創世記』(朝日新聞社 一九九五年)
鈴木敬三『有職故実大辞典』(吉川弘文館 一九九六年)
太向義明『長篠の合戦』(山梨日日新聞社出版部 一九九六年)
近藤好和『弓矢と刀剣―中世合戦の実像―』(吉川弘文館 一九九七年)
名和弓雄『長篠・設楽原合戦の真相』(雄山閣 一九九八年)
高橋昌明『武士の成立 武士像の創出』(東京大学出版会 一九九九年)
柴辻俊六編『武田信玄大事典』(新人物往来社 二〇〇〇年)
藤本正行『鎧をまとう人びと』(吉川弘文館 二〇〇〇年)
鈴木眞哉『刀と首取り』(平凡社 二〇〇〇年)
今泉正治等『設楽原歴史資料館研究紀要』(新城市設楽原歴史資料館 二〇〇一年)

磯貝正義『甲斐源氏と武田信玄』(岩田書院 二〇〇二年)
牧秀彦『名刀伝』(新紀元社 二〇〇二年)
柴辻俊六等編『戦国遺文』武田氏編 第一巻(東京堂出版 二〇〇二年)
柴辻俊六等編『戦国遺文』武田氏編 第二巻(東京堂出版 二〇〇二年)
三池純正『真説・川中島合戦』(洋泉社 二〇〇三年)
柴辻俊六等編『戦国遺文』武田氏編 第三巻(東京堂出版 二〇〇三年)
柴辻俊六等編『戦国遺文』武田氏編 第四巻(東京堂出版 二〇〇三年)
小和田哲男『戦国十大合戦の謎』(ＰＨＰ研究所 二〇〇四年)
笹間良彦『図説日本合戦武具事典』(柏書房 二〇〇四年)
柴辻俊六等編『戦国遺文』武田氏編 第五巻(東京堂出版 二〇〇四年)
矢田俊文『上杉謙信』(ミネルヴァ書房 二〇〇五年)
笹本正治『武田信玄』(ミネルヴァ書房 二〇〇五年)
藤本正行『武田信玄像の謎』(吉川弘文館 二〇〇六年)
柴辻俊六等編『戦国遺文』武田氏編 第六巻(東京堂出版 二〇〇六年)
柴辻俊六・平山優『武田勝頼のすべて』(新人物往来社 二〇〇七年)
三浦一郎『甦る武田軍団―その武具と軍装』(宮帯出版社 二〇〇七年)
竹村雅夫『上杉謙信・景勝と家中の武装』(宮帯出版社 二〇一〇年)
三浦一郎・永都康之『日本甲冑図鑑』(新紀元社 二〇一〇年)
宮崎隆旨『奈良甲冑師の研究』(吉川弘文館 二〇一〇年)
刀剣春秋編集部『刀剣甲冑手帳』(刀剣春秋 二〇一〇年)

あとがき

早いものでＮＨＫ大河ドラマ『風林火山』（井上靖原作）から四年になる。この前々年の暮れに、宮下玄覇氏が私宅を訪れ、放映に合わせた執筆を依頼された。著者自身も甲斐武田氏の武具武装の研究は、生涯のテーマとして捉え、その調査を継続して、ある程度は原稿にまとめていた。これは、いわば二人の悲願であり、故に平成十九年（二〇〇七）に『甦る武田軍団―その武具と軍装』を刊行することができたのである。

そもそも著者が武田氏に興味を抱いたのは、大河ドラマ『天と地と』（海音寺潮五郎原作）が放映された昭和四十四年（一九六九）のことである。小学校の五年生だった著者は、その川中島合戦のシーンに魅せられ、これ以降、研究の道へとのめり込んでいった。その後、高校を卒業して間もなく、当時山梨日日新聞社の記者であった坂本徳一氏と出会い、次いで同氏に誘われ、甲府駅前のホテルで行われた山梨大学の磯貝正義氏の出版祝賀会に出席させて頂いた。このとき、磯貝氏と共に『甲陽軍鑑』の校注（新人物往来社・一九七六年）をされた服部治則氏にもお会いでき、意気投合させて頂けたことを覚えている。このように甲斐武田氏の研究を進めていく中で、生涯の師となる甲冑師の佐藤敏夫氏と出会うことになった。

そして本格的に甲冑の研究をはじめると、甲斐武田氏の研究の中にどうしても納得できない部分が生じてきた。それは、武田氏の伝承品の多くに疑問を抱くようになったからである。さらに山上八郎氏・山岸素夫氏らをはじめとする甲冑の研究によって、浅間大社（静岡県富士宮市）や寒川神社（神奈川県高座郡寒川町）に武田氏の遺物があることは判っていた。それにも拘らず、武田氏の研究家の多くが、あまり取り上げてこなかったことも大いに疑問に思った。著者の研究の原点は、こうした先行研究の矛盾との葛藤にあった。ときには磯貝・服部両氏を前に、美和神社（山梨県笛吹市）の所蔵品が貴重であることを訴え、その胸の内をお聞き頂いたこともあった。そして両氏から「それをやるのが貴方の仕事だ！」と言われたのである。これは、後になってから聞いたのだが、山上氏が甲府に来られると度々服部氏を呼び出し、早くからこの矛盾について訴えておられたとのことである。それが、どうして進展しなかったのか。また他県民である著者が、どうしてこの研究をしなければならなくなったのか。それが不思議に思えてならない。

これ以降、ちょっとした情報を得ても、山梨県下はもとより隣接する県をも車で走りまわった。その中で、大先輩であり盟友となる佐野徹朗氏との出会いがあり、甲州人としての魂を叩き込まれた。あれはいつだったか、思い余って佐藤氏を信玄公祭りに誘い、甲府駅前に甲冑姿で立ったこともあった。そして、こうした思いのすべてを込めて、昭和六十二年（一九八七）に『武田信玄―その武具と武装―』を私家版として刊行した。これは、ちょうど大河ドラマ『武田信玄』（新田次郎原作）が放映される前年であった。この小書は、磯貝氏をはじめ長篠城址史跡保存館初代館長の丸山彭氏らのお力添えもあって、多くの方々にご講読頂けた。その中の一人に宮下玄覇氏もおられたのである。

宮下氏との出会いは、同氏が運営するウェブサイト『武田信玄・勝頼と家臣たち～真の武田軍団に迫る～』に、著者が書き込んだことにあった。そこに集う若い研究者の多くが、著者の小書を見て、勇気ある行動と称えてくれていた。そして、著者が感じた矛盾が、徐々に解決していることを教えて頂いた。

さらに平成十八年（二〇〇六）には、山梨県立博物館の開館記念特別展「よみがえる武田信玄の世界」で浅間大社や寒川神社の所蔵品が、県下ではじめて公開された。著者の願いは思いがけず叶い、その遺物が四百余年ぶりに故郷である甲斐国に里帰りしたのである。これは、著者が長い間待ち望んできたことであり、さぞや信玄や勝頼も草葉の陰で喜んでくれていると思う。ここに、この展覧会を主催された方々に謹んで敬意を表したい。

これと同時期に、宮下氏のご尽力のもとで『甦る武田軍団―その武具と軍装』が刊行できたのである。近年になって、お世話になった磯貝・坂本両氏をはじめ多くの先輩や知人が、この刊行を待ってくれていたかのように次々に亡くなられ、ひときわ淋しい思いである。

今回は、その改訂版というかたちで『武田信玄・勝頼の甲冑と刀剣』と題して、さらなる加筆のもとで刊行することができた。そして平成二十二年（二〇一〇）の暮れには、宮下氏をはじめ宮帯出版社スタッフ一同と長野から山梨・静岡の各県を縦断して再調査を行った。最新機材を取り揃えて遺物を撮影。長岳寺（長野県下伊那郡阿智村）では日の丸前立を額に掲げさせて頂き、その大きさを著者自身が実感することができた。また諏方大祝家伝来の胴丸には新たな発見があった。さらにその照明のもとで、浅間大社の朱札胴丸残欠を組み立て、詳しく検分することができた。そこでも、いくつかの発見があり、兼ねてより描いていた著者の持論に対して、大いに自信を深めることができた。この実りある取材を企画して頂いた宮下氏には心より感謝している。その成果と鮮明なカラー図版を、本書に掲載できたことは、誠に喜ばしい限りである。

そして、著者は先月に満五十三歳を迎えた。五十三歳といえば、偶然にも武田信玄の享年である。これもまた、天が著者に与えた運命なのかも知れない。そこには、著者が生涯をかけて真実のみを探求し、追い求めた真の武田軍団の勇姿がある。本書が、甲斐武田氏や甲冑武具を研究される方々に、一人でも多くご講読頂けることを念じてやまない。

執筆にあたっては、柴辻俊六氏らの編集による『戦国遺文』武田氏編の力が大きく、その解読には長屋隆幸氏の多大なるご協力があった。また日本画家である永都康之氏には、著者の考証に基づく挿絵の作成にあたり、多大なるご尽力を頂いた。特に本文中にある穴山信君条書の検証から復元した甲冑の挿絵は、大いに意義あるものと信じている。そして日甲研（社団法人日本甲冑武具研究保存会の略称）最高顧問の藤本巖氏には、武具や馬具についての貴重なご教授を頂き、武田家旧温会の会長というお立場から、甲斐武田氏についても多くを教えて頂いた。また日甲研常務理事の竹村雅夫氏には、多くの写真資料を提供して頂き、その貴重なご助言は本文中でも大いに参考にさせて頂いた。特に浄真寺（東京都）蔵の武将画についての酒の上での談義は記憶に新しい。さらに静岡大学の小和田哲男氏にはお会いする度に大いなる激励を頂いた。また遺物の調査の折には、浅間大社の神官ご一同・美和神社宮司の桃井一祝氏・長岳寺ご住職の入亮純氏・諏訪市博物館館長の亀割均氏・大月市教育委員会の鈴木彰氏らをはじめ多くの方々にお世話になった。

そして、何よりも著者に再びこのような発表の場を与えてくれた宮帯出版社社長の宮下玄覇氏。これら多くの方々に支えられ、本書が刊行できたことは誠に有難く、ここに謹んでお礼を申し上げる次第である。

平成二十三年（二〇一一）三月

三浦一郎

武田氏三代略年譜

和暦	西暦	関係事項	一般事項
明応 三	一四九四	[一月]信虎誕生	
永正 四	一五〇七	[二月]信縄《のぶつな》死去、信虎家督相続	
六	一五〇九	古府中躑躅ケ崎《つつじさき》に館を移す	
十七	一五二〇	積翠寺《せきすいじ》に要害を築く	
大永 一	一五二一	晴信《はるのぶ》(信玄)積翠寺で誕生	
天文 五	一五三六	[一月]晴信元服、のち三条公頼の女《むすめ》をめとる	
十	一五四一	父信虎を駿河に引退させて晴信自立	
十一	一五四二	諏方《すわ》頼重を滅ぼし信濃諏方郡を占領	
十三	一五四四	上伊奈郡荒神山城を攻めるが失敗	
十四	一五四五	[五月]上伊奈郡高遠城を攻略 [六月]同福与城を攻略	
十五	一五四六	勝頼誕生	[十二月]足利義藤(義輝)、将軍となる
十六	一五四七	甲州法度之次第(信玄家法)制定 [八月]佐久郡志賀城を攻略	
十七	一五四八	[二月]村上義清と上田原で戦って大敗 [七月]小笠原長時と塩尻峠で戦って破る	長尾景虎、兄晴景を追い落とす
十九	一五五〇	[九月―十月]村上義清の属城砥石城を攻めるが失敗	[十一月]三好長慶、入京
二十	一五五一	[五月]真田幸綱、砥石城を攻略 [十月]安曇郡平瀬城攻略	

	二十一	一五五二	［十一月］嫡男**義信**、今川義元の女をめとる	
	二十二	一五五三	［八月］川中島第一戦	
	二十三	一五五四	［八月］信濃に侵攻し、佐久・伊奈両郡を攻略 ［十二月］武田・今川・北条三家の同盟（甲・駿・相三国同盟）成立	
弘治	元	一五五五	［七月ー閏十月］川中島第二戦	
	二	一五五六	［八月］信濃尼飾城を攻略	
	三	一五五七	［四月ー八月］川中島第三戦	
永禄	元	一五五八	善光寺の本尊阿弥陀如来像を移し、甲府善光寺を建立	
	二	一五五九	**晴信**出家して**信玄**と号す［夏］鴨ヶ嶽城を攻略し越後に侵入	
	三	一五六〇	海津城を築く	
	四	一五六一	［九月］川中島第四戦、弟**信繁**戦死	
	五	一五六二	［十一月］北条氏と共に上野・武蔵の上杉方属城を攻略	
	六	一五六三	［三月］北条氏と共に武蔵松山城を攻略	［七月］松平元康、今川氏真と絶交
	七	一五六四	［八月］川中島第五戦	［五月］将軍足利義輝、切腹に追い込まれる
	八	一五六五	［五月］上野倉賀野城を攻略	
	九	一五六六	［九月］上野箕輪城を攻略	
	十	一五六七	**勝頼**の子**信勝**誕生［八月］**義信**死去、将士に起請文を徴し、	［十月］三国同盟破れ、氏真、塩

			信濃下之郷諏方社に納める	留めを行う
	十一	一五六八	[十二月]駿河に侵攻し駿府を占領する	[九月]織田信長、足利義昭を奉じ入京
	十二	一五六九	[十月]小田原城を囲み、三増峠に北条軍と戦う	
元亀	元	一五七〇	[七月]三条夫人死去	上杉輝虎、謙信と名乗る [六月]姉川の合戦
	二	一五七一	[二月—四月]遠江・三河に侵攻 [十一月]海賊衆を伊勢湾に募る　[十二月]甲・相同盟復活	[九月]信長、比叡山を焼く [十月]北条氏康死去
	三	一五七二	[十月]**信玄**、大軍を率いて古府中出立 [十二月]三方ケ原合戦	
天正	元	一五七三	[二月]三河野田城攻略　[四月]**信玄**、信濃下伊奈で死去	[七月]室町幕府滅亡
	二	一五七四	[三月]**信虎**、信濃上伊奈で死去 [五月]**勝頼**、遠江高天神城を攻略	
	三	一五七五	[五月]**勝頼**、織田・徳川連合軍と三河長篠で戦い壊滅	
	四	一五七六	[四月]**信玄**を恵林寺に葬る	
	六	一五七八	[八月]**勝頼**、上杉景勝と同盟	[三月]上杉謙信死去
	九	一五八一	[十二月]**勝頼**、本拠を古府中から新府に移す	
	十	一五八二	[三月]**勝頼**、田野で敗死　[四月]恵林寺焼打、快川《かいせん》ら焼死	[六月]本能寺の変

甲斐武田氏略系図

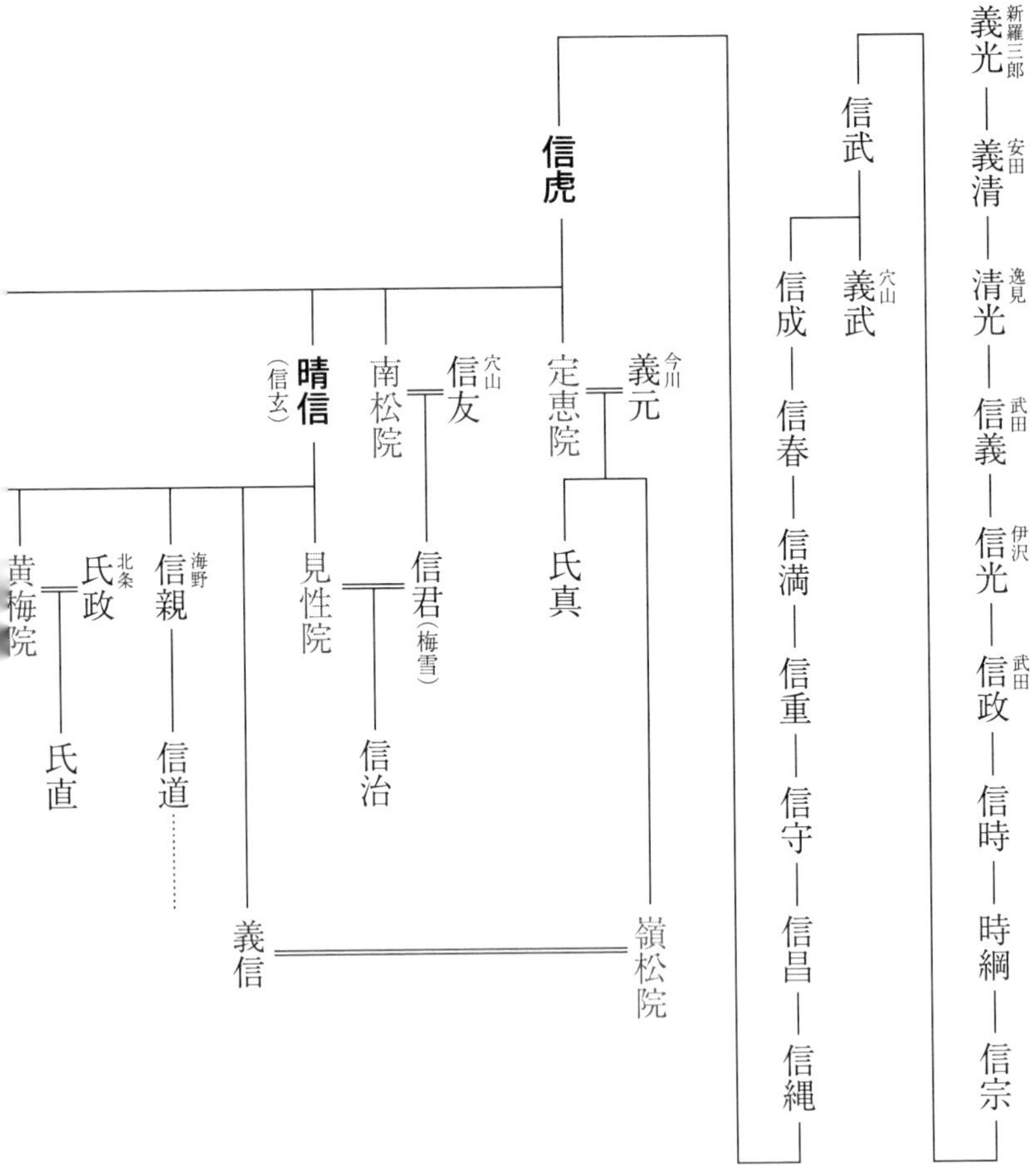
新羅三郎
義光
安田
義清
逸見
清光
武田
信義
伊沢
信光
武田
信政
信時
時綱
信宗
信武
穴山
義武
信成
信春
信満
信重
信守
信昌
信縄
信虎
今川
義元
定恵院
氏真
嶺松院
穴山
信友
南松院
信君
(梅雪)
信治
晴信
(信玄)
見性院
義信
海野
信親
信道
北条
氏政
黄梅院
氏直

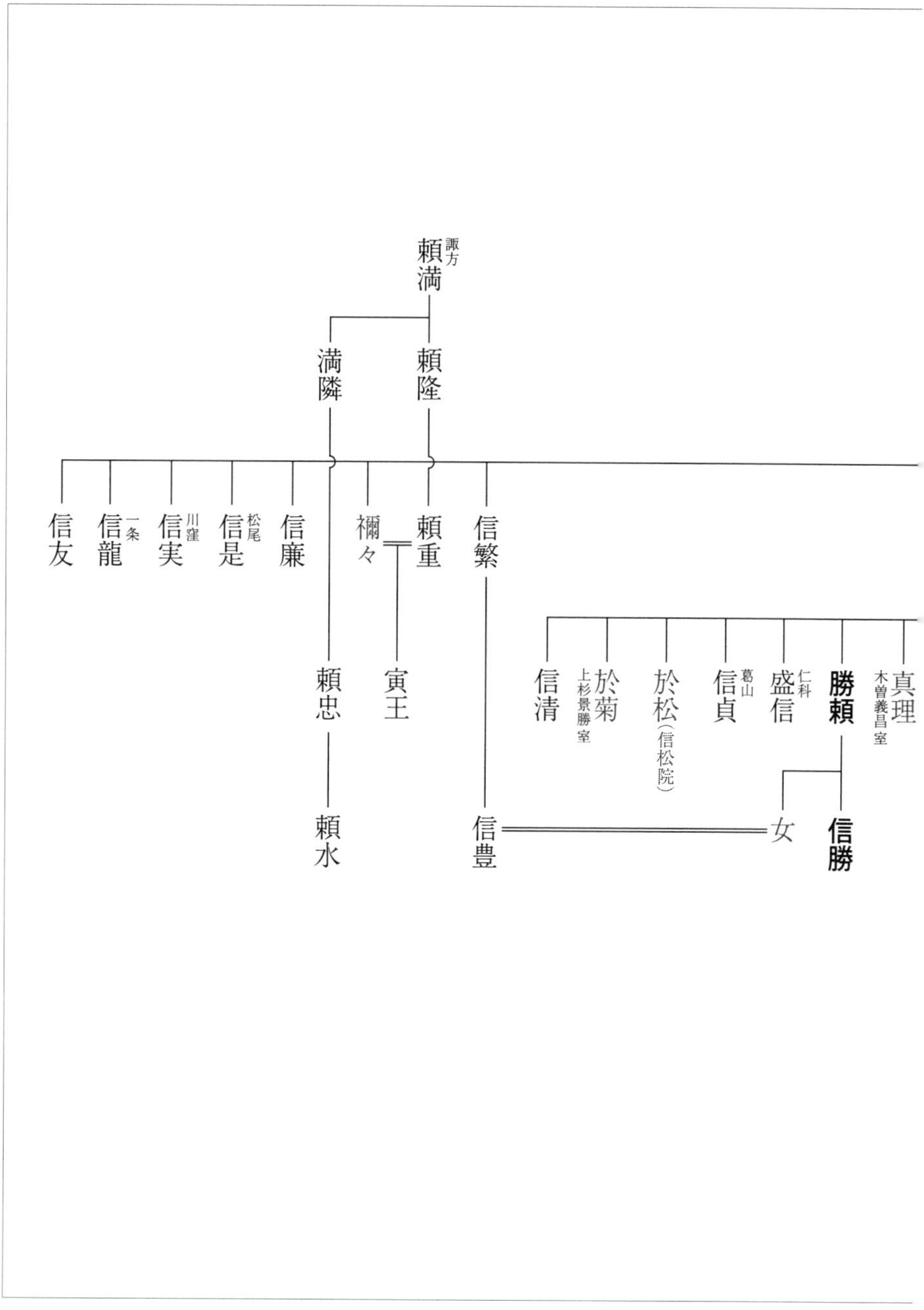
諏方
頼満
満隣
頼隆
信友
一条
信龍
川窪
信実
松尾
信是
信廉
禰々
頼重
信繁
頼忠
寅王
頼水
信豊
信清
於菊
上杉景勝室
於松（信松院）
葛山
信貞
仁科
盛信
勝頼
真理
木曽義昌室
女
信勝

ひ

樋 …… 38
桧垣 …… 32
桧垣総覆輪 …… 92
引敷 …… 11
火皿 …… 245
菱縫 …… 12
菱縫板 …… 101
毘沙門籠手 …… 209
尾錠 …… 101
額金 …… 104
火縄銃 …… 245
日根野鞆 …… 209
捻返 …… 105
火蓋 …… 245
白檀磨 …… 105
平カラクリ …… 240
平絎 …… 17
平札 …… 6
平造 …… 44

ふ

覆輪 …… 17
薫韋 …… 11
伏組 …… 12
伏眉庇 …… 32

へ

縁韋 …… 17

ほ

帽子 …… 65
宝幢佩楯 …… 187
布袋鞍 …… 80・266
仏胴 …… 121
本雁木 …… 17
本小札 …… 18
本縫延 …… 18

ま

前立 …… 24
前輪 …… 81・266
蒔絵 …… 23
柾心 …… 89
待受 …… 151・261
眉庇 …… 23
眉形 …… 104
丸唐打 …… 37
丸絎 …… 104
丸胴 …… 12
丸胴具足 …… 209
丸鋲 …… 12
饅頭鞆 …… 33

み

見上 …… 49
磨白檀 …… 105
水呑緒 …… 37
水呑鐶 …… 37
乱映 …… 39
三物 …… 35
三山形 …… 17
身幅 …… 44
耳糸 …… 11
耳札 …… 11

む

鞭 …… 267
胸板 …… 6
胸掛 …… 266

め

目釘穴 …… 73
馬手 …… 11
目の下頬 …… 174

も

最上形式 …… 92
最上鞆 …… 23
最上胴丸 …… 19
最上腹巻 …… 19
藻獅子文韋 …… 12
木瓜 …… 40
木瓜鐔 …… 40
百重刺 …… 92
桃形 …… 76・103
紋轡 …… 101・266
紋鋲 …… 23

や

八重菊 …… 30
焼刃 …… 44
鑢目 …… 73
八房 …… 267
山形 …… 81
山銅 …… 17

ゆ

揺 …… 259

よ

葉 …… 40
鎧師 …… 12・253

り

両引胴 …… 209

ろ

六十二間小星兜鉢 …… 23

わ

脇板 …… 17
脇指 …… 44
脇立 …… 121
脇引 …… 165
肩上 …… 11
渡 …… 101
渡り巻 …… 40
綰 …… 23
輪貫 …… 121
割鞆 …… 209

袖の緒 …… 31

た

台木 …… 245
太覆 …… 267
高彫 …… 35
抱花 …… 52
啄木打 …… 22
畳具足 …… 257
畳胴 …… 210
太刀 …… 38
大刀 …… 258
太刀打 …… 258
太刀緒 …… 40
立聞 …… 266
太刀拵 …… 259
手綱 …… 267
立挙 …… 11・173
縦矧胴 …… 174
立物 …… 24
玉 …… 66
玉縁 …… 49
溜塗 …… 79
段威 …… 35
段替蝶番 …… 174
短甲 …… 253
短刀 …… 65
単鋲 …… 37・185

ち

力金 …… 104
力韋 …… 17
力革 …… 101・266
乳 …… 56
乳付旗 …… 56・261
茶染韋 …… 31
丁子 …… 40
蝶番札 …… 94

つ

柄頭 …… 66
筒籠手 …… 173
筒臑当 …… 173
包韋 …… 32
常組 …… 22
角元 …… 24
剣 …… 258
弦走韋 …… 6
弦走下 …… 6
蔓肩上 …… 17

て

鉄札 …… 6
鉄肩上 …… 23
手長旗 …… 56・260
出八双 …… 30
出眉庇 …… 174

と

胴 …… 6
同毛 …… 11
胴先 …… 187
胴先緒 …… 210
胴尻 …… 81
当世具足 …… 17・257
当世小札 …… 18
当世袖 …… 113
胴丸 …… 16・255
鍍金 …… 27
綴韋 …… 23
突盔形 …… 76
飛焼 …… 44
共吹返 …… 52

な

中威 …… 35
長側 …… 11
茎 …… 72
中込 …… 17
長篠 …… 187
中取 …… 35
長巻 …… 258
薙刀 …… 70・258
茄子革 …… 101
魚子地 …… 35
並角元 …… 24
南都系 …… 121

に

沸 …… 65
匂 …… 65
匂口 …… 65

ぬ

縫延 …… 18
布目頭 …… 37

ね

根緒 …… 104
練革 …… 49

の

湾れ …… 70
喉輪 …… 107・150
幟 …… 58・261

は

陪臣 …… 121
佩楯 …… 17
矧板 …… 104
白熊 …… 24
馬氈 …… 266
旗指具足 …… 261
肌付 …… 266
鉢裏 …… 24
鉢付板 …… 23
八幡座 …… 32
八双金物 …… 27
八双鋲 …… 23
靶 …… 267
腹当 …… 101・256
祓立 …… 23
腹巻 …… 22・256
張貫 …… 209
腹帯 …… 267
這糸 …… 209
半太刀 …… 210
半頬 …… 239

く

絎紐 …… 17
草摺 …… 6
鎖帷子 …… 210・257
轡 …… 266
互の目 …… 40
互の目崩れ心 …… 89
互の目乱 …… 44
鞍 …… 266
鞍山 …… 81
栗色馬革 …… 11
栗形 …… 66
繰締緒 …… 210
栗尻 …… 66
繰半月 …… 49
曲輪 …… 250
紅糸 …… 12
黒皺革 …… 27
鍬形 …… 33・116・255
鍬形台 …… 33・73・255
軍陣鞍 …… 79・266
軍配団扇 …… 79・264

け

桂甲 …… 253
化粧板 …… 31
毛立の穴 …… 49
毛抜板 …… 245
毛引威 …… 22

こ

鯉口 …… 66
小石打 …… 12
小板目肌 …… 39
笄金物 …… 31
後勝鐶 …… 92
蝙蝠付韋 …… 12
小刻座 …… 49
小切先 …… 41
小具足 …… 121
小桜鋲 …… 23
小札 …… 5
小札板 …… 254
小札頭 …… 106
小札物 …… 22
腰緒 …… 17
腰刀拵 …… 65
腰指 …… 147
腰反 …… 42
腰巻 …… 104
腰蓑 …… 23
拵 …… 40
五星赤韋 …… 12
小丁子 …… 40
小柄 …… 66
小沸 …… 65
鞐 …… 23
小鋲 …… 105
小縁 …… 12
小星兜 …… 24
五枚胴 …… 22
護摩箸 …… 66
小乱 …… 42
紺麻 …… 210

さ

逆板 …… 11
逆心 …… 40
座金 …… 27
下緒 …… 210
札丈 …… 6
札甲 …… 253
錆地 …… 23
錆下地 …… 11
三掛 …… 266
三鈷 …… 74
三孔式 …… 30
三尺革 …… 267

し

四緒手 …… 267
直臣 …… 121
鞆 …… 6
鞆付鋲 …… 23
後輪 …… 81・266
仕付籠手 …… 209
四天鋲 …… 24
鎬地 …… 72
鎬造 …… 38
篠籠手 …… 101
篠臑当 …… 158
篠垂 …… 33
忍の緒 …… 33
渋麻 …… 209
渋紙 …… 210
四方白 …… 12
赤銅 …… 169
銃木 …… 245
十文字轡 …… 266
朱札 …… 30
上州系 …… 52
菖蒲韋 …… 27
尻掛 …… 266
心木 …… 187
陣羽織 …… 210

す

水干鞍 …… 79・266
据文 …… 23
素懸 …… 17
透彫 …… 27
透漆 …… 105
直刃 …… 39
筋兜 …… 24
頭立 …… 121
砂流し …… 65
頭形 …… 76
墨入 …… 94

せ

背板 …… 173
背旗 …… 151
責金物 …… 259
責鞐 …… 107
栴檀板 …… 11
千段巻 …… 148
ゼンマイ内カラクリ …… 240

そ

相州系 …… 49
袖 …… 6
袖裏の鐶 …… 31

甲冑武具用語索引

あ

藍韋 …… 27
合印 …… 121
泥障 …… 266
赤韋 …… 12
足掻胴 …… 107
総角 …… 27
総角鐶 …… 27
阿古陀形 …… 74・90
足 …… 40
足金物 …… 259
厚総 …… 267
鐙 …… 101・266
天草眉庇 …… 239
洗韋 …… 106

い

家裏 …… 17
家表 …… 17
家地 …… 17
居木 …… 81・266
石突 …… 148
石突金物 …… 259
板佩楯 …… 209
板目流れ心 …… 89
板物 …… 22・257
板甲 …… 253
一枚鞆 …… 104
一枚吹返 …… 23
糸威 …… 101
射向 …… 11
伊予札 …… 6
色々威 …… 27

う

受筒 …… 151・261
浮張 …… 33・90
後立 …… 121
後立挙 …… 11
打刀 …… 158・260
内鞆 …… 105
内鉢 …… 209
打物 …… 70
畦目 …… 12
産籠手 …… 173
産佩楯 …… 174
馬印 …… 63・261
裏菊座 …… 49
上帯 …… 210
繧繝 …… 11

え

絵韋 …… 12
枝菊透 …… 27

お

大袖 …… 6
大太刀 …… 71・158
大立挙 …… 187
大丁子乱 …… 42
大幟 …… 58・261
大鎧 …… 5・254
臆病板 …… 173
押付 …… 23
押付板 …… 23
威 …… 134
威毛 …… 5
尾袋 …… 267
面掛 …… 266
折冠 …… 30

か

皆具 …… 121
返角 …… 66
鏡四緒手 …… 267
描菱 …… 37
懸通 …… 113
風折烏帽子形兜 …… 209
笠鞐 …… 107
笠鞆 …… 52
鎹撓 …… 187
刀 …… 44
合当理 …… 151・261
甲冑師 …… 12・253
金具付 …… 23
金具廻 …… 5
金物 …… 11
兜掛 …… 187
兜金 …… 40・259
兜立 …… 187
兜鉢 …… 5
唐草透 …… 27
カラクリ …… 240
唐鐔 …… 40
緘の穴 …… 17
韋 …… 5
革着 …… 18
革所 …… 12
革菱 …… 33
変わり兜 …… 178
簡易兜 …… 76
冠板 …… 31

き

騎射戦 …… 81・254
鍛肌 …… 39
亀甲打 …… 11
亀甲金 …… 173
亀甲立挙 …… 174
切付 …… 266
杏葉 …… 183
杏葉轡 …… 266
儀礼刀 …… 40
金溜塗 …… 178
銀溜塗 …… 179
金梨子地 …… 23
金箔押 …… 18
銀箔押 …… 179

著書一覧

著書

『私観 上田原合戦』(愛知県鳳来町立長篠城址史跡保存館) 一九八〇年
『上村合戦の真相』(岐阜県岩村町歴史資料館) 一九八五年
『武田信玄―その武具と武装―』(私家版) 一九八七年
『日本甲冑図鑑』(共著・新紀元社) 二〇一〇年

論文他

「天正期の突盔」『甲冑武具研究』一一二号 一九九六年
「再検証 天正期の突盔」『甲冑武具研究』一一九号 一九九七年
「東北の名甲よくばり見学の旅」『甲冑武具研究』一二一号 一九九八年
「広島城と大山祇神社見学の旅」『甲冑武具研究』一二二号 一九九八年
「検証 面具の発生とその変遷」『甲冑武具研究』一二三号 一九九八年
「美和神社所蔵の丸胴」『甲冑武具研究』一二四号 一九九九年
「検証 卸眉庇の発生とその経緯」『甲冑武具研究』一二七号 一九九九年
「大阪城所蔵の鎖腹巻」『甲冑武具研究』一二九号 二〇〇〇年
「長福寺の宝物」『甲冑武具研究』一三三号 二〇〇一年
「腹巻の時代」『甲冑武具研究』一三四号 二〇〇一年
「浅間大社所蔵の甲冑と刀剣」『甲冑武具研究』一三五号 二〇〇一年
「検証 鍬形の形状とその変遷」『甲冑武具研究』一四八・一四九合併号 二〇〇五年
「勝頼を描く」『甲冑武具研究』一五一号 二〇〇五年
「上京 甲冑見学三昧の旅」『甲冑武具研究』一五三号 二〇〇六年
「名古屋市博物館に寄贈された腹巻」『甲冑武具研究』一五八号 二〇〇七年
「今川義元を描く」『甲冑武具研究』一六三号 二〇〇八年
「新書刊行にあたって」『甲冑武具研究』一七三号 二〇一一年

〔著者紹介〕

三浦 一郎（みうら いちろう）

1958年 名古屋市に生まれる
1977年 愛知県立名古屋養護学校高等科卒業
1987年『武田信玄―その武具と武装―』（私家版）刊行
1988年 特別展「武田信玄と岩村城」（岐阜県岩村町歴史資料館）監修
1990年 特別展「甲冑展―蟹江城の時代―」（愛知県蟹江町立歴史民俗資料館）監修
1992年 特別展「中近世の甲冑」（岐阜県岩村町歴史資料館）監修
1995年「尾州甲友会」設立
1997年 特別展「日本の甲冑―岩崎城の時代―」『胴丸から当世具足への変遷』（岩崎城歴史記念館）総合解説
2001年「KATCHU.COM」（営利）「KATCHU.JP」（非営利）を公開
2004年（社）日本甲冑武具研究保存会評議員

武田信玄・勝頼の甲冑と刀剣

2011年4月12日（信玄公命日） 第1刷発行

著　者 三浦 一郎
発行者 宮下 玄覇
発行所 株式会社宮帯出版社
京都本社 〒602-8488
京都市上京区真倉町739-1
電 話（075）441-7747㈹
東京支社 〒104-0031
東京都中央区京橋1-8-4
電 話（03）5250-0588㈹
http://www.miyaobi.com
振替口座 00960-7-279886
印刷所 モリモト印刷株式会社
 ISBN978-4-86366-091-5 C3021